분단체제를 넘어선 치유의 통합서사

이 책은 2009년 정부(교육과학기술부)의 재원으로 한국연구재단의 지원을 받아 제작되었습니다.(NRF-2009-361-A00008)

분단체제를 넘어선 치유의 통합서사

초판 1쇄 발행 2015년 5월 20일

저 자 | 건국대학교 통일인문학연구단
발행인 | 윤관백
발행처 | 툟뿐선인

등록 | 제5-77호(1998.11.4)
주소 | 서울시 마포구 마포대로 4다길 4(마포동 324-1) 곳마루 B/D 1층
전화 | 02)718-6252 / 6257   팩스 | 02)718-6253
E-mail | sunin72@chol.com
Homepage | www.suninbook.com

정가 24,000원
ISBN 978-89-5933-891-7 94900
      978-89-5933-159-8 (세트)

· 잘못된 책은 바꿔 드립니다.

분단체제를 넘어선 치유의 통합서사

건국대학교 통일인문학연구단

도서출판 선인

발간사

  분단된 한반도의 현실에서 통일에 대한 새로운 패러다임을 찾겠다는 취지로 '통일인문학' 연구는 시작되었습니다. 기존의 다양한 통일 담론이 체제 문제나 정치·경제적 통합을 전제로 진행되는 가운데 시류에 따라 부침을 거듭하는 것이 현실입니다. 통일인문학은 사회과학 차원의 통일 논의가 관념적이면서도 정치적인 한계를 가지고 있다고 진단하고, 사람 중심의 인문정신을 바탕으로 한반도의 통일문제를 진단하고 그 해법을 찾고자 하는 새로운 학문영역입니다.

  사람을 중심에 둔 통일 논의는 기존의 통일 담론에서 크게 확대된 개념으로 이해할 수 있습니다. 즉 지리적으로도 한반도에 국한되지 않고 코리언 디아스포라를 모두 포괄하는 것으로, 남과 북의 주민은 물론이고 전 세계에 산재한 약 800여만 명의 코리언을 아우릅니다. 나아가 '결과로서의 통일'에만 역점을 두고 연구 사업을 진행하는 데 그치지 않고 '과정으로서의 통일'까지도 목표로 삼고 있습니다. 따라서 통일이 이루어지는 시점은 물론 통일 이후의 사회 통합과정에서 반드시 풀어가야 할 사람간의 통합을 지향합니다.

  이에 통일인문학은 '소통·치유·통합'을 주요 방법론으로 제시합니다. 인문정신에 입각하여 사람 사이는 물론 사회계층 간의 소통을 일차적인 방안으로 삼습니다. 이러한 소통은 상대와 나와의 차이를 인정하면서 그 가운데 내재하는 공통의 요소들을 탐색하고 이를 적극적으로 활용하는 가운데 가능한 것입니다. 그를 위해 분단 이후 지속적이면서 현재까지 거듭 생산되고 있는 분단 트라우마의 실체를 파악하고, 이를 치유하기 위한 방안들을 모색하는 것입니다. 우선 서로에게 정신적·육체적으로 씻을 수 없는 상처를 가한 분단의 역사에서 잠재되어 있는 분단서사를 양지로 끌어올리고 진단하여 해법으로 향하는 통합서사를 제시함으로써 개개인의 갈등요인이 됨직한 분단 트라우마를 치유하고자 합니다. 그리고 우리 사회 전반에 자리 잡은 체제나 이념의 통합과 우리 실제 삶 속에서 일어나고 가라앉는 사상·정서·생활 속의 공통성과 차이성간의 조율을 통하여 삶으로부터의 통합이 사회통합으로 확산될 수 있기를 기대합니다.

이러한 취지에 따라 통일인문학은 철학을 기반으로 한 사상이념, 문학을 기반으로 한 정서문예, 역사와 문화콘텐츠를 기반으로 한 생활문화 등 세 가지 축을 기준으로 삶으로부터의 통합과 사회통합으로의 확산이라는 문제를 풀어가는 데 연구역량을 기울이고 있습니다. 그리고 이렇게 인문정신을 바탕으로 연구 생산한 성과들은 학계와 대중에게 널리 홍보되어 후속연구로의 발판 마련과 사회적 반향으로 이어지기를 기대합니다. 그와 관련된 노력은 우선 국내외의 통일 관련 석학들과의 만남을 통하여 선행연구의 흐름을 파악하거나, 한반도의 통일문제를 연구 화두로 삼고 있는 학자나 전문가들과의 학술심포지엄을 정기적으로 개최하는 등의 활동에서 이루어지기도 합니다. 그와 함께 분단 트라우마 진단을 위한 구술조사도 지속적으로 행하고 있으며, 통일인문학의 대중화를 위한 시민강좌나 교육프로그램 개발은 물론이고, 통일콘텐츠 연구 개발 사업 등 다양한 방면의 모색과 실천을 거듭하고 있습니다.

그리고 이러한 다양한 활동과 사업의 성과들은 출판물로 외현되어 학계와 대중들이 적극 공유할 수 있는 장으로 옮겨집니다. 본 연구단에서 특히 출간기획에 주력한 것은『통일인문학총서』시리즈입니다. 현재『통일인문학총서』시리즈는 모두 네 개의 영역별로 분류되어 출간중입니다. 첫째, 본 연구단의 학술연구과정의 성과들을 주제별로 묶은『통일인문학 연구총서』, 둘째, 분단과 통일 관련 구술조사 내용을 구술현장의 묘미를 잘 살려 정리한『통일인문학 구술총서』, 북한연구 관련 자료와 콘텐츠들을 정리하고 해제·주해한『통일인문학 아카이브총서』, 남북한 연구에 도움을 줄 수 있는 희귀 자료들을 현대어로 풀어낸『통일인문학 번역총서』등이 그것입니다.

통일인문학의 정립과 발전을 사명으로 알고 열의를 다하는 연구단의 교수와 연구교수, 연구원들께 고마움을 전합니다. 아울러 연구 사업에 기꺼이 참여해주시는 통일 관련 국내외 석학·전문가·학자들께도 심심한 감사를 드립니다. 그리고 무엇보다 자신의 소중한 체험과 기억을 구술해주신 분들께도 머리 숙여 고마움을 표합니다. 마지막으로 통일인문학의 취지를 백분 이해하시고 흔쾌히 출판을 맡아주신 출판사 관계자분들께도 감사드립니다.

사람의 통일, 인문정신을 통한 통일을 지향하며
건국대학교 통일인문학연구단장 김성민

민족공통성 네 번째 시리즈를 발간하며

　건국대학교 통일인문학연구단은 '통일인문학이라는 새로운 패러다임' 정립을 위해 기존의 통일담론이나 북한학과는 전혀 다른 개념과 내용을 갖는 '통일의 인문적 비전'을 모색해왔습니다. 2010년부터 한국인과 탈북자 그리고 재중 조선족, 재일 조선인, 재러 고려인 등 5개 집단을 대상으로 민족정체성, 통일의식, 역사적 트라우마, 생활문화를 연구해온 것은 바로 이러한 모색의 일환이었습니다. 저희 연구단은 지난 5년에 걸친 연구성과를 '민족공통성 시리즈'로 묶어 발간해왔으며, 이번에 발간하게 된 '민족공통성 네 번째 시리즈'는 그 최종적인 완결본이라 할 수 있습니다.

　'민족공통성 시리즈'라는 말에서 알 수 있듯이 저희 연구단은 그 동안 진행되어 왔던 '민족 대 탈민족', '코리언 대 디아스포라', '동질성 대 이질성'이라는 이원적 대립 구도를 벗어나 차이와 연대, 공명과 접속에 기초한 '민족공통성'이라는 관점 아래 연구를 수행해왔습니다. 여러 번 강조했듯이 민족공통성'은 민족공동체에 본질적으로 내재된 불변하는 '민족 동질성'을 의미하는 것이 아니라, 코리언들의 접촉과 교류를 통해서 미래적으로 생성되어야 할 '공통의 가치, 정서, 생활문화'를 의미합니다. 이러한 관점은 통일담론의 연구방향을 민족 동질성에 근거한 배타적 통일론으로부터 미래기획적인 생성의 차원으로 바꾸었을 뿐만 아니라, 그동안 소홀하게 간주되거나 연구의 사각지대로 밀려나 있는 코리언 디아스포라의 '통일한(조선)반도의 건설'에서 차지하는 역할과 중요성을 부각시켰습니다.

따라서 저희 연구단이 수행해온 코리언 디아스포라 연구는 오늘날 유행하는 다문화주의나 탈식민주의론이 주제로 삼고 있는 '디아스포라' 일반론 연구가 아닙니다. 왜냐하면 분단 극복과 통일의 과제를 '코리언 디아스포라를 포함하여 민족적 합력'을 창출하는 것으로 보기 때문입니다. 흔히 코리언 디아스포라 관련 연구를 분단극복과 통일문제와 무관하다고 생각하는 경향이 있습니다. 하지만 통일문제는 남과 북만이 아니라 해외 코리언 전체를 포함하는 문제입니다. 해외 코리언은 '식민'과 '분단' 이라는 20세기 한반도의 역사적 상처를 남북 주민과 더불어 공유하고 있기 때문에, 한(조선)민족으로서의 정서적 유대를 지니고 있습니다. 남과 북 그리고 해외 코리언들의 삶이 서로 결합될 수 있는 것은 식민, 그리고 이산과 분단이라는 공통의 상처가 민족적인 유대감으로 연결되어 있기 때문입니다. 이런 점에서 저희 연구단은 통일 한(조선)반도의 건설이 남과 북만이 아니라, 해외 코리언을 포함하여 민족적 합력(合力)을 모으는 방향으로 이루어져야 한다고 생각합니다.

저희 연구단이 그 동안 수행해온 코리언 디아스포라 연구의 초점은 한(조선)민족의 가치—정서—생활문화를 공유하면서도 각기 다른 차이들의 접속을 통해서 통일한(조선)반도의 미래상을 열어가는 데 있습니다. 이번에 발간하게 된 '민족공통성 네 번째 시리즈'는 이제까지의 연구성과를 바탕으로 통일한(조선)반도의 인문적 비전을 구체화할 수 있는 가치론적 대안들을 모색하는 한편, 민족공통성을 창출할 수 있는 실질적이고 구체적인 방안들을 제시하였습니다. 그 내용적 특징은 크게 4가지로 나눌 수 있습니다.

첫째, '민족공통성 네 번째 시리즈' 제1권 『통일의 기본 가치와 인문적 비전』에서 현재 통일담론에서 천착이 필요한 민족주의, 평화, 민주주의, 생태주의 등 핵심적 가치들을 빠짐없이 다룸으로써 '통일의 인문적 비전'을 구체화한 점입니다. 민족주의와 통일, 평화와 통일, 민주주의와 통일, 녹색과 통일의 관계에 대한 철학적 논의를 통해 새로운 패러다임 위에서 통일한(조선)반도가 지향해야 할 가치들을 제시하였습니다. 현재 여전히 논란 중에 있는 민족·민족주의 개념이 분단극복에서 지니는 실천적 유효성과 그 한계, 나아가 통일생성의 동력으로서의 가능성을 검토하였으며, 평화와 통일의 밀접한 관계를 통일의 이념, 통일국가의 형태, 민족성과 국가성과 관련하여 자세히 논증하였습니다. 또한 통일과 민주주의의 관계를 에트노스(Ethnos)와 데모스(Demos)의 변증법적 관계로 이해함으로써 통일한(조선)반도에서 보장되어야 할 시민권의 성격도 살펴보았습니다. 나아가 울리히 벡(Ulrich Beck)의 위험사회론과 한(조선)반도의 녹색화 문제를 결합함으로써 '한(조선)반도의 녹색화' 전략 및 통일한(조선)반도의 녹색비전이 가져야 할 원칙과 방향들을 제시하였으며, 통일문제를 세계시민적 관점에서 사유하면서 탈근대적 가치를 연결하는 새로운 시도도 해보았습니다.

둘째, '민족공통성 네 번째 시리즈' 제2권 『코리언의 생활문화, 다름의 공존』에서 한국인과 동북아 코리언과의 문화통합과 공존을 위한 대안적인 실천방안을 제시한 점입니다. 그 동안 코리언의 문화통합의 중요성을 지적하는 당위적인 논의는 많았지만 구체적인 방안제시가 드문 상황에서 한국인과 동북아 코리언의 문화통합과 공존을 위한 실질적인 방안들을 구체화하였습니다. 남북의 적대적 프레임을 해체하고 남북문화의 공통성 확대를 위해 문화체험의 공유, 문화협력 등과 관련한 구체적 방안을 제시하였습니다. 또한 중국 조선족의 변화된 생활문화를 한(조선)민족문화가 중국 근현대의 새로운 환경에서 창조적으로 발전된 것으로 이해하는 문화통합적 연구방법론을 제시하는 한편, 재일 조선인과 한국인의 문화공존을 위해 민족동질성 회복이라는 '본질찾기'를 벗어나 서로의 역사, 정치·문화적 맥락을 이해하는 교육의 필요성을 제안하기도 하였습니다. 나아가 고려인 및 사할린 한인과 한국인 사이에 존재하는 역사 인식의 어긋남과 갈등을 극복하기 위한 '역사연대' 개념을 제시하면서, 동북아 코리언들이 주체가 되어 근현대사를 서술하는 방법을 제안하였습니다.

셋째, '민족공통성 네 번째 시리즈' 제3권『구술로 본 코리언의 역사적 트라우마』에서 우리의 역사 속 통합서사의 사례들을 전근대의 설화 및 소설 그리고 오늘날 분단소설과 영화를 통해 살펴봄으로써 통합서사의 모습과 방법을 구체적으로 제시한 점입니다. 우선 방법론적으로 분단서사를 치유하는 '통합서사'에 대한 개념을 고찰하고, 통일에 기여할 수 있는 통합장치로서 문학적 서사방법들을 탐색했습니다. 또한『삼국유사』에 수록된 설화적 서사기법 분석을 통해 고려 건국의 사회통합 기능을 살펴보거나 고소설의 서사기법 분석을 통해 병자호란 이후 여성의 상처와 치유에 관한 통합서사의 의미를 해명하였습니다. 나아가 오늘날 대중적인 분단소설과 영화 그리고 전쟁을 직접 경험한 세대들의 구술담을 통해 통합서사가 지향해야 할 핵심적 가치를 구체적으로 살펴보았습니다. 이를테면 분단체제로 인해 억압되어 있는 욕망의 해소, 고통의 연대적 공감을 통한 다시 기억하기, 타자와의 교감과 공존적 관계의 형성 등이 통합서사 형성에서 핵심적 가치라는 점을 제시하였습니다.

넷째, '민족공통성 네 번째 시리즈'에 수록된 내용이 통일인문학연구단 연구진뿐만 아니라 재중 조선족 및 재일 조선인 학자들의 연구성과를 포함하고 있는 점입니다. 저희 연구단은 그 동안 통일의 범주를 남북 주민은 물론이고 전 세계의 코리언 디아스포라의 통합으로까지 확대해 왔습니다. 그렇기 때문에 해외에 거주하고 있는 동포 학자들과의 정기적인 국제학술대회를 통해 학술교류를 꾸준히 진행해왔을 뿐만 아니라, '민족공통성'과 같은 특정 주제와 관련해서는 국제적인 협동연구를 실질적으로 수행하기도 했습니다. '민족공통성 네 번째 시리즈' 제2권에 수록된 네 편의 글(연변대학교 김성희 교수, 연변대학교 박미화 교수, 조선대학교 박정순 교수, 조선대학교 리용훈 교수)과 제3권에 수록된 세 편의 글(연변대학교 김호웅 교수, 연변대학교 서옥란 교수, 조선대학교 리영철 교수)은 이러한 학술교류와 협동연구의 산물이라고 할 수 있습니다.

저희 연구단이 2010년부터 '민족공통성 연구프로젝트'를 시작한 이래 어느덧 5년의 세월이 흘렀습니다. 그 동안 민족공통성 첫 번째 시리즈 4권, 두 번째 시리즈 3권, 세 번째 시리즈 3권에다 이번에 발간하는 네 번째 시리즈 3권을 합하면 모두 13권의 책이 '민족공통성 연구'라는 이름으로 세상에 나오게 되는 셈입니다. 건국대학교 통일인문학 연구단 선생님들의 열정과 뚝심을 새삼 느끼지 않을 수 없습니다. 이 책이 발간되기 까지 함께 작업에 참가하신 통일인문학 연구단 김성민 단장님 이하 연구단의 모든 선생님들께 깊은 감사를 드립니다. 그리고 '통일인문학'의 연구방향과 문제의식에 공감하면서 기꺼이 글을 보내주신 중국 연변대학교와 일본 조선대학교 선생님들께도 마음 속 깊이 감사를 드립니다.

건국대학교 통일인문학연구단 학술연구부장 이병수

분단체제를 넘어선 치유의 통합서사

II부 분단 체제 속 통합서사 찾기

III부 코리언 디아스포라의 통합서사 탐색

1부

역사 속 사회통합의 장치

제1장 통합서사의 개념과 통합을 위한 문화사적 장치

김종군*

1. 사회 통합을 위한 장치의 필요성

현대의 한국 사회는 수많은 사회 문제를 안고 있다. 이 문제들은 불만으로 표출되고, 이것을 누군가를 향한 비난으로 쏟아 붓는 가운데 사회적 갈등이 심각하게 드러나고 있다. 갈등이 첨예화되는 가운데 그 원인을 사회구조나 체제에서 근본적으로 찾기보다는 '한국인의 근성'이 그러하다고 비난하는 방향으로 결론짓는 경우가 허다하다. 그 비난을 자책으로도 인식하지 못하고 '나'나 '우리'를 제외한 타인의 탓으로 돌리면서 갈등은 지속적으로 재생산되는 양상이다.

일제 강점이 남긴 식민의식에서 시작되었다고 피상적으로 진단하면

건국대 통일인문학연구단 HK교수.

서 이를 개선해 보자고 선언하기도 하였다. 물론 일제가 식민 통치를 강화하는 가운데 우리의 부정적인 면모를 확대 재생산한 측면은 무시할 수 없다. 그리고 이를 고쳐보자는 노력도 긍정적으로 평가할 수 있다. 그렇지만 여전히 한국 사회는 갈등의 국면이 나아지지 않고 있다.

지금의 상태로 본다면 한국 사회의 갈등 원인은 일제 식민보다는 분단과 한국전쟁, 분단체제가 보다 직접적인 원인이라 할 수 있다. 한국 사회는 반일보다는 반공논리가 훨씬 공고하고 그 지지 기반이 큰 것이 사실이기 때문이다. 분단 70년을 맞이하는 자리에서 저만치 있는 북한에 대해 적대감을 표출하는 경우도 많지만, 더욱 문제는 이러한 적대감이 남한 내의 갈등 원인으로 강력하게 작용하고 있다는 데 있다. 남남갈등, 세대갈등으로 대변되는 갈등 문제의 중심에는 결국 이념갈등이 가장 큰 몫으로 자리를 잡고 있다.

분단 사건과 한국전쟁이 우리에게 남긴 상처가 여전히 그 자장을 발휘하며 분단 트라우마를 심각하게 드러내고 있다. 그 가운데 수많은 사람들이 고통을 당했고, 지금도 전쟁 세대는 노년층으로서 한국 사회에 안보를 지상의 과제로 강조하고 있다. 직접적인 피해자였고 체험자들이었으므로 그들의 상처에 대해 귀 기울이는 치유의 노력이 요구된다. 그런데 한국 사회의 이념갈등은 이들 전쟁 세대를 넘어 후세에까지 지속되고 있다. 그 중심에는 반공의 논리가 지상의 과제였던 분단체제가 자리하고 있다. 분단체제는 안보 문제에 있어서는 국가가 최우선되어야 한다는 합의를 이루어냈고, 그 가운데 심각한 국가폭력이 묵인되기에 이른다. 안보 문제에 있어서는 국가는 개인의 자유와 인권을 짓밟아도 된다는 인식이 굳어지면서 그 폭력의 강도는 더욱 더 심각해졌다.

그런데 분단체제 속의 국가폭력은 월북자 가족·비전향 장기수·간첩사건 관련자 등 직접적인 대북 관련자들을 넘어서서 남한 체제 내부에 불만을 드러내는 경우에도 그대로 적용된다는 데 심각한 문제를 안고 있다. 노동자나 빈민·소수자 등의 소외계층에 대한 억압과 차별에도 분단체제 속의 국가폭력은 유효하다. '말 많으면 빨갱이'라는 일갈로 개인의 요구나 인권은 분단체제 속 국가폭력의 대상이 되는 것이다. 우리 사회의 낮은 인권 감수성은 결국 분단이라는 체제 속에서 기인한다는 진단은 매우 적실해 보인다.[1)]

한국 사회의 갈등의 직접적인 원인으로 분단과 한국전쟁·분단체제 속의 직접적인 폭력과 여기서 발생한 트라우마라고 보았을 때, 이러한 분단 트라우마의 표출 양상은 분단서사라고 할 수 있다. 분단 사건과 한국전쟁시기 이념이 다른 상대를 적대하고 복수의 대상으로 삼고 말하는 방식은 수많은 분단서사들을 만들어 냈다. 나와 이념이 다른 상대는 적으로 보고, 더 나가서는 척결의 대상·복수의 대상으로 보는 시각에서 파생되는 사고와 말하기 방식들이다. 이러한 분단서사는 분단체제 속에서 반공이 국시로 채택되면서도 다양한 양상으로 파생되기에 이른다. 반공주의·군사주의·발전지상주의로 사고하고 말하는 방식이 곧 분단서사라고 할 수 있다. 그리고 이 분단서사는 분단의 지배질서가 안정적으로 재생산되는 정서적·이념적 기반으로서 분단 사회의 일상에 내면화된 특징적인 삶의 방식이라고 할 수 있다. 분단서사는 이데올로기 수

---

1) 이병수는 분단체제 속 국가폭력의 심각성을 한국 사회의 인권 감수성의 부족으로 귀결된다고 다음과 같이 진단한다. "자본주의 경제 질서를 위협하거나 침해할 가능성이 있는 노동자나 빈민들도 잠재적 비국민으로 취급되며, 동일한 폭력이 행사된다. 또한 성차별, 소수자 인권 차별 등 남북 적대와 발생적 연원이 다른 여러 사회현상도 남북의 적대성에 기반한 국가 폭력으로 인한 정신적 외상과 결코 무관하지 않다. 우리 사회의 낮은 인권감수성은 무엇보다 20세기의 역사적 과정에서 형성된 우리 사회의 성격과 긴밀하게 연관되어 있기 때문이다. 분단 상황은 국가 안보의 이름으로 개인의 생명과 자유의 박탈을 정당화하였고, 그로 인한 인권감수성의 마비는 우리의 일상적 삶과 사회조직 곳곳에 모세혈관처럼 스며들어 있다."(이병수, 「분단 트라우마의 유형과 치유 방향」, 『통일인문학논총』 52집, 건국대학교 인문학연구원, 2011, 58쪽).

준의 의식적인 자발적 동의로부터 교육 대중매체 등의 일상적 반복을 통해 체화되는 무의식적인 동의를 포괄하고 있다.[2)]

결국 한국 사회의 갈등을 추동하는 장치는 분단서사라고 말할 수 있겠다. 이 글에서는 이러한 분단서사의 극복 없이는 한국 사회의 안정과 평화는 기대하기 힘들므로 그 극복 방안으로 통합서사를 논의하고자 한다. 분단서사가 분단과 한국전쟁이라는 역사적 사건, 분단체제의 지속 속에서 형성된 한국 사회의 갈등을 그대로 안고 있는 사고와 말하기 방식이므로, 여기서 통합서사는 한반도의 통일을 지향하는 서사, 더 나아가서는 한국 사회의 갈등을 통합하는 서사, 곧 사회통합의 서사적 장치라고 말할 수 있겠다.

1차적으로는 현재의 분단체제와 직접적인 관련이 있는 서사가 논의의 중심이 될 수 있다. 분단 사건과 한국전쟁 문제를 다룬 소설이나 영화, 예술적 형상화 단계로까지 나가지는 못했지만 전쟁 체험담[3)]까지도 그 분석 대상으로 삼고자 한다. 또한 분단체제 속에서 생성된 이념갈등을 다룬 서사들도 모두 포함될 수 있다. 이들 매체에서 다루는 분단 관련 서사에는 분단서사를 전면적으로 다루더라도 그 틈새로 통합의 단초들도 발견할 수 있을 것이므로 여기에 집중하고자 한다.

우리는 한반도의 통일을 논의할 때 항상 독일의 상황을 언급하는 경향이 있다. 우리보다 먼저 통합을 이룬 경우이므로 당연한 일인지도 모른다. 현대적 정치 경제 시스템 속에서 분단국가가 통합을 이룬 좋은 사

---

2) 이병수, 「분단 트라우마의 유형과 치유 방향」, 『통일인문학논총』 52집, 건국대학교 인문학연구원, 2011, 57쪽.

3) 설화나 소설의 본질을 허구화된 서사라고 볼 때, 경험담은 문학의 본령이라고는 말할 수 없다. 그러나 일상의 경험과 자신이 살아오면서 직접 겪은 체험담이나 주변에서 보고 들은 이야기도 현대의 구비문학으로서 위상을 갖추었다고 본다(신동흔, 「경험담의 문학적 성격에 대한 고찰 -현지조사 자료를 중심으로」, 『구비문학연구』 4집, 한국구비문학회, 1997).

레이기 때문이다. 그렇지만 현대적 시스템이라는 틀에서 벗어나서 보면 이 땅에 살아가는 사람들의 통일이나 통합을 논의할 때는 우리의 역사에 눈길을 돌릴 필요도 있다. 우리의 역사 속에서 삼국으로 분할되었다가 불완전하지만 통합을 이룬 선례도 있고, 고려의 건국 과정도 후삼국 체제의 통합으로 볼 수 있기 때문이다. 그리고 근세조선에 와서 분단의 문제는 아니지만 임진왜란이나 병자호란과 같은 전체 국토와 사람들이 전쟁의 참화를 겪은 비극적 경험도 가지고 있다. 이 가운데서 사회를 통합하고 전란의 상처를 치유하고자 하는 노력들은 무수히 많았을 것이다. 이 점에 착안하여 2차적으로는 우리의 역사 속에서 사회 통합의 노력들을 찾아보고자 한다.

정치나 국가라는 시스템은 완력으로 외형적인 통합을 이루고, 전쟁을 끝냈다고 선언할 수 있다. 그렇지만 그 가운데서 삶을 영위하는 사람들은 쉽사리 통합되고 치유되지 않는다. 지난한 시간이 요구되는 것이다. 여기에 통합을 위한 문화적인 장치 -문학·음악·종교 등- 가 기능하고 있다.

이 글은 현대 한국 사회의 첨예한 갈등이 분단과 한국전쟁이라는 역사적인 사건과 분단체제에서 비롯되었다고 진단하고 이를 통합하기 위한 문화적인 장치들에 대해 고민하고자 한다. 우선 우리의 역사 속에서 통합의 장치들을 찾아보고, 이를 현대의 분단서사에 어떻게 적용할 수 있는지 연계하는 방안을 찾고자 하는 것이다. 그래서 통합서사를 통해 분단 트라우마를 치유하는 방안까지도 제시하고자 한다.

2. 통합서사의 개념

통합서사를 통합과 서사의 결합이라고 볼 때, 통합(統合)은 '둘 이상의

조직이나 기구가 하나로 합쳐짐'이라는 사전적 의미에 국한되는 것이
아니다. 여기서 통합은 사회적 통합, 사회 구성원들의 통합을 지향한다.
그리고 그 합(合)은 나와 같아짐, 하나가 됨에 제약되지 않는다. 분단체
제 속에서 직접적으로는 이념이 나와 다른 구성원을 적대시하면서 갈등
을 불러오는 경우, 더 나아가 욕망하는 바가 나와 다른 구성원들을 이념
의 틀로 재단하여 갈등하는 경우에 그 적대적 정서를 완화하면서 갈등
을 줄여나가는 단계, 더 나아가 서로를 인정하고 포용하는 단계, 끝에
가서는 화해를 이룬 단계를 말한다.

그리고 서사(敍事)는 문학적 양식으로서의 서사에 국한되지 않고, '어
떤 사실을 있는 그대로 기록하는 글의 양식, 인간 행위와 관련되는 일련
의 사건들에 대한 언어적 재현 양식'이라는 본래적 의미에 더 가깝다고
할 수 있다. 여기서 표현 수단을 지칭하는 '글·언어'의 제약도 벗어나
말하기·글쓰기·영상·몸짓으로까지 확대하고자 한다. 결국 인간의 삶
에 관련된 일련의 사건들에 대한 표현 활동 정도의 확대한 의미로 잡고
자 한다.

그러므로 이 글에서 사용하는 통합서사의 개념은 분단체제 속 한국
사회 구성원들이 갖는 이념적 적대 정서에서 기인한 분단서사를 완화시
키는 일련의 인간 활동으로, 사회를 통합시키는 장치라고 포괄적으로
접근하고자 한다.

분단 사건과 한국전쟁, 분단체제 속에서 표출되는 상호 적대적 정서
를 분단서사라고 할 때 그 서사의 사건에는 질시·억압·폭행·죽음·
복수 등의 광범위한 폭력이 기본적으로 개재하고 있다. 분단의 정국에
서 일어난 좌우 대립·제주 4.3 사건·여순사건·빨치산·보도연맹 예
비검속·한국 전쟁시기의 살상, 그리고 분단체제 속의 국가폭력 등 수
도 헤아릴 수 없는 폭력 사건들이 우리 현대사에 있었다. 이들 사건 속

에서 수많은 사람들이 죽어갔고, 복수의 감정을 갖기도 했다. 그러한 폭력의 사실을 상호 정당화하는 가운데 분단서사는 형성된다고 볼 수 있다. 가해자로서의 자신의 행위를 정당화하는 표현 방식이 곧 분단서사의 일반적인 경우이다. 분단체제 속에서 우리는 좌나 북에 대해 표현할 때 '한편에 서서 이야기하기'를 강요받는다.[4] 국가 기관이나 감시자가 곁에 있지 않더라도 우리에게는 이러한 억압이 무의식적으로 발동하고 있다. 이를 분단 아비투스[5]의 개념으로 설명할 수 있는데, 우리 몸에 체화된 반응이라고 할 수 있다.

분단서사를 넘어서 통합서사로 나아가기 위해서는 1차적으로 이러한 표현의 자유가 인정된 상태가 확보되어야 한다. 신변의 안전이 확보된 상태에서 자신이 당한 상처에 대해 이야기할 수 있는데, 이는 트라우마 증상을 치료하는 단계에서도 필수적인 전제 조건이 된다.[6]

개인적 차원을 넘어서 분단체제 속에서 집단적으로 자행된 폭력에 대한 고통을 표출하기 위해서도 폭력이 제거된 비폭력의 상태가 통합서사의 전제 조건이라고 말할 수 있다. 개인이나 집단·국가의 비폭력을 전제로 통합서사를 설정할 때 일순간에 분단서사를 통합서사로 변화시키는 것은 매우 요원한 일일 것이다. 그래서 분단서사를 넘어서 통합서사로 가는 데는 몇 단계의 완화 과정이 있을 수 있겠다. 이는 인간관계의 갈등이 해결되는 일반적인 단계로 설정해 보는 것이 타당하다. 통합서사가 결국 갈등을 안고 있는 인간관계의 통합을 의미하기 때문이다.

폭력을 당한 주체가 신변의 안전이 확보된 상태에서 1차적으로 표현

---

4) 김종군, 「한국전쟁 체험담 구술에서 찾는 분단 트라우마 극복 방안」, 『문학치료연구』 27집, 한국문학치료학회, 2013, 119~122쪽.
5) 박영균, 「분단의 아비투스에 관한 철학적 고찰」, 『통일에 대한 인문학적 패러다임』, 선인출판사, 2011, 123~158쪽 참조.
6) 주디스 후먼 지음, 최현정 옮김, 『트라우마』, 플래닛, 2012, 260~291쪽 참조.

할 수 있는 단계는 고발(告發)이라고 볼 수 있다. 자신이 당한 폭력의 실상을 말하거나 기록하는 단계이다. 정신적으로나 외상으로 가해진 폭력은 사람에게 상처를 남기고, 그 상처는 원망(怨望)과 한(恨)으로 자리 잡게 된다. 이를 병증이라고 볼 수 있다. 마음속에 병이 된 원망의 감정을 드러내는 표현 방식은 자신이 당한 폭력을 낱낱이 고발하는 방식을 띠게 된다. 이 고발이 이루어지고 나면 원망을 가진 사람들은 후련하다는 감정의 상태가 되는 것이다. 결국 고발을 통해 가슴 속에 응어리진 원망을 풀어내는 해원(解寃)의 서사라고 할 수 있다. '전쟁의 상황 속에서 여성들이 겪은 성적 유린'·'아들이 보는 앞에서 끌려가서 죽임을 당한 아버지의 모습'·'국가가 불온 세력이라고 몰아서 자행한 집단 학살'의 경우 등 처절한 폭력이 전쟁 중에 발생하였다. 그런데 그 상황을 발설하는 것 자체가 금지된 상황이 분단체제이다. 상처는 곪으면 터지기 마련이므로, 가슴 속에 쌓인 원망을 불쑥 불쑥 튀어 나오는 지경에서 신변의 안전만 확보된다면 봇물처럼 쏟아지게 되는 것이다. 우리 사회의 민주화 과정에서 이러한 해원의 서사는 본격적으로 시작되었다. 제주 4.3의 피해자들이 고발을 터뜨리는 순간 급속도로 확산되었고, 국가는 공식적으로 사과하는 단계에 이르렀다. 결국은 고발 행위를 통해 해원에 이르게 된 것이다.

고발 (告發)	⇒	해원의 서사	⇒	동정 (同情)	⇒	포용의 서사	⇒	화해 (和解)	⇒	통합의 서사

이러한 고발을 통한 해원의 서사를 넘어선 단계는 적대하는 상대를 동정(同情)의 시각으로 보는 지점이다. 가해자도 어쩔 수 없는 상황에서, 자의가 아닌 타의에 의해 폭력을 가했을 것이라고 보아주는 것이다. 가

해자도 또 다른 폭력에 쫓겨 그러한 폭력을 행했을 것이라고 보는 단계이다. 여기서 동정의 의미는 '어려운 사정을 이해'하는 수준으로 보아야 할 것이다. 우리의 분단과 전쟁은 동족끼리 감행한 비극이라는 전제가 깔린 시각이라고 할 수 있다. '전쟁시기에 장총을 질질 끌면서 밥을 달라던 소년 인민군을 바라보는 시각'·'토벌대에 쫓겨 산에서 추위와 배고픔을 견디지 못해 민가에 보급투쟁을 나온 빨치산을 바라보는 시각'·'빨치산이 된 아들을 잡기 위해 개활지에서 그 아버지를 때려죽이던 토벌대를 비난하는 시각' 등은 동족끼리 나뉘어 적대시하는 한국의 분단 현실에서 빈번하게 발견되는 동정의 시각들이다. 이러한 동정의 시각은 상대를 보듬어야 한다는 포용(包容)의 서사라고 규정할 수 있다. 물론 이 포용의 서사에는 여전히 한계가 남아 있다. 한국전쟁시기 전세에 따라 피아(彼我)가 반복되는 가운데 가해자가 피해자가 되는 복수의 되갚음을 목격한 사람들이 갖는 처세의 방식으로도 볼 수 있기 때문이다. 우리 사회가 판정의 순간에 정의(正義)보다는 인정(人情)을 우위에 두는 행태도 결국 분단체제 속에서 비롯된 처세의 방식일 수 있다.

동정의 시각에서 비롯된 포용의 서사를 넘어서 싸움을 멈추고 안 좋은 감정을 풀어서 없애는 화해(和解)의 단계는 통합서사의 완성이라고 할 수 있다. 분단체제 속에서 남북이 적대적 관계를 풀지 않는 이상 이 단계로 진입하는 것은 불가능해 보인다. 한국전쟁은 종전(終戰)된 상태가 아니라 정전(停戰)의 상태일 뿐이라고 주창하는 입장이 한국 사회에서 우세한 이상 화해를 통한 통합서사를 말하기에는 무리가 있다. 전쟁시기 서로를 죽이는 상황에서 적을 살려낸 이야기는 드물게 발견되기도 한다. 그렇지만 흔한 사례가 아니라 여전히 통합서사의 모습을 찾기는 쉽지 않아 보인다.

그러나 분단서사를 극복하고 통합을 지향하는 갈망에서 〈웰컴 투 동막골)과 같은 영화가 인기를 누리는 현상을 목격하게 된다. 분단 상황의 심각성을 모르고 환상적인 서사로서 통합을 이야기했다는 비판을 보면서 화해를 바탕으로 한 통합서사가 분단의 아비투스가 체화된 우리에게 얼마나 멀게 인식되는지를 확인할 수도 있었다. 보수진영에서 반미감정을 부추기는 영화라고 비판하자, 영화 제작자는 이에 맞서서 반전영화로 봐달라고 항변하는 논쟁의 과정을 보면서 화해를 통한 통합서사는 여전히 구현하기 힘든 단계임을 가늠하게 했다.

그러나 우리에게는 어떤 영화나 드라마보다 더 큰 화해의 장면이 강하게 뇌리에 박혀 있다. 2000년 6월 남한의 대통령이 북한을 방문하여 순안공항에 영접을 나온 북한의 최고 지도자를 끌어안는 장면을 방송매체를 통해 접하면서 가진 충격을 잊지 못할 것이다. 영원한 적으로 남을 줄 알았던 북의 최고 권력자를 남한의 대통령이 만나는 장면은 충격으로 받아들일 만했다. 우리는 그 상황에서 분단과 전쟁으로 영원히 화해할 수 없을 줄 알았던 남북이 통합도 이룰 수 있다는 가능성을 보았다. 남북의 화해 분위기는 다시 냉전의 상태가 되었지만 그 장면은 남북 모두에게 통합서사로 자리 잡았다고 볼 수 있다.[7] 앞서 언급한 것처럼 분단체제 속에서는 한편에 서서 이야기하기가 관행이며, 적과의 화해를 말하는 것이 금기사항으로 인식된다. 그래서 통합서사의 확산은 쉽지 않아 보인다. 그러나 2000년 남북 정상회담의 장면은 시간이 지나면 한편의 통합서사로 인구에 회자될 가능성이 커 보인다.

사회 통합을 위한 통합서사의 구현 과정을 단계별로 설정해 봤는데, 그것이 반드시 순차적이라고 할 수는 없다. 표출의 상황에 따라, 표출 정도에 따라 어느 수준에 있다고 구분해 보는 데에 의미가 있다. 통합서

---

7) 해외에서 학술교류 때 만나는 북한의 학자들도 남북의 화해에 대해 언급할 때 2000년 6월 두 정상의 면담을 가장 인상적으로 언급하는 경우가 많다.

사를 최종의 단계인 화해가 이루어진 서사라고 전제한다면 외형적으로는 우리 사회 갈등의 근원인 분단이 해결된 통일체제에서 가능한 담론일 것이다. 그렇지만 우리는 지금의 분단 상황에서도 보다 행복한 삶을 영위하기 위해 통합을 말하는 것이므로, 완전하지는 않지만 분단서사가 완화된 서사들도 통합서사의 의미를 가지고 있다고 보자는 것이다.

3. 통합을 위한 문화사적 장치

분단과 전쟁으로 비롯된 분단서사를 극복하기 위한 통합서사 찾기는 우리의 역사 속에서도 전례를 찾아볼 필요가 있다. 온전한 통일의 모습은 분단된 영토의 통합·체제의 통합을 넘어서서 사람의 통일로까지 나아가야 하기 때문이다. 독일이 통일을 이룬지 20년이 넘었지만 여전히 동서독 주민들 사이의 갈등과 질시가 사회 문제로 크게 대두된다고 한다. 사람의 통합을 논의하기에는 문화와 풍토가 다른 외국의 사례보다는 같은 문화권에서 통합을 이룬 사례가 더 효과적일 수 있다.

여기서 사회 통합의 과정에서 문화적 장치가 어떻게 기여할 수 있는가에 대해 고민할 필요성이 제기된다. 분단이나 분열된 국가나 조직을 통일하고 통합하는 과정에서 전쟁과 국가폭력은 거대담론을 기반으로 정당화되는 것이 일반적이다. 이러한 거대담론에서는 통일이나 통합이 이루어지는 시점에서 모든 것이 완수되었다고 보는 시각이 우세하다. 그런데 문제는 그 과정에서 자행된 폭력과 그 때문에 발생한 사람의 상처·트라우마에 대해서는 개인의 문제로 치부될 가능성이 크다. 국가라는 거대 조직이 운영되기 위해서는 그 구성원들이 그만한 피해는 감내해야 한다는 논리인 것이다. 이 또한 국가폭력이라고 할 수 있다. 국가 조직은 하나로 합쳐졌다고 하지만 상처 입은 개인들은 여전히 그 구성원으로 남아야 하는 것이다. 위로부터의 통합 선언이 아래에 처한 구성원들의 상처를 보듬지 못한다면 온전한 통합이라고 말할 수 있겠는가? 통일이나 통합을 논의하면서 인문학적인 장치가 절대적으로 필요한 이유가 여기에 있다. 사람의 마음속에 응어리진 상처와 한·원망이 해소되면서 상대를 동정할 수 있고, 더 나아가 화해를 청할 수도 있는 것이다. 결국 사람의 심리나 정서적인 측면에 호소하거나 치유를 시도함으로써 온전한 사회 통합·국가 통일은 가능하다. 통일이나 통합의 장치로서 인문학이 효과적인 이유이다.

사람의 마음을 풀어주는 장치는 외형적으로는 물질적인 수혜로 가능할 수 있다. 그러나 본질적으로는 그 정서적인 지점에 호소하여 평정심·화해를 이룰 수 있다. 이를 위해 인문학적 장치들, 특히 문학이나 예술은 적절히 기여할 수 있다. 다음에서 우리의 역사 속에서 사회 통합에 기능한 문화적 장치에 대해 알아보고, 이것이 현재 사람 사이의 이야기문화 속에 어떻게 연결될 수 있는지를 살펴보자.

1) 해원의 서사 장치

전쟁은 사람들에게 극단의 공포라고 할 수 있다. 살상과 폭력은 사람들에게 참혹한 상처를 남기게 된다. 우리의 역사에서도 수많은 전쟁이 발생하였다. 내부적인 통일을 위한 전쟁뿐만 아니라 외세의 침략 전쟁도 전 국토를 유린하는 경우가 많았다. 고려 말 공민왕 시절에 있었던 홍건적의 난은 그 피해 정도에 비해 역사적 인식은 매우 축소되었다고 할 수 있다. 중국 원나라에서 일어난 반란군이 고려를 침공해서 공민왕이 피난을 갔다는 사실 정도로 인식된 측면이 있다. 그런데 공민왕의 피

난지는 복주(福州)로, 지금의 안동지역임을 감안하면 영남일대를 제외한
국토의 많은 지역이 전쟁의 참화를 겪었다고 볼 수 있다. 그 가운데서 벌
어진 폭력과 피해 받은 사람들에 대한 이야기는 크게 부각되지 않았다.

　홍건적의 난의 참상을 공론화한 것이 김시습의 『금오신화』에 수록된
〈이생규장전〉이라고 할 수 있다. 국가 주도의 역사 기술에서 전쟁의 사
실만을 기록하고 있다면, 작가는 소설에서 당대 사람들, 특히 여성이 겪
은 전쟁의 참상에 주목하고 있다.

> 이윽고 신축년(辛丑年)8)에 ① 홍건적(紅巾賊)이 서울을 노략하자 상감
> 께서 복주(福州)로 옮겨가셨다. 놈들이 건물은 파괴하고 인축(人畜)을 전
> 멸시키매 그들의 가족과 친척들이 동서로 분산되었다.
> 　이때 이생은 가족과 함께 산골에 숨어 있었는데, ② 도적이 칼을 들고
> 뒤를 쫓아오는지라 그는 겨우 도망하여 목숨을 구했으나, 최랑은 도적에
> 게 잡혀 정조를 빼앗길 처지에 이르자 크게 노하여 소리 질렀다.
> 　"이 창귀(倀鬼)놈아! 나를 먹으려고 하느냐. 내가 차라리 죽어서 시랑
> (豺狼)의 밥이 될지언정 어찌 돼지 같은 놈에게 이 몸을 주겠느냐."
> 　놈은 종말에 그녀를 무참하게 죽여버렸다.
> 　(중략)
> 　밤중이 되어 달빛이 들보를 비추자, 낭하에서 발걸음 소리가 점점 가
> 깝게 들려와 깜짝 놀라 보니, 옛날의 최랑이었다.
> 　이생은 그녀가 죽은 것을 알고 있었으나, 워낙 유다른 사랑이라 의아
> 하게 생각지 않고 물었다.
> 　"당신은 어디로 피난하여 생명을 보전하였소?"
> 　최랑은 그의 손을 잡고 통곡하며 말했다.
> 　"저는 원래 귀족의 딸로서 어릴 때에 모훈(母訓)을 받아 수놓는 일과
> 침선(針線)에 열심이었고, 시서(詩書)와 예의를 배워 ③ 단지 규중의 예법
> 만 알고 그 외의 다른 일은 잘 알지 못하였습니다. 그런데 어느 날 당신

8) 고려 공민왕 10년(1361).

이 복숭아 핀 담 위를 엿보셨을 때 저는 스스로 벽해(碧海)의 구슬을 드려 꽃 앞에서 한번 웃고 평생의 가약을 맺었습니다. 또한 깊은 휘장 속에서 거듭 만날 때마다 정이 100년을 넘쳤습니다. 여기까지 말을 하고 나니 슬프고 부끄러운 마음 금할 길이 없군요. 장차 백년해로의 낙을 누리려 하였는데 <u>뜻밖의 횡액(橫厄)을 만나, 끝까지 놈에게 정조를 잃지는 않았으나, 육체는 진흙탕에서 찢겼사옵니다. 절개는 중하고 목숨은 가벼워 해골을 들판에 던졌으나 혼백을 의탁할 곳이 없었습니다. 가만히 옛일을 생각하면 원통한들 어찌하겠습니까?</u> 당신과 그 날 깊은 골짜기에서 하직한 뒤 저는 속절없이 짝 잃은 새가 되었던 것입니다. 이제 봄빛이 깊은 골짜기에 돌아와 저의 환신(幻身)은 이승에 다시 태어나서 남은 인연을 맺어 옛날의 굳은 맹세를 결코 헛되게 하지 않으려 하는데 당신 생각은 어떻습니까?"[9]

 김시습은 홍건적의 난이 있고 100년 후 즈음[10]에 작품 속에서 전쟁의 참상을 그리고 있다. 작가가 직접 경험하지 않은 전쟁의 상황을 소설이라는 허구의 장치를 통해 그리고 있지만 그때의 참상이 100년이 지나서도 인구에 회자되었다고 추론할 수 있겠다. ①은 전쟁에서 벌어지는 일반적인 피해 사실의 기술이다. 전쟁 중 백성을 보호할 임금은 우선 후방으로 피난하였고, 건물의 파괴와 사람과 가축들이 살상당한 피해 사실을 고발하고 있다. 이 가운데 가족의 이산도 이루어진다. 전쟁의 보편적인 양상을 그대로 보이고 있다. 이 지점에서 우리는 현대의 분단과 한국전쟁 문제 해결에 역사 속 사례 적용이 가능하다는 것을 확인할 수 있다.
 그리고 ②는 여성인 최랑이 겪은 처참한 피해상이다. 전쟁시기 국가가 안위를 보호해 주지 못하는 상황에서 최랑은 남편에게서도 보호받지

---

9) 김시습, 〈이생규장전〉, 『금오신화』.
10) 홍건적의 난이 1361년에 일어나고, 김시습의 생몰연대가 1435~1493년이므로 그 집필 시기와 전쟁은 100년쯤의 간격으로 보인다.

못하고 겁탈의 위기에 처한다. 강력하게 항거하다가 결국 죽음을 맞게 되는 참상이다. 전쟁의 상황에서 가장 비극적인 처지는 육체적 약자인 어린이들과 여성이라고 할 수 있다. 최랑은 자신의 절개를 지키기 위해 끝까지 항거하였고 살육당했다.

작품은 이렇게 원한 속에 죽어간 최랑의 해원 구도로 결말을 맺고 있다. 비현실적인 환생(幻生)의 장치까지 끌어와서 전쟁 중 국가와 가족에게 보호받지 못한 여성의 억울함을 고발하게 한다. ③에서와 같이 최랑은 귀족의 딸로서 규중에 예법만 숭상하면 일생을 안전하게 마칠 것으로 교육받고 살았다는 것이다. 그런데 전쟁이 발발하자 처절하게 죽음을 맞았고, 자신의 시신마저 살아남은 남편이 찾을 수 없을 것 같아 명부(冥府)에 애원하여 환생으로 돌아왔다고 고백한다. 흔히 이 작품은 명혼소설(冥婚小說)로 분류하고, 이생과 최랑의 지고지순한 사랑의 결정이 명혼담 형식으로 구현되었다고 보는 시각이 일반적이다. 그러나 이 대목에 주목해 보면 전쟁 중 참상을 겪고, 그 사건을 원한으로 간직한 여성의 고발의 장치가 더 크게 부각된다. 여기서 정조를 끝까지 지키려다가 죽임을 당했다는 서술은 시대적 분위기나 유학인 작가의 의식이 투영된 지점이라 논외로 한다. 전쟁 중 보호받지 못하고 죽은 여성의 원한은 반드시 풀어줘야 한다는 해원의 소명이 당대 분위기나 작가에게 강력하게 작용한 결과로 이와 같은 환상적인 소설이 등장했다고 볼 수 있다. 그 해원의 시간은 단시일에 이루어지는 것이 아니라 몇 년의 기간으로 설정된다. 사랑하는 남편과의 미진한 정도 풀어내고, 전쟁 중 죽은 부모의 시신을 수습하여 장례지내는 등 한으로 남을 일상의 일들을 풀어내는 장치로 작품은 결말을 맺고 있다.

전쟁 중 당한 여성들의 성적 유린에 대한 원망과 한은 평생 떨치지 못하는 트라우마라고 할 수 있다. 그러므로 작가는 이와 같은 환상적 서사 장치를 통해 그 해원의 장을 마련한 것이라고 평가할 수 있겠다. 한국전쟁 중 발생한 여성의 성적 피해는 우리 사회의 음지에 고스란히 쌓여 있다고 하겠다. 그래서 한국전쟁 체험담에는 수많은 성폭력 피해담이 표출되고 있다.

④ 6.25 때 내가 하도, 하도 엄청난 얘기라서 내가 한번 하고 싶네. 이건 어데서 내, 언제 어디 가도 내가 공개하고 싶었는데, 6.25 때 말하자면은 미군들이 많이 안 들어 왔어요? 6.25 전쟁 때. 그래 미국 놈들 처음 들어올 때 아이구, 여자들하고 마 강탈을 온다고 막 난리가 났는데 한 삼십 명 여자들 막 한집에 모아놓고 밤에 자고 그랬거든? 그랬는데 막 혼차 있는 영감들은 있으면 가면 막 가서 배를 푹 찌르고,

"여자 내놓으라."

고. (조사자: 미군들이요?) 예. 아, 미군들이 그랬지 처음에는. 그랬는데 (청자: 미군들이 첨에 그랬어요?) 예. 그랬는데 난중에는 막 돌아댕기, 이 한 이십 일간 숨어가 있으니까 살 수가 없어요.

(중략)

⑤ 그래도 미군이 그래 들어오고, 우리 참 대동아 전쟁을 해줬기 때매 우리가 이렇게 지끔 발전하고 살지 (청자: 맞어.) 그분들 무시하면 안 돼지. (웃음) 안 그래요? (조사자: 아, 그런 일이 있었구나.) 아이고, 무셔라. 별 일 다 있었어요.[11]

한국전쟁 중 UN군으로 참전한 미군에 의한 성폭력 피해담으로, 화자는 엄청난 일이라서 한번은 이야기해야겠다는 고발의 의지를 보이면서 이야기는 시작된다. ④에서 보이는 것처럼 전쟁 후 60년이 지났지만 '엄청난 이야기'는 가슴 속에 고스란히 간직되어 있었다. 한번은 풀고 공개하고 싶었다는 말에서 해원의 의지가 충만해 있음도 확인할 수 있다. 그

---

11) 신동흔 외, 『도시전승설화자료집성』 2, 민속원, 2009, 421~423쪽.

리고 구술조사라는 담론의 자리가 마련되니 이제 풀겠다는 뜻을 내비친다. 화자는 중략된 부분에서 실제로 성폭행을 당한 사람은 자신의 친구였다고 말하고 있다. 그렇지만 그 실상을 확인할 수는 없다. 설사 화자의 이야기가 아닌 친구의 이야기였다고 하더라도 주변에서 지켜봤고, 그 공포는 강력한 트라우마로 남아 있음이 확인된다.

한국전쟁 중 발생한 여성 수난이야기는 분단 트라우마를 치유하는 데 필수적인 요건이라고 생각된다. 김시습이 홍건적의 난에서 수난당한 여성의 이야기를 최랑의 입을 빌려 고발하도록 하고, 사회적 담론을 형성하려고 했던 것처럼, 지금의 현실에서는 한국전쟁 체험담 중 여성수난담을 따로 발굴하여 해원을 위한 담론의 장이 마련되어야 할 것이다. 이를 통해 여성들이 간직한 분단 트라우마의 일면이 치유로 나아갈 수 있기 때문이다.

그런데 그 담론의 장 형성도 제약이 따른다. ⑤에서 화자는 분단체제 속에서 자신의 고발이 한계를 가지고 있다는 것도 짐작하고 있다. 미군에게 피해를 입었지만 그들이 우군으로서 우리를 도왔기 때문에 피해와 트라우마도 감내하고 살아야 한다는 결론이다. 통합서사를 위한 해원의 장치가 분단체제 속에서 가지는 한계라고 할 수 있다.

2) 포용의 서사 장치

우리의 역사에서 분단은 지금의 남북 분단만 있었던 것이 아니다. 고대시기 소규모 국가로 분리되어 있었고, 이를 고구려 · 백제 · 신라가 통합하는 과정을 거친다. 그리고 한반도 내에서는 다시 신라에 의한 삼국통일이 불완전하게 이루어졌다. 신라 말에 와서 후삼국으로 분리되었다가 고려의 건국 과정에서 또 한 번의 통합이 있었다. 그런데 이러한 통합이나 통일은 반드시 전쟁이라는 참극을 기반으로 이루어졌고, 그 가운데 이 땅의 사람들은 형언할 수 없는 상처를 감내해야 했다.

그런데 외세에 의한 전쟁과는 달리 동족끼리 벌린 전쟁에서는 전쟁의 참상을 고발하는 시각과는 다른 동정의 시각을 기반으로 하는 포용의 서사가 발견되어 통합서사의 장치로 주목하게 된다. 같은 동족끼리의 통일 전쟁이었던 삼국통일 과정은 남북분단이나 한국전쟁 상황에 시사하는 바가 클 것으로 본다.

우리 역사에서 가장 부각되는 통일 전쟁은 삼국 통일과정으로 볼 수 있다. 현전 최고의 역사서인 『삼국사기』나 『삼국유사』에서 신라 주도의 통일 과정을 구체적으로 기술한 결과라고도 볼 수 있다. 신라의 태종무열왕과 김유신 주축으로 통일 전쟁을 감행할 때 백제와의 전쟁은 『삼국사기』와 『삼국유사』에 구체적으로 기술되어 있다. 그 가운데 백제의 명장인 계백장군 이야기에 주목할 필요가 있다. 백제의 최후를 기술할 때 계백이 이끄는 5천 결사대의 황산벌 전투는 한국의 전사(戰史)에 중심을 차지할 만한 이야기이다.

계백은 백제 사람으로 벼슬하여 달솔이 되었다. 당나라 현경 5년 경신에 고종이 소정방을 신구도 대총관으로 삼아 군사를 거느리고 바다를 건너 신라와 함께 백제를 치게 했다. 계백은 장군이 되어 결사대 5천 명을 선발하여 이를 방어하며 말하기를, ⑥ "한 나라의 인력으로 당과 신라의 대군을 당하자니, 나라의 존망을 알 수 없다. 나의 처자가 붙잡혀 노비로 떨어질 지도 모르니 살아서 치욕을 당하는 것보다 차라리 통쾌하게 죽는 것이 낫겠다."라고 하고 마침내 (자기의 처자를) 모두 죽였다. 그가 황산의 벌판에 이르러 세 개의 진영을 치고 있다가 신라 군사를 만나 장차 전투를 시작하려 할 때 여러 사람에게 맹세하기를, "옛날 (월왕) 구천은 5천 명의 군사로 오나라의 70만 대군을 격파하였으니, 오늘 우리는 마땅히 각자 분발하여 싸우고, 반드시 승리하여 나라의 은혜에 보답해야 한다."고

했다. 그리하여 ⑦ 모조리 죽이는 싸움을 벌여 한사람이 천 사람을 당하
지 않는 자가 없었으니 신라 군사가 이에 퇴각하였다. 이와 같이 진퇴를
네 번이나 거듭하다가 마침내 힘이 부족하여 전사하였다.[12]

황산벌 전투를 마지막으로 백제는 나당연합군에게 멸망당하고 만다.
이 가운데 계백은 장렬하게 전사하게 된다. 황산벌 전투 이후 김유신은
적장인 계백의 시신을 부단히 찾았다고 하는데, 백제의 유민들이 급히
시신을 수습하여 무덤을 만들었다고 전해진다. 그리고 계백에 대한 극
적인 영웅담은 인구에 회자된 것으로 보인다. 『삼국사기』 열전 계백 조
에 수록된 내용으로 보면, ⑥과 ⑦처럼 계백은 백제가 패망의 위기에 처
한 것을 판단하고 마지막 전투에 나가기 전 그 가족들을 모두 죽였고,
그 용맹이 대단하여 신라가 여러 차례 패배한 것으로 전한다. 김부식의
『삼국사기』 편찬 의도가 신라 중심으로 이루어진 것은 잘 알려진 사실
이다. 이 계백 열전에는 별도의 사평을 붙이지 않았고, 그 기사 내용이
기존의 역사서를 참고한 것인지, 민간에 유포된 이야기를 수집하여 기
술한 것인지 논증하기는 힘들다. 신라의 입장에서 보면 악랄하게 저항
했던 적국의 장수임에도, 그 기술 논조가 적대적 감정을 표출하지 않고
있다. 오히려 조선조에 와서 계백에 행적에 대한 논쟁이 치열했음도 확
인된다.[13] 계백이 자기 나라인 백제와 그 임금인 의자왕을 위해 충성을
다하였고, 처자식을 죽인 것도 패망국 적장의 가족에게 가해질 폭력을

---

12) 階伯 百濟人 仕爲達率 唐顯慶五年庚申 高宗以蘇定方爲神丘道大摠管 率師濟海 與新
   羅伐百濟 階伯爲將軍 簡死士五千人拒之曰 以一國之人 當唐羅之大兵 國之存亡 未可
   知也 恐吾妻孥 沒爲奴婢 與其生辱 不如死快 遂盡殺之 至黃山之野 設三營 遇新羅兵
   將戰 誓衆曰 昔句踐以五千人 破吳七十萬衆 今之日 宜各奮勵決勝 以報國恩 遂鏖戰
   無不以一當千 羅兵乃却 如是進退 至四合 力屈以死(김부식, 『삼국사기』 열전, 계백).
13) 권근은 『양촌집』에서 계백이 처자식을 죽인 행위를 잔악함과 몰인정함으로
   단정하였다. 그런데 서거정의 『동국통감』과 안정복의 『동사강목』에서는 이
   에 강력하게 반론을 제기하면서 충신이자 명장으로 찬양하고 있다.

사전에 차단하기 위한 처절한 결단이라고 보는 시각이다. 이런 동정의
시선은 승전국 신라의 소년 장수 관창의 이야기를 통해서 다시 확인할
수 있다.

> 포로로 백제의 원수(元帥) 계백의 앞에 끌려갔다. 계백이 투구를 벗게
> 하니, ⑧ 그가 어리고 용기가 있음을 아끼어 차마 죽이지 못하고 탄식하
> 기를, "신라에는 뛰어난 병사가 많다. 소년이 오히려 이러하거든 하물며
> 장년 병사들이야!" 하고는 살려 보내기를 허락하였다. 관창이 돌아와서
> 말하기를 "아까 내가 적지 가운데에 들어가서 장수의 목을 베지 못하고
> 그 깃발을 꺾지 못한 것이 깊이 한스러운 바이다. 다시 들어가면 반드시 성
> 공할 수 있다." 하고 손으로 우물물을 움켜 마시고는 다시 적진에 돌진하여
> 민첩하게 싸우니 계백이 잡아서 머리를 베어 말 안장에 매어 보내었다.[14]

　화랑 신분인 관창이 부친을 따라 황산벌 전투에 참전하고 장렬하게
전사한 기사이다. 여기에서 계백의 모습은 인간적인 온정을 가진 존재로
그려진다. 어린 나이에 적장을 처단하겠다고 달려든 관창을 보고 관용
을 베풀어 돌려보냈다는 기사는 별다른 사평이 없다 해도 글의 맥락으
로 보면 적대감을 기저에 깔고 있지는 않아 보인다. 결국 신라의 입장에
서도 계백이 멸해야 할 적국의 장수이지만 그가 처한 입장은 자국의 안
위와 임금에게 충성을 다하는 것이 마땅하다는 동정의 시각인 것이다.
　이러한 동정의 시각은 포용의 서사로 나아갈 수 있다. 동족끼리의 전
쟁에서 상대의 처지를 인정하는 시선은 포용으로 나갈 수 있기 때문이
다. 한국전쟁의 원인은 다양하게 도출될 수 있다. 그렇지만 위정자나 권

---

14) 生致百濟元帥階伯前 階伯俾脫冑 愛其少且勇 不忍加害 乃嘆曰 新羅多奇士 少年尙如
　　此 少年尙如此 況壯士乎 乃許生還 官昌曰 必能成功 向吾入賊中 不能斬將搴旗 深所
　　恨也 再入 以手掬井水 飲訖 再突賊陣疾闘 階佰擒斬首 繫馬鞍送之(김부식, 『삼국사
　　기』 열전, 관창).

력자의 권력욕, 외세의 이권 등이 발발 원인으로 꼽힌다면 각자의 체제
에 소속된 사람들은 단지 전쟁에 동원된 같은 처지의 희생자라고 보는
시선이 동정의 시선이고, 이것이 포용의 서사로 나갈 수 있다고 본다.

> ⑨ <u>인자 그 사람이 빨치산으로 나가놓이께, 그 사람, 왜 그러냐하면은</u>
> <u>좌우간 불러다가 때리니까 매 맞기가 싫어서 도망을 가는 기지. 도망을</u>
> <u>가는 기라. 그래놓고 그 사람 부인도 인자 우찌 되서 그 산에 갔느냐 하</u>
> <u>면은 남편이 산에 간께 장근 잡아다가 장근 여자를 오락해가지고 괴롭히</u>
> <u>이께</u>
> '내가 고마 산에 가야되겠다.'
> 그래 가가지고 그래-, 저, 정순득이가, 그게 신문에도, 부산일보에도 많
> 이 나왔다고. 잽히고 나서 결국 총에 맞아 가지고 안 죽고 다리 절단하고
> 이래가지고 살아나왔거든. 그래가지고 무기 징역을 받았다가 감영돼가지
> 고 이십 년인가 얼마 받았다가, 십, 내가 알기로는 한 십팔 년 쯤 살다
> 나왔거든. 나왔는데 그래 그 사람, 그, 그때 그, ⑩ <u>부산일보 내가 한 번</u>
> <u>본께, 자기도 털어놓고 기도하고 이바구를 하는데 매에 못 이겨서 간 거</u>
> <u>라. 장근 불러다가 인제 남편 빨개이 나가고 없으니께 장근 불르니께, 그</u>
> <u>러니께 인제</u>
> '아이고 그만 내가 장근 불리 가가지고 고초 당하는 것 보다 고마 나도
> 산에 가야되겠다.' 싶어서 그래 산에 갔지. 그래서 그 정순득이라고 그 제
> 일 뒤에 잽혔다 아이가.[15]

　부산지역에서 조사된 최후의 빨치산 정순덕에 대한 이야기이다. 화자
는 이 이야기를『부산일보』기사에서 읽었다고 전했다. 분단체제가 공
고히 기틀을 잡아가는 1963년에 체포되어 인구에 수없이 회자된 이야기
이다. 그 이야기는 순박한 농촌 여성이 어떻게 빨치산 전사가 되었는가
하는 사연이 소개되면서 동정이 여론이 들끓었다. ⑨와 ⑩에서 보이는

---

15) 신동흔 외,『도시전승설화자료집성』9, 민속원, 2009, 284~285쪽.

것처럼 그 남편이 빨치산으로 나간 후 경찰에 의해 가혹한 폭력이 가해졌기 때문에, 정순덕이 산으로 간 것은 어쩔 수 없는 결단이었다는 평가하고 있다.

우리는 한국전쟁시기 인민군과 빨치산에 의한 피해에 대해서만 말하도록 강요받고, 국가 기관은 그들의 만행을 조사 수집하여 확산하는 활동을 벌여왔던 것이 사실이다. 결국 분단서사의 재생산 시스템인 것이다. 그런데 전쟁의 시기에 인민군과 빨치산의 약탈과 폭력 못지않은 군경과 토벌대가 민간인에게 가한 폭력의 사례가 빈번하게 조사된다. 결국 전쟁에서 극심한 피해는 고스란히 힘없는 민간인의 몫이었다. 그 사실을 익히 알기에 화자는 동정의 시선을 보이고 있는 것이다. 적대적 분단체제 속에서 군경과 토벌대의 폭력을 표면화하는 것도 제약이 따를 것은 자명하다. 그러나 구술 현장에서는 이처럼 포용의 서사가 다수 발견된다는 점에 주목한다면 역시 포용 서사의 담론화 노력을 통해 통합의 길이 가능할 것으로 보인다.

3) 통합의 서사 장치

우리 역사에서 분단이나 전쟁이 외형적으로 완결되고 난 후 사회적 통합을 위한 장치는 쉽게 찾을 수 없다. 외형적으로 이룬 통일이나 종전으로 모든 것이 완수되었다는 체제 선전에 급급한 나머지 내부적으로 발생하는 갈등과 혼란을 표면화하기에는 부담감이 있었기 때문으로 볼 수 있다. 설사 정책적인 통합 방안 제시가 있었다고 해도 일반 대중들에게까지 그 실효성이 적용되었는지도 의문이 든다. 여기서 통합을 위한 문화사적 장치가 필요함을 확신하게 된다. 현재의 남북 분단 상황에서 남북 통합을 정책적으로 제안한다고 해도 그 실효성은 없어 보인다. 상

호 적대감이 충천한 가운데 그 수용 여부가 안개 속과 같다는 것을 오늘
의 여러 현상을 통해 거듭 확인하게 된다.

그러므로 우리 역사 속에서 사회 통합의 문화적 장치들을 발굴하여
이를 선례로 삼아 현대에 맞는 콘텐츠로 재구성하는 노력이 요구된다.
우리 역사 속에서 찾을 수 있는 통합서사의 문화적 장치로 가장 실효성
이 큰 것이 〈만파식적〉이야기라고 볼 수 있다. 피리로서의 만파식적이
아니라 전승물로서 〈만파식적〉이야기를 말한다.

> 이듬해 임오(壬午) 5월 초하루에 (어떤 책에는 천수(天授) 원년(690년)
> 이라고 했으나 잘못이다.) 해관(海官) 파진찬(波珍湌) 박숙청(朴夙淸)이
> 아뢰기를, "동해 중의 작은 산 하나가 물에 떠서 감은사를 향해 오는데,
> 물결을 따라서 왔다 갔다 합니다"라고 하였다. 왕은 이를 이상히 여겨 일
> 관(日官) 김춘질(金春質)(또는 춘일(春日))에게 점을 치도록 하였다. 그가
> 아뢰기를, ⑪ "돌아가신 부왕께서 지금 바다의 용이 되어 삼한(三韓)을 수
> 호하고 있습니다. 또 김공유신(金公庾信)도 33천의 한 아들로서 지금 인
> 간 세상에 내려와 대신이 되었습니다. 두 성인이 덕을 같이 하여 나라를
> 지킬 보배를 내어주려 하시니, 만약 폐하께서 해변으로 나가시면 값으로
> 계산할 수 없는 큰 보배를 반드시 얻게 될 것입니다"라고 하였다. 왕이
> 기뻐하여 그달 7일에 '이견대(利見臺)'로 행차하여 그 산을 바라보면서 사
> 자를 보내 살펴보도록 했더니, 산의 형세는 거북의 머리 같고, 그 위에는
> 한 줄기 대나무가 있는데, 낮에는 둘이 되고 밤에는 합하여 하나가 되었
> 다. (일설에는 산도 역시 밤낮으로 합치고 갈라짐이 대나무와 같았다고
> 한다.) 사자가 와서 그것을 아뢰니, 왕은 감은사로 가서 유숙하였다.
> 　이튿날 오시(午時)에 대나무가 합하여 하나가 되고, 천지가 진동하며
> 비바람이 몰아쳐 7일 동안이나 어두웠다. 그 달 16일이 되어서야 바람이
> 잦아지고 물결도 평온해졌다. 왕이 배를 타고 그 산에 들어가니, 용이 검
> 은 옥대(玉帶)를 가져다 바쳤다. 왕이 영접하여 함께 앉아서 묻기를, "이
> 산과 대나무가 혹은 갈라지기도 하고 혹은 합해지기도 하는 것은 무엇 때
> 문인가?"라고 하였다. 용이 대답하기를, ⑫ "이것은 비유하자면, 한 손으

로 치면 소리가 나지 않고, 두 손으로 치면 소리가 나는 것과 같아서, 이
대나무라는 물건은 합한 후에야 소리가 납니다. 성왕(聖王)께서는 소리로
써 천하를 다스릴 좋은 징조입니다. 대왕께서 이 대나무를 가지고 피리를
만들어 불면 천하가 화평할 것입니다. 이제 대왕의 아버님께서는 바다 속
의 큰 용이 되셨고, 유신은 다시 천신(天神)이 되셨는데, 두 성인이 같은
마음으로, 이처럼 값으로 따질 수 없는 보배를 보내 저를 시켜 이를 바치
는 것입니다"라고 하였다.

　왕은 놀라고 기뻐하여 오색 비단과 금과 옥으로 보답하고 사자를 시켜
대나무를 베어서 바다에서 나오자, 산과 용은 갑자기 사라져 나타나지 않
았다. 왕이 감은사에서 유숙하고, 17일에 기림사(祇林寺) 서쪽 냇가에 이
르러 수레를 멈추고 점심을 먹었다. 태자 이공(理恭) (즉 효소대왕(孝昭
大王))이 대궐을 지키고 있다가 이 소식을 듣고는 말을 달려와서 하례하
고 천천히 살펴보고 말하기를, "이 옥대의 여러 쪽들이 모두 진짜 용입니
다"라고 하였다. 왕이 말하기를, "네가 어떻게 그것을 아는가?"라고 하셨
다. 태자가 아뢰기를, "쪽 하나를 떼어서 물에 넣어보면 아실 것입니다"라
고 하였다. 이에 왼쪽의 둘째 쪽을 떼어 시냇물에 넣으니 곧 용이 되어
하늘로 올라가고, 그곳은 못이 되었다. 이로 인해 그 못을 용연(龍淵)으로
불렀다. 왕이 행차에서 돌아와 그 대나무로 피리를 만들어 월성(月城)의
천존고(天尊庫)에 간직하였다. ⑬ 이 피리를 불면, 적병이 물러가고 병이
나으며, 가뭄에는 비가 오고 장마는 개며, 바람이 잦아지고 물결이 평온
해졌다. 이를 만파식적(萬波息笛)으로 부르고 국보로 삼았다. 효소왕 대
에 이르러 천수(天授) 4년 계사(癸巳)에 실례랑(失禮郞)이 살아 돌아온 기
이한 일로 해서 다시 만만파파식적(萬萬波波息笛)이라고 하였다. 자세한
것은 그 전기에 보인다.16)

16) 明年壬午五月朔 (一本云 天授元年誤矣) 海官波珎喰 朴夙清 奏曰 東海中有小山浮來
　向感恩寺隨波往來 王異之 命日官 金春質 (一作 春日) 占之曰 聖考今爲海龍鎮護 三
　韓抑 又金公庾信 乃三十三天之一子 今降爲大臣 二聖同德 欲出守城之寶 若陛下行
　幸海过 必得無價大寶 王喜以其月七日駕幸利見臺 望其山 遣使審之 山勢如龜頭 上
　有一竿竹 晝爲二夜合一 (一云山亦晝夜開合如竹) 使來奏之 王御感恩寺宿 明日午時
　竹合爲一 天地振動 風雨晦暗七日 至其月十六日 風霽波平 王泛海入其山 有龍奉黑玉
　帶來獻 迎接共坐 問日 此山與竹 或判或合 如何 龍曰 比如一手拍之無聲 二手拍則有

신라는 문무왕대에 삼국통일을 외형적으로 이룬 후 내부적으로는 많은 분열상이 있었다.[17] 통일 전쟁을 주도했던 문무왕과 김유신 사후에 신라계와 가야계의 논공도 문제가 되었고, 멸망한 백제와 고구려의 유민을 통합하는 데도 고민이 많았던 것으로 보인다. 그래서 『삼국유사』기이편에 〈만파식적〉이 등장하는데, 신문왕대의 대표적인 이적이 이 이야기인 것이다. 서사 문맥에서 보는 것과 같이 매우 신이한 이야기로 구성되어 있는데, 일관을 포함한 신하들은 그 기이한 현상들에 대해 모두 해석할 수 있다는 점에 주목할 필요가 있다. 이 이야기는 발생한 사실을 기록했다거나 민간에 회자하는 이야기를 수록한 것이 아니라는 증거이다. 지배층에서 의도적으로 이야기를 만들어서 아래로 확산시킨 인상이 강하게 다가온다. 왕의 장인인 김흠돌이 즉위 후 바로 반란을 일으키는 상황에서 이를 무력으로 진압하고 흉흉한 민심을 바로잡기 위한 통합서사로 만들어졌다고 볼 수 있다. 그래서 ⑪과 같이 삼국통일의 주역인 문무왕과 김유신이 합심하여 간절히 사회의 통합을 바란다고 설정하였고, 그 구체적인 방안은 ⑫에서와 같이 두 성인의 화신인 두개의 대나무로 피리를 만들어서 세상을 조화롭게 하자는 것이다. 매우 상징적인 통합의 메시지이다. 가야계인 김흠돌의 반란으로 내부 갈등이 심각했으므

聲 此竹之爲物 合之然後有聲 聖王以聲理天下之瑞也 王取此竹作笛吹之 天下和平 今王考爲海中大龍 庾信復爲天神 二聖同心 出此無價大寶 令我獻之 王驚喜以五色錦彩金玉酬賽之 勅使斫竹出海 時山與龍忽隱不現 王宿感恩寺 十七日到祗林寺西溪邊 留駕晝饍 太子理恭 (即孝昭大王) 守闕聞此事 走馬來賀徐察 奏曰 此玉帶諸窠皆眞龍也 王曰 汝何知之 太子曰 摘一窠沈水示之 乃摘左邊第二窠 沈溪即成龍上天 其地成淵 因號龍淵 駕还以其竹作笛 藏於月城天尊庫 吹此笛則兵退病愈 旱雨雨晴 風定波平 號万波息笛 稱爲國寶 至孝昭大王代 天授四年癸巳 因失禮郞 生还之異 更封號曰 万万波波息笛 詳見彼傳(일연, 『삼국유사』기이, 〈만파식적〉, 국사편찬위원회 한국사데이터베이스 http://db.history.go.kr).

17) 김종군, 「〈만파식적〉설화의 다시읽기를 통한 통합의 의미 탐색」, 『온지논집』 27집, 온지학회, 2011.

로, 징치된 가야계를 보듬는 방법은 죽은 김유신을 끌어오는 것이었다. 그리고 백제와 고구려 유민들의 반란 움직임에 대해 통일전쟁의 맹장들이 비록 죽었지만 다시 현신하여 피리로 거듭났다는 이야기를 유포하여 위협의 분위기를 형성하고, 이를 통해 소요를 막고자 한 의도로 읽을 수 있다. 피리의 모양은 두개의 대나무를 나란히 묶고 거기에 각각 6개씩, 총 12개의 구멍을 뚫어, 열두 달을 표상하게 하고, 이를 연주하여 세상을 조화롭게 한다는 것이다. 이러한 의도적 통합 장치는 허상으로 끝나지 않고 실제적으로 징험을 보인 것으로 기록되어 있다. ⑬과 같이 적이 침입할 때 불면 적이 저절로 물러가는 등 국가의 모든 변고를 잠재우는 징험을 보였다는 것이다. 그래서 만파식적(萬波息笛)으로 불리게 되었다는 것이다.

매우 효과적인 통합서사라고 할 수 있다. 『삼국유사』에는 이 〈만파식적〉이야기가 세 차례 등장하는데, 모두 국가의 갈등이 첨예화되는 시점이라는데 주목할 필요가 있다. 실제로 만파식적이라는 피리가 있었는지는 알 수 없다. 사회를 통합하기 위해서는 〈만파식적〉이야기가 기능을 했기 때문이다. 사회 통합에서 사람들 입에 회자되는 이야기 장치가 얼마나 효용성이 큰가를 확인하게 된다.

이와 같은 통합서사는 상징화된 이야기·음악 등의 문화적 장치에서 가능했던 것이다. 현대의 분단 문제, 향후 통일 후의 남북 주민들의 통합에서도 이와 같은 문화적 장치의 개발이 절실히 요구된다. 〈만파식적〉이야기가 위로부터 만들어진 통합서사라고 한다면 현대의 이야기 현장에서는 체험에 입각한 통합 이야기들이 간혹 발견된다.

⑭ 그- 데리구 와서 자기 어머니한테 와서 자기 어머니, 자기 부인, 자기 셋이 끌어안구 실컷 울었어. 이게 다- 누구 때미 그런 거냐, 이거지 사실은. 그땐 다른 게 아니여 이승만이하고 김일성이 그 두 놈들 때문에 그

렇게 된 거지 왜 아 우리나라 동족끼리 어떤 놈은 싸우고 싶어 싸웠어.
그게 다 비극이여, 우리, 우리 대한민국 국민의 큰 비극이에요. 그게 간
단하게 생각하면 그거 통일전장을 서로 한다고 했지만 김일성이하고 이
승만이하고 둘이는 우리나라 완전 그렇게 맨들어 놓은 거여. 참- 그 불쌍
하게, 억울하게 죽은 사람이 얼마나 많어-. 한두 없어요.

　(중략)

　저- 동작동 국립묘지에 가서 봐요. 동작동. 그 다 그 기가맥힌 사람덜
이요. 다 그거. 거기에 못, 못 앉힌 사람이 더 많아요. 무명용사가 더 많
아요, 6.25 사변 때. 그렇게 내가 생각헐 때는 참 절대 우리는 그것은 잊
어서는 안, 안된다고 생각해요.[18]

　한국전쟁 때에 남편의 실종 통지서를 받고 시어머니에게 강제로 등
떠밀려 재가한 여성이 전쟁 후 살아 돌아온 남편과 다시 재회하는 이야
기이다. 전쟁시기 남편이 사망했다는 잘못된 정보로 재가를 했다가 살
아 돌아온 남편과 갈등을 겪는 이야기는 다수 발견된다. 전쟁체험담 중
보편화된 서사라고 볼 수 있다. 그런데 그 결말 구조는 이야기하는 사람
에 따라 각기 다르게 설정된다. 총을 들고 가서 재혼한 두 사람을 죽였
다는 처참한 이야기에서부터 위와 같이 재회하여 끌어안고 울면서 전쟁
을 원망했다는 이야기까지 여러 층위가 발견된다. 여기서 주목할 부분
은 이 이야기를 전한 화자는 자신이 구연하는 이야기들을 대체로 세상
을 통합할 수 있는 방향으로 결론 맺고 있다는 점이다. 우리는 같은 사
실을 보고도 각자의 시선에 맞춰 이야기를 재구성하는 경향이 있다. 한
국전쟁 시기의 이야기들은 대체로 분단서사에 충실하게 구연되는 것이
일반적이다. 그런데 이 화자는 전쟁은 누구의 잘못이 아니라 남북 위정
자들의 권력욕에서 비롯된 것이기 때문에 서로를 적대시하지 말고 보듬

---

18) 신동흔 외, 『도시전승설화자료집성』 6, 민속원, 2009, 150~157쪽.

어야 한다고 이야기를 끌어가고 있다. 민간에 산재한 통합서사의 한 양상이라고 할 수 있다.

이야기는 큰 힘을 가지고 있다. 〈만파식적〉이 국가 차원에서 통합 의도를 가지고 이야기를 만들었고 이를 확산시키는 가운데 실효성을 거둔 것과 같이, 한국전쟁 체험담에서도 통합서사를 발굴하여 대중에게 널리 확신시키는 과정이 요청된다. 지금과 같은 분단체제가 유지되는 가운데서는 국가가 나서서 이와 같은 통합서사 확산을 주도할 것 같지 않기 때문이다. 아래로부터의 통합서사 발굴과 확산을 주도하여 이야기의 전승이라는 문화적 장치를 활용한다면 어느 정도 사회 통합도 가능할 것으로 보인다.

4. 통합서사의 활용 방안

한국 사회의 갈등의 요인이 분단체제 속에서 비롯된 이념갈등이라 볼때, 이를 통합하는 기존의 정책적인 노력은 성과를 거두기 어려워 보인다. 남이나 북이나 자신들의 체제에 대해 양보할 마음은 전혀 없어 보이며 정세에 따라 새로운 적대적 갈등들을 지속적으로 양산하고 있기 때문이다. 정치적 시스템으로 통합이 어렵고, 남북에게 함께 적용할 통합장치가 부재한 가운데 우리는 또 다른 분단서사를 만들고 이에 노출되면서 분단 트라우마를 덧씌우게 된다. 정치 경제적 통합정책이 성과를 달성할 수 없다면 그 대안으로 문화적 장치로서 통합서사 구축을 제안해 본다. 현 단계에서 북을 포괄하는 통합서사가 어렵다면 우리 내부에서라도 이념갈등의 틀을 벗어나는 움직임이 있어야 할 것이다.

분단체제 속에서 한국전쟁과 분단에 대한 담론은 지금까지 국가나 관

이 주도하면서 참전군인들의 전승담(戰勝談)이나 북에 의한 피해담을 수
집 발굴하여 출판, 무상 배포하는 형태로 이루어졌다. 이러한 분단서사
들은 분단체제를 공고히 하는데 크게 기여한 것이 사실이다. 결국 북을
괴멸시켜야만 통일이 가능하다는 담론을 형성하게 되는 것이다. 이러한
담론의 확산은 남북의 군사적 충돌 상황에서는 전쟁불사론으로까지 재
점화하는 데 기여하고 있다. 결국 분단서사 담론화는 통일을 더욱 요원
한 일로 만들어간다고 볼 수 있다.

국가나 관 주도의 분단서사 담론화 시스템을 역으로 통합서사 담론화
에 적용한다면 남한 내 이념갈등을 축소하고 사회 통합으로 나아갈 수
있을 것이다. 우리가 진정으로 원하는 것이 또 다른 전쟁이나 갈등이 아
니라면 분단서사를 넘어서는 통합서사를 지향하는 것은 자명한 일이다.
분단서사를 완화하는 각 단계에 해당하는 서사들을 수집 발굴하고, 이
를 출판하여 대중에게 배포함으로써 통합서사를 담론화하고, 이를 통해
사회 통합의 길을 찾아보자는 것이다. 분단서사가 아무리 공고하다고
해도 그 서사의 틈새를 비집고 새어나오는 통합의 의지들을 발굴할 수
있다. 이는 국가나 조직 차원에서 만들어진 작위적인 서사가 아니라 분
단체제 속에서 살면서 우리 주민들이 자발적으로 형성한 통합 메시지이
기 때문에 더 큰 효용성을 가진다고 할 수 있다.

여기서 말하는 서사는 단순히 구술 이야기에 한정한 것은 아니다. 1차
적인 텍스트는 이야기 자료집일 수 있지만, 다양한 디지털콘텐츠가 대
중에게 효용성을 갖는다는 것을 문화콘텐츠산업 활성화를 통해 확인할
수 있으므로, 2차적인 텍스트는 디지털콘텐츠로 개발된 통합서사물이라
고 하겠다. 영화·드라마·애니메이션·웹툰·음악·뮤지컬 등의 문화
콘텐츠에 통합의 메시지를 담아내서 대중에게 확산하는 방안을 적극적
으로 도입할 필요가 있다. 적대성을 드러낸 이야기보다는 분단과 전쟁

의 상처를 보듬는 이야기들이 다양한 통일문화콘텐츠로 개발되어 국내에서 활발하게 유통되면서 통합서사를 담론화한다면, 그러한 통일문화콘텐츠는 어느 순간 저만치 있는 북 사회에도 전파될 것이 분명하다. 탈북민 2만 7천여 명 시대의 북 사회는 남한의 다양한 영상물들이 음성적으로 큰 인기를 누리고 있다고 한다. 결국 국내의 통합서사 담론화가 성공한다면 그 효과는 폐쇄된 북 사회에도 파급될 것이라고 판단된다. 이것이 통합서사의 문화적 장치가 한반도의 통일에 매우 적절하게 기여할 수 있는 구도인 것이다.

이야기는 참으로 소소한 것이다. 그러나 지금까지 살펴 본 것처럼 그 효과는 위대할 수 있다. 특히 전 국민이 분단 트라우마라는 집단 병증을 앓고 있는 현실에서 직접적이고 조직적인 치유 행위는 또 다른 갈등을 불러올 수 있다. 통합서사를 갖춘 이야기나 음악이나 무용과 같은 문화적 장치가 남북 주민과 코리언 디아스포라들 사이에 무의식 중에 자리 잡은 분단 트라우마를 치유할 수 있을 것이라고 본다.

제2장 고려 건국과정에서 찾는 사회통합의 문화적 장치

한상효*

1. 사회통합의 문화적 장치

'통일' 과정에서 과연 통합의 의미가 무엇이냐는 것은 다양한 방면에서 논의되었다. 그러나 이러한 노력의 대부분은 체제의 문제나 정치, 경제적 통합을 전제로 하는 과정이었다. 문제는 이러한 노력들에서 무엇보다 '사람'에 대한 깊은 성찰이 간과되어 왔다는 것이다. 그 결과 정작 중심이 되어야 할 사람이 바깥으로 밀려나면서 오히려 '인간'이 소외되는 문제들을 야기하였다.

이러한 가운데 사람을 중심에 두고 통일과 통합을 이해하는 학문이 등장하여 방법론을 제기하고 있다는 점은 유의미한 지점이라고 할 수 있다.[1) 사람에 관한 학문인 '인문학'은 인간에 대한 성찰을 가능하게 하

---

* 건국대 통일인문학연구단 HK연구원.

여 사람과 사람 사이에서 발생하는 문제를 진단하고, 그것을 해결해 나
가는 데 기여할 수 있다는 점에서 의미가 있다. 이 글은 인문학, 그 중에
서도 문학에서 사람과 사람을 통합시킬 수 있는 이야기들을 발굴하는데
목표를 두고 있다.[2]

이에 본 논의에서는 역사를 배경으로 하고 있으면서 사실과 이야기가
결합된 문학 텍스트에 주목하였다. 한반도가 통일된 시기를 배경으로
한 이야기에는 통일의 과정에서 발생할 수 있는 다양한 문제와 그 해결
방법이 제시되어 있다고 생각한다. 이러한 이야기는 당대에서 특별한
힘을 발휘했을 가능성이 있는데, 이 글은 당시의 사람들 사이에 향유되
는 이야기들이 사람들의 마음을 움직이는 역할을 했을 것으로 전제하
고, 그러한 사회통합의 문화적 장치로서 역할을 한 이야기를 탐색하려
고 한다.[3] 이 때 한 가지 짚고 넘어가야 하는 점은 사회통합의 문화적
장치라는 용어의 의미이다. 사회통합의 문화적 장치란 당대의 특정 시
기에 만들어진 문학, 종교 음악 등이 그 시대에 회자되고 전승되면서 분
열된 사회를 통합하는 데 활용되었던 모든 것들을 의미한다.

한반도의 통일을 이룬 역사는 신라의 삼국통일과 고려의 후삼국 통일
이 대표적이다. 신라는 삼국 중에 가장 약소국이었음에도 불구하고 비
약적인 발전을 거듭하여 백제와 고구려를 차례로 무너뜨리고 삼국의 통
일을 이뤄냈다. 이는 한반도 내에서 민족의 강력한 통합의지가 실현된

---

1) 김성민, 『소통 치유 통합의 통일인문학』, 선인, 2009.

2) 김종군, 「구술을 통해 본 분단 트라우마의 실체」, 『통일인문학논총』, 제51집,
   건국대학교인문과학연구소, 2011; 신동흔, 「한국전쟁 체험담을 통해 본 역사
   속의 남성과 여성 -우리 안의 분단을 넘어서기 위하여」, 국문학연구 26권, 국
   문학회, 2012년; 정운채, 「우리 민족의 정체성과 통일서사」, 『통일인문학논총』
   47집, 건국대학교인문과학연구소, 2009.

3) 이 글은 김종군, 「〈만파식적〉 설화의 다시읽기를 통한 통합의 의미 탐색」(『온
   지논집』 제27집, 온지학회, 2011.)의 문제 제기에 동의하면서 그 유사한 사례
   의 이야기를 고려 통일과정에서 탐색하였다.

최초의 사건이었다. 그러나 한편으로 신라의 삼국통일은 통일 과정에서
외세를 끌어들였고, 한반도의 절반 지역에만 해당되는 것이었다는 점에
서 한계를 지적받고 있다. 그 후, 신라의 쇠퇴 과정에서 한반도는 삼국
으로 다시 분리되었는데 이때 새롭게 등장한 고려에 의해 다시 한 번 통
일이 이뤄진다. 고려의 통일은 한반도의 혼란스러운 정세에 종지부를
찍은 것은 물론이고, 신라 통일과정에서 제기되었던 한계 또한 극복했
다는 중요한 의미를 지닌다.

그러나 고려 통일 과정에서 신라와 후백제의 기득권과 백성들의 사회
통합까지 이뤄낼 수 있었던 것인가 하는 의문이 든다. 이러한 의문을 바
탕으로 고려 시기의 사회 통합의 단초를 찾아보고자 하는 데서 이 글은
시작되었다. 이에 주목한 것이 당시 회자되었을 것이라 짐작되는 것이
옛이야기이다. 추측컨대 이야기는 사회통합의 실마리를 상징적으로 감
추고 있다고 짐작된다. 이러한 점에서 이 글은 고려의 통일과정에 초점
을 맞추어서 사회통합의 문화적 장치로서 역할을 한 이야기가 무엇일지
탐색하였다. 그 결과로 드러난 것이 〈천사옥대〉와 〈후백제 견훤〉 설화
다. 천사옥대는 경순왕이 고려에 귀부하는 과정에서 왕건에 바쳐졌다고
하는 신라의 보물이었기에 고려가 신라를 통합해 가는 과정에서 중요한
의미를 지닌다고 생각된다. 한편 견훤의 이야기는 후백제가 고려에 통
합되는 과정을 알려 주는 몇 안 되는 자료이며, 적대적이었던 고려와 후
백제가 어떤 방식으로 통합을 이뤘느냐는 보여줄 수 있기에 주목된다.

『삼국유사』의 〈천사옥대〉와 〈후백제 견훤〉 조에 대한 연구들은 주로
사학계에서 이루어져 왔다. 특히 〈천사옥대〉의 경우, 주로 신라삼보 속
의 관련성 속에서 연구되어 왔거나 진평왕의 왕권강화의 층위에서 다루
어져 왔다.[4] 〈후백제 견훤〉 조 역시 삼국유사를 바탕으로 하여 역사적

---

4) 김상현, 「신라삼보의 성립과 그 의의」, 『동국사학』, 동국대학교사학회, 1980;

접근이 주로 이뤄졌으며, 문학 영역에서는 견훤의 〈야래자 설화〉를 중심으로 하여 설화적 분야와 구비전승의 측면에서 주요 연구가 이뤄져왔다.[5] 그러나 이 글에서는 문학적 접근, 특히 사회 통합적 이야기로써 〈천사옥대〉와 〈후백제 견훤〉 조에 접근한다는 점에서 변별점을 가진다고 생각된다.

한편, 우리가 사회적 통합의 장치로써 고려의 통합과정을 살펴보고자 하는 것은 결코 왕건의 통일 전략을 지지하고, 그것을 교훈으로 받아들이고자 하는 의도가 아니라는 사실을 먼저 밝힐 필요가 있다. 이 글의 목적은 여러 집단이 하나로 통일되었을 때에는 민심을 보듬는 과정이 필수로 수반되어야 하는데, 위의 이야기들이 그러한 역할을 수행했다는 사실을 밝히고자 하는 것이다.

백미선, 「신라 하대의 삼보」, 『신라사학보』 23, 2001; 채미하, 「천사옥대와 흑옥대-신라 국가제사와 관련성을 중심으로」, 『경희대학교 사학』, 경희대학교 사학회, 2006; 박상준, 『신라·백제의 왕권강화와 제석신앙』, 동국대학교 사학과 석사학위 논문, 2007.

5) 서대석, 「백제신화 연구」, 『백제논총』 1집, 백제문화개발연구원, 1985; 정상진, 「견훤설화 재고」, 『도남학보』 15집, 도남학회, 1996; 김용기, 『인물 출생담을 통한 서사문학의 변모양상 연구』, 중앙대학교 박사학위 논문, 2000; 라인정, 「견훤설화의 구비전승상의 변이와 특성」, 『한국언어문학』 45집, 한국언어문학회, 2000; 변진선, 『이류교구설화연구』, 배재대학교 석사학위논문, 2000. 서해숙, 「견훤설화의 전승양상과 역사인식」, 『목포대학교 어문학』 2집, 2000; 이지영, 「야래자설화의 신화적 성격과 전승에 관한 연구」, 『고전문학연구』 20, 한국고전문학회, 2001.

2. 신라의 통합장치로써의 천사옥대(天使玉帶)

〈천사옥대〉조의 내용을 살펴보기에 앞서 먼저 신라삼보(新羅三寶)에 관해 살펴보아야 한다. 천사옥대란 신라 중기부터 내려온 세 가지 보물로 황룡사 9층 목탑, 황룡사 장육존상과, 그리고 천사옥대를 말한다. 천사옥대는『삼국유사』〈천사옥대〉조에서 처음으로 언급되는데, 진평왕이 하늘에서 받은 것으로 기록되어 있다. 이러한 보물들은 현재는 남아 있지 않고 기록으로만 전해지고 있다.

이 보물들은 후삼국 통일 과정에서 왕건에 의해 다시 호명되고 있는데, 이를 보아 고려의 신라 통합과정과 밀접한 관계를 맺고 있다. 그 중에서 천사옥대는 그 이전까지 실물을 확인할 수 있었던 황룡사 9층 목탑과 황룡사 장육존상과는 달리 한동안 그 실체를 드러내지 않다가 신라 하대에 들어서 다시 등장하고 있어 특별한 호기심을 자극한다. 이 뿐만 아니라 이때가 신라의 쇠퇴와 멸망, 그리고 고려의 건국과 후삼국 통일이라고 하는 역사상의 중차대한 일이 발생하고 있는 시기라는 점에서 천사옥대의 재등장에 대한 우리의 관심은 공연한 일은 아니라고 생각한다.

우선 신라 하대의 사회적 분위기와 관련하여, 천사옥대의 정체를 확인하기 위해 이에 관한 기사를 시간의 순서에 따라 다시 배열해보고자 한다. 이를 위해『삼국사기』의 역사적 기록을 참고해 보면 신라 하대에서 천사옥대가 다시 등장하는 것은 경명왕 4~5년(920~921) 때의 일이었다. 이때 고려 왕건은 신라 사신 김률에게 삼보, 그 중에서도 천사옥대를 지목하여 그 행방에 대해 묻는다. 그러나 김률은 옥대의 행방을 알지 못했고, 오히려 신라에서는 왕건의 물음을 계기로 하여 옥대의 행방을 찾는 일을 시작한다. 이에 대한 역사적 기록은 다음과 같다.

5년(서기 921) 봄 정월, 김률이 임금에게 말하였다. "제가 지난해 고려에 사신으로 갔을 때 고려왕이 저에게 '신라에는 세 가지 보물이 있다고 들었다. 이른바 장륙존상(丈六尊像)과 구층탑과 성대(聖帶)인데, 불상과 탑은 아직도 있으나 **성대**가 지금도 있는지는 모르겠다. 그러한가?'라고 물었는데, 제가 답을 할 수 없었습니다."6)

애초 신라의 사신 김률(金律)이 개경으로 왔을 때 왕이 "신라에는 장륙금상(丈六金像)과 9층탑) 및 성제대라는 세 가지 보물이 있는데 이 보물들이 남아 있는 한 나라가 망하지 않는다고 들었다. 지금 탑과 불상은 그대로 있으나 성제대는 남아있는지 모르겠다."라고 물었다. 김률이, 자신은 **성제대**에 대해서 한 번도 들어 본 적이 없다고 대답하자 왕이 웃으면서, "그대는 지체 높은 신하인데도 어찌 나라의 큰 보물을 모른단 말인가?"고 놀리니 김률이 부끄럽게 여기고 돌아와 신라국왕에게 그대로 보고했다.7)

위와 같이 『삼국사기』와 『고려사』에서는 삼보에 관한 유사한 기록이 남기고 있다. 기사의 내용이 큰 차이가 없고, 『삼국사기』의 기사가 기록된 시기가 앞서고 있다는 점에서 『고려사』의 기록이 『삼국사기』의 것을 참고한 것으로 보는 것이 타당할 것이다. 기사의 내용을 볼 때, 왕건은

---

6) 五年 春正月 金律告王曰 臣往年奉使高麗 麗王問臣曰 聞新羅有王三寶 所謂丈六尊像 九層塔幷聖帶也 像塔猶存 不知聖帶今猶在耶 臣不能答 王聞之 問群臣曰 聖帶是何寶物耶 無能知者 時 有皇龍寺僧年過九十者 曰 予嘗聞之 寶帶是眞平大王所服也 歷代傳之 藏在南庫 (『삼국사기』 권 12 신라본기 12 경명왕 5년). 이하의 『삼국사기』의 원문과 해석은 『원문과 함께 읽는 삼국사기』(김부식 저, 박창렬외 2명, 역, 한국인문고전연구소, 2012.)의 내용을 참고하였다.

7) 初新羅使金律, 來, 王問曰 "聞新羅有三大寶, 丈六金像, 九層塔, 幷聖帝帶也, 三寶未亡, 國亦未亡. 塔像猶存, 不知聖帶, 今猶在耶." 律對曰 "臣未嘗聞聖帶也." 王笑曰 "卿爲貴臣, 何不知國之大寶?" 律慚還告其王. 王問群臣, 無能知者, 時有皇龍寺僧年過九十者曰 "予聞聖帶, 是眞平大王所服, 歷代傳之, 藏在南庫(『고려사』 권2 세가2 태조 20년 여름 5월).

삼보 가운데 특히 천사옥대에 대해서 관심을 보인다. 이에 대해서 사학
계에서는 고려 태조가 후삼국통일 정책과 관련하여 이것에 관심을 보인
것이라고 해석하기도 하고,[8] 즉위 직후부터 대 신라정책을 정비하기 위
해 궁금해 한 것이라고 논의되기도 하였다.[9] 양자 모두 인접한 국가들
과의 관계를 새롭게 정립하는 과정에서 천사옥대의 역할을 알아본 왕건
의 의도를 추측한 것이다.

한편 신라에서는 왕건의 관심을 계기로 해서 옥대의 존재를 다시 인
식하기 시작한다. 신라로 돌아온 김률이 경명왕에게 왕건이 천사옥대에
행방을 물었다고 고하자, 경명왕은 비로소 천사옥대를 찾도록 명한 것
이었다. 그러나 천사옥대를 찾는 과정은 그리 순탄치만은 않았다.

> 임금이 이 말을 듣고 여러 신하들에게 물었다. "성대란 어떠한 보물인
> 가?" 아는 자가 없었다. 이때 황룡사(皇龍寺)에 나이 90세가 넘은 스님이
> 있었는데 그가 말하였다. "제가 일찍이 그것에 대하여 들었습니다. **보대
> (寶帶)는 진평대왕(眞平大王)이 차던 것**인데 여러 대를 전해 내려오면서
> 남쪽 창고에 보관되어 있다고 합니다." 임금이 창고를 열어 찾게 하였으
> 나 발견할 수 없었다. 이에 따로 날을 택하여 제사를 지낸 뒤에야 그것이
> 발견되었다. 그 띠는 금과 옥으로 장식되었고 매우 길어서 보통 사람은
> 맬 수가 없었다.[10]

신하들은 그 행방을 알지 못했고, 오직 황룡사의 노승만이 천사옥대
는 진평대왕이 소유했던 것이며, 남고(南庫)에 보관되어 있다는 말을 전

---

8) 김상현, 「신라 삼보의 성립과 그 의의」,『동국사학』14, 1980, 65쪽.
9) 위의 논문, 65쪽.
10) 王聞之 問群臣曰 聖帶是何寶物耶 無能知者 時 有皇龍寺僧年過九十者 曰 予嘗聞之
寶帶是眞平大王所服也 歷代傳之 藏在南庫 王遂令開庫 不能得見 乃以擇日齋祭 然後
見之 其帶粧以金玉甚長 非常人所可束也(『삼국사기』, 삼국사기 제12권 신라본기
제12〈경명왕〉조).

해 들었다고 하였다. 또한 천사옥대는 모양새도 비범하였는데, 금과 옥
으로 장식되어 있으며, 매우 길어서 보통 사람을 착용할 수 없었다고 했다.

황룡사의 노승에 의해 옥대가 남쪽 창고에 있음을 확인할 수 있었지
만, 경명왕이 창고를 열었을 때 옥대는 보이지 않았다. 그러다가 제사를
드려 정성을 다한 후에야 옥대를 얻을 수 있었다. 이와 같은 사례는 신
라 보물들의 비범함을 드러내는 요소로서, 신라 효소왕 때 사라졌던 만
파식적이 부례랑 부모가 여러 날의 기도를 하자 다시 나타난 지점과 유
사해 보인다.[11]

경명왕은 천사옥대를 손에 쥐기 위해 위와 같은 노력을 하였는데, 이
것으로 천사옥대에 대한 그의 갈망을 이해할 수 있다. 경명왕은 아마도
당시의 강국으로 부상한 고려 태조가 관심을 보였다는 사실만으로도,
천사옥대에 특별한 기능이 있다는 것을 알아차린 것이다. 경명왕은 신
라의 안전이 흔들리고, 고려와의 관계 속에서 위태로워질 수 있다는 불
안감을 감지하는 과정에서 신라 국내의 불안한 요소들을 잠재우기 위해
신라삼보의 수색에 대해 관심을 기울였다.[12] 이러한 결과로서 신라의
남쪽 창고에서 천사옥대가 발견될 수 있었고 마침내 흩어졌던 신라삼보
가 다시 복원될 수 있었다.

한편 신라삼보가 복원되고 난 이후, 한동안 천사옥대에 관해 언급하
는 기사는 나타나지 않는다. 그러던 것이 신라 마지막 왕인 경순왕(김
부) 대에 이르러 천사옥대에 관한 언급이 다시 되었다. 주지하다시피 경
순왕은 신라의 마지막 왕으로, 재위 9년(935)에 이르러 고려에 귀부할

---

11) 五月十五日 郞二親就栢栗寺大悲像前 禋祈累夕 忽香卓上 得琴笛二寶 而郞常二人 來
　　到於像後 二親顚喜 (삼국유사 제3권 탑상 제4 〈백률사〉 조) 이하의『삼국유사』
　　의 원문과 해석은『원문과 함께 읽는 삼국유사』(일연 저, 신태영 역, 한국인
　　문고전연구소, 2012.)의 내용을 참고하였다.
12) 백미선, 「신라 하대의 삼보」, 『신라사학보』 23, 2001, 588쪽.

것을 결정하였다. 경순왕과 관련된 천사옥대에 관한 기록은 신라가 고
려에게 귀부하고 난 2년 뒤에 드러나고 있다. 이 기록에 따르면 경순왕
은 신라의 보물인 천사옥대를 고려 태조 왕건에게 바치고 있으며 태조
는 이를 궁중의 창고에 보관하게 된다. 경명왕 이후 언급되지 않았던 천
사옥대가 신라 쇠망과 더불어 다시 등장하고 있는 것이다.

> 청태(淸泰) 4년 정유(서기 937) 5월, 정승(正承) 김부(金傅)가 금으로
> 새기고 옥으로 장식한 허리띠 하나를 바쳤다. 길이가 열 아름이고 아로새
> 긴 장식이 62개였다. 이것을 진평왕(眞平王)의 천사대(天賜帶)라고 한다.
> 태조께서 이를 받아 궁중의 창고에 보관하였다.[13]

 이로써 천사옥대는 경순왕에 의해서 신라를 떠나 고려의 왕실로 귀속
되고 있음을 확인할 수 있다. 고려의 궁중 창고에 보관된 이후의 천사옥
대의 행방은 드러나지 않는다.
 그런데 여기에서 중요하게 고려할 점은 경순왕이 귀부 과정에서 천사
옥대를 고려에 바치는 의미가 무엇이냐는 것이다. 물론 일차적으로 생
각해 볼 때, 신라가 자연스럽게 고려에 흡수되고 있는 면모를 묘사한 것
으로 볼 수도 있다. 그러나 보통의 보물이 아닌 신라삼보, 그중에서도
천사옥대가 지녔던 의미를 생각해 본다면 이는 더 많은 상징성을 내포
하는 것이라고 짐작해 볼 수 있다. 이에 관해 역사학계에서는 고려가 후
삼국을 평정한 이후 신라의 정통성을 계승하고자 한 의미를 지녔을 것
이라고 주장한다.[14] 이 역시 타당한 의견이라 생각되나 고려는 건국 초
기부터 고구려 계승의식을 강하게 표명하였고, 실제로 고려가 신라를

---

13) 淸泰四年丁酉五月 正承金傅獻鏤金粧玉排方腰帶一條 長十圍 鏤銙六十二 日是眞平王
　　天賜帶也 太祖受之 藏之內庫(『삼국유사』, 삼국유사 제1권 기이 제1〈天賜玉帶〉조).
14) 백미선, 「신라 하대의 삼보」, 『신라사학보』 23, 2001, 581쪽.

계승했다는 증거를 찾기 힘들다는 점에 또 다른 가능성을 제시해 볼 수 있다.

경순왕이 천사옥대를 고려에 바치는 행위의 의미를 밝히기 위해서는 우선 관련 기사를 통해 천사옥대가 가진 본래적인 의미가 무엇인지 살펴볼 필요가 있다. 『삼국유사』에 의하면 천사옥대에 관한 설화는 신라 26대 진평왕 시기에 처음으로 언급된다. 이 설화에서는 진평왕의 커다란 풍채와 몸집에 대해 묘사하며 그가 비범한 인물이 아님을 말하고 있다.

> 제26대 백정왕(白淨王)은 시호가 진평대왕(眞平大王)으로 성은 김씨이다. 대건(大建) 11년 기해(서기 579) 8월에 왕위에 올랐는데, 키가 11자였다. 내제석궁(內帝釋宮)[천주사(天柱寺)라고도 하는데 왕이 창건한 것이다.]에 행차했을 때 돌계단을 밟자 돌 세 개가 한꺼번에 부서졌다. 왕이 주변의 사람들을 돌아보며 말하였다. "이 돌을 치우지 말고 뒤에 오는 사람들이 볼 수 있도록 하라." 이 돌이 성안에 있는 움직일 수 없는 다섯 개의 돌 중의 하나이다. 왕 위에 오른 첫해에 하늘에서 천사가 궁전 뜰로 내려와 왕에게 말하였다.
> "상제께서 저에게 명하시어 이 옥대를 전해주라고 하셨습니다." 왕이 친히 꿇어앉아 그것을 받자, 천사가 하늘로 올라갔다. 무릇 교외와 종묘에서 큰 제사를 지낼 때면 모두 이 옥대를 사용하였다.[15]

위에서 볼 수 있듯, 『삼국유사』 〈천사옥대〉조에서 나타나는 진평왕의 핵심적인 행위는 두 가지로 나타난다. 첫째, 내제석궁(內帝釋宮)의 돌계단을 밟자 한꺼번에 돌 세 개가 깨뜨린 일과 둘째, 진평왕이 즉위한 첫해, 진평왕이 하늘에서 내려온 천사(天使)에게서 옥대를 직접 하사받고

---

15) 第二十六 白淨王 諡眞平大王 金氏 大建十一年己亥八月卽位 身長十一尺 駕幸內帝釋宮[亦名天柱寺 王之所創] 踏石梯 三石幷折 王謂左右曰 不動此石 以示後來 卽城中五不動石之一也 卽位元年 有天使降於殿庭 謂王曰 上皇命我傳賜玉帶 王親奉跪受 然後其使上天 凡郊廟大祀皆服之(삼국유사 제1권 기이 제1 〈天賜玉帶〉조).

있는 것이다. 이 두 가지 일은 신이함이라는 측면 이외에는 서로 연관성이 없어 보인다. 부서진 섬돌이나 옥대는 모두 '누군가에게 보여야 하는 것'이라는 미묘한 연관성을 갖고 있다. 진평왕은 자신이 깨뜨린 섬돌을 '사람들이 볼 수 있도록' 치우지 말라고 명하고 있다. 이는 분명 '누군가'를 염두에 두고 한 명령이 된다. 또 옥대의 경우에도 하늘에 제사를 지낼 때마다 착용하는 것이라는 점에서 대외적으로 공개하고 보이는 대상이 된다.

그러나 『삼국유사』의 제한된 정보만으로는 설화 문면에 나타난 의미를 해석하기에 한계가 있다. 이러한 까닭에 『삼국사기』의 기록을 통해 진평왕에 대한 정보를 추가할 필요가 있다. 『삼국사기』에 따르면 진평왕은 진흥왕의 태자인 동륜의 아들이었다. 그런데 태자인 동륜이 왕위를 계승하기 전에 죽음으로써 진흥왕의 둘째 아들인 사륜(진지왕)이 왕위에 오르게 된다. 그러나 진지왕은 즉위 4년 만에 죽거나 폐위된다고 기록된다.[16] 그 결과 동륜의 아들인 백정이 왕이 되어 진평왕으로 즉위한다. 이 과정에서 왕위를 놓고 서로 인척 관계인 동륜계와 사륜계 사이에 첨예한 갈등과 대립을 발생했던 것으로 보인다.[17] 이러한 가운데 〈천사옥대〉 조에서 진평왕은 하늘로부터 직접 옥대를 하사받았다고 전

---

16) 이에 관하여 『삼국사기』와 『삼국유사』 기록은 상반된 결과를 기술하고 있다. 『삼국사기』〈진지왕〉 조에서는 "秋七月十七日 王薨 謚曰眞智 葬于永敬寺北"라고 하여, 왕이 죽어 장사를 지냈다고 하고 있다. 반면 『삼국유사』〈비형랑 도화녀〉 조에서는 "御國四年 政亂荒婬 國人廢之"라고 하여 왕이 음란하여 폐위되었다고 기술하고 있다.

17) 삼국유사 제1권 기이 제1 〈도화녀 비형랑〉 조에 등장하는 비형은 귀신이 된 진지왕과 도화녀 사이에 태어난 아들로, 진지왕의 아들인 용춘과 동일시 되기도 한다. 비형이 진평왕에 의해 궁중으로 들어가는 과정은 사륜계인 비형이 진평왕으로 대표되는 동륜계와 함께 통합되는 지점을 볼 수 있을 것이라고 생각된다(문아름, 「〈도화녀 비형랑〉조의 서사구조와 의미 연구」, 한양대학교 대학원 석사 학위논문, 2012, 42쪽).

해지는데, 이는 동륜계인 진평왕이 사륜계를 견제하기 위한 장치로서 왕의 권위를 하늘[天]에서부터 찾고 있음을 나타낸다.

결국 〈천사옥대〉 설화는 진평왕의 등극과정에서 발생했던 동륜-사륜계 사이의 갈등과 대립을 무마하고 권력의 장치로서 하늘로부터 부여받은 천사옥대의 상징을 부여하고 있다. 그런데 여기서 하늘[天]라고 하는 개념은 자연계에서 말하는 하늘이라기보다는 천심(天心), 즉 백성들의 지지를 받았다는 이야기로서 기능을 했다는 것을 의미하는 것은 아닐까. 그렇게 본다면 〈천사옥대〉 설화는 신라 내부의 갈등 상황 속에서 여론 통합의 장치로서 만들어지고 파급되었을 것이다. 이런 관점에서 볼 때 〈천사옥대〉 설화는 표면적으로 하늘에서 하사받은 천사옥대의 신이함을 드러내는 이야기지만 그 속에는 동륜계와 사륜계의 첨예했던 갈등이 해소되는 과정이 그려지고 있으며 천사옥대는 이러한 갈등과 대립을 해소시키는 장치로서의 상징성을 가지고 있다.

한편 삼국통일의 문무왕-신문왕로 이어지는 과정에서 무열왕 계의 왕조가 통일의 주역이 되는데, 통일이 이뤄진 이후에 극도의 사회적 혼란과 갈등이 발생했으리라 짐작된다. 여기서 사회적 혼란을 통합하는 두 가지 장치가 등장하는데 『삼국유사』 〈만파식적〉 조에 등장하는 만파식적과 흑옥대가 그것이다. 특히 만파식적과 함께 등장하는 신문왕의 흑옥대는 진평왕의 천사옥대와 닮아 있어 특별한 관심의 대상이 된다. 흑옥대의 관련된 내용은 다음에서 확인할 수 있다.

> 다음해 임오년(서기 682) 5월 초하루에[어떤 책에는 천수(天授) 원년 (서기 690)이라 하나 잘못된 것이다.] 해관 파진찬 박숙청(朴夙淸)이 아뢰었다. "동해 가운데 작은 산이 있었는데, 감은사 쪽으로 떠내려 와서 물결에 따라 오가고 있습니다." 왕이 이상하게 여기어 천문을 담당한 관리인 김춘질(金春質)[춘일(春日)이라고도 한다.]에게 점을 치게 하였더니 이렇

게 말하였다. "① 거룩하신 선왕께서 이제 바다의 용이 되어 삼한을 지키고 있습니다. 거기에 또 김유신 공도 삼십삼천의 한 분으로 이제 이 신라에 내려와 대신이 되었습니다. 두 성인이 덕을 같이 하여 성을 지킬 보물을 내리려고 하십니다. 만일 폐하께서 바닷가에 행차하시면 반드시 값으로 따질 수 없는 큰 보물을 얻게 되실 것입니다." 왕은 기뻐하며 그 달 7일에 이견대(利見臺)에 행차하여 그 산을 바라보고는 사람을 보내어 살펴보도록 하였다. 산의 모습은 마치 거북이 머리 같았고 ② 그 위에는 한 줄기의 대나무가 있었는데, 낮에는 둘이 되었다가 밤에는 하나로 합해졌다.[일설에는 산도 또한 대나무처럼 낮에는 갈라지고 밤에는 합해진다고 하였다.] 사신이 와서 이러한 사실을 아뢰자, 왕은 감은사로 가서 묵었다. 다음날 오시에 대나무가 합해져서 하나가 되더니 천지가 진동하고 비바람이 몰아쳐 7일 동안이나 깜깜하였다가 그 달 16일이 되어서야 바람이 잦아지고 물결이 잔잔해졌다. 왕이 배를 타고 그 산에 들어갔는데, ③ <u>용이 검은 옥띠를 받들고 와서 바쳤다.</u> 왕이 용을 맞이하여 함께 앉아서 물었다. "이 산의 대나무가 혹은 갈라지고 혹은 합해지는 것은 어찌해서인가?" 용이 말하였다. "④ 비유하자면 한 손으로 손뼉을 치면 소리가 나지 않지만, 두 손으로 치면 소리가 나는 것과 같습니다. 이 대나무라는 물건도 합해진 연후에야 소리가 납니다. 거룩하신 왕께서 소리로 천하를 다스릴 상서로운 징조입니다. 왕께서 이 대나무를 가져다가 피리를 만들어서 불면 천하가 평화로워질 것입니다. 지금 왕의 아버지께서 바다의 큰 용이 되셨고 김유신은 다시 천신이 되었습니다. 두 성인이 마음을 합치셔서 이처럼 값으로 따질 수 없는 큰 보물을 저에게 바치도록 하셨습니다." (중략) 그래서 이 연못을 용연(龍淵)이라고 부른다. 왕이 대궐로 돌아와서 그 대나무로 피리를 만들어 월성(月城) 천존고(天尊庫)에 보관하였다. ⑤ <u>피리를 불면 적군이 물러나고 병이 나았으며, 가물면 비가 오고 장마가 지면 날이 개었으며, 바람이 잠잠해지고 파도가 잔잔해졌다. 그래서 만파식적(萬波息笛)이라고 부르고 국보로 삼았다.</u>[18]

---

18) 明年壬午五月朔[一本云 天授元年 誤矣] 海官波珍湌朴夙淸奏曰 東海中有小山 浮來向感恩寺 隨波往來 王異之 命日官金春質[一作春日] 占之 曰 聖考今爲海龍 鎭護三韓 抑又金公庾信 乃三十三天之一子 今降爲大臣 二聖同德 欲出守城之寶 若陛下行幸海邊

위의 자료에서 ①단락을 보면 일관이 신문왕에게 문무왕과 김유신이 성을 지킬만한 보물(守城之寶)을 내려줄 것이라고 예언했다. 문무왕은 이에 따라 낮에는 둘이 되었다가 밤에는 하나로 합쳐지는 대나무(②)를 얻게 되고 용에게서 검은 옥대를 받게 된다.(③) ④단락에서 대나무로 피리를 만들어 불면 천하가 태평해질 것이라고 용이 가르쳐주자, ⑤단락에서처럼 왕은 그 대나무를 만들어 '만파식적(萬波息笛)'이라고 부르고 국보로 삼았다고 하였다. 이상의 내용을 통해 신문왕은 신라의 국보인 만파식적과 함께 흑옥대를 함께 얻고 있다는 사실을 알 수 있다. 기왕의 연구에서는 흑옥대보다 만파식적에 대해 많은 관심을 가졌다. 그러나 흑옥대 역시 나름의 중요한 의미가 있다고 생각한다.

흑옥대는 만파식적과 함께 문무왕·김유신 두 성인에 의해 신문왕에게 주어진다는 점에서, 만파식적이 가진 신이성이 함께 공유하는 장치로 짐작된다. 만파식적은 '일만 파도를 쉬게 한다.'는 이름에서처럼 그 세상의 근심을 잠재울 수 있는 피리라는 점에서 신이성이 크게 부각된다. 실제로 만파식적은 '피리를 불면 적군이 물러나고 병이 나았으며, 가물면 비가 오고 장마가 지면 날이 개었으며, 바람이 잠잠해지고 파도가 잔잔해'[19]지는 효험을 가지고 있다고 언급된다. 만파식적이 가진 국

必得無價大寶. 王喜 以其月七日 駕幸利見臺 望其山 遣使審之 山勢如龜頭 上有一竿 竹 晝爲二 夜合一〔一云 山亦晝夜開合如竹〕 使來奏之 王御感恩寺宿 明日午時 竹合爲 一 天地震動 風雨晦暗七日 至其月十六日 風霽波平 王泛海入其山 有龍奉黑玉帶來獻 迎接共坐 問曰 此山與竹 或判或合何如 龍曰 比如一手拍之無聲 二手拍則有聲 此竹之 爲物 合之然後有聲 聖王以聲理天下之瑞也 王取此竹 作笛吹之 天下和平 今王考爲海 中大龍 庾信復爲天神 二聖同心 出此無價大寶 令我獻之. 王驚喜 以五色錦彩金玉酬賽 之 勅使斫竹 出海時 山與龍忽隱不現 王宿感恩寺 十七日 到祇林寺西溪邊 留駕晝饍 太子理恭〔卽孝昭大王〕 守闕 聞此事 走馬來賀 徐察奏曰 此玉帶諸窠 皆眞龍也 王曰 汝 何以知之 太子曰 摘一窠沈水示之 乃摘左邊第二窠沈溪 卽成龍上天 其地成淵 因號龍 淵. 駕還 以其竹作笛 藏於月城天尊庫 吹此笛 則兵退雨愈 旱雨雨晴 風定波平 號萬波 息笛 稱爲國寶 至孝昭大王代. 天授四年癸巳 因夫禮郎生還之異 更封號曰萬萬波波息 笛 詳見彼傳(『삼국유사』 제2권 기이 제2 〈만파식적〉 조).

보로서의 위치를 생각할 때, 이는 나라의 위험과 근심을 잠재우는 해결
하는 역할을 했음을 충분히 짐작할 수 있다. 이러한 만파식적의 의미에
관하여 만파식적을 국내 반란을 무마하는 사회통합의 장치로 기능하고
있음을 밝히는 연구가 있어 주목된다.[20]

만파식적의 의미는 천사옥대와 흑옥대, 그리고 만파식적 사이의 연관
성을 고려하는 데 있어 시사하는 바가 크다고 하겠다. 왜냐하면 진평왕
대의 〈천사옥대〉 이야기와 신문왕 대의 〈만파식적〉 이야기는 모두 신
라 내부에서 발생한 계파 갈등의 해소하고자 장치로서 읽혀질 수 있어
서로 연관성을 갖기 때문이다. 만파식적과 흑옥대가 무열왕계와 가야계
의 사회통합적 메시지가 100년여 년이 지나 원성왕 시기의 내물왕계과
무열왕계까지 효용성을 발휘 했듯 〈천사옥대〉 이야기의 천사옥대 역시
만파식적과 같은 갈등해소와 통합의 장치로서 볼 수 있을 것이다.

이를 입증할 증거로서 만파식적과 관련하여 곱씹어 볼만한 기록이 등
장한다. 『삼국유사』 〈원성대왕〉 조를 살펴보면 일본의 왕이 군사를 일
으켰다가 '만파식적'의 존재를 알고 돌아가고 그 후에 여러 차례 금과 은
으로 한 번 보기를 청하는 이야기가 덧붙어져 있다. 그런데 원성왕은 일
본 사신에게 만파식적에 대해 모른다고 대답하며, "윗세대 **진평왕 시대
에 그런 일**이 있었다는 것을 들었을 뿐"라고 언급하고 있다.[21] 만파식적
은 31대 신문왕 시절에 성인이 된 문무왕과 김유신으로부터 부여 받았
던 신라의 보물이다. 만파식적은 진평왕 시대와는 아무런 관련성이 없

---

19) 『삼국유사』 제2권 기이 제2 〈만파식적〉 조)

20) 김종군, 「〈만파식적〉 설화의 다시읽기를 통한 통합의 의미 탐색」, 『온지논집』
   제27집, 온지학회, 2011, 73~100쪽.

21) 貞元二年丙寅十月十一日 日本王文慶[按日本帝紀 第五十五主文德王 疑是也 餘無文慶
   或本云 是王太子] 擧兵欲伐新羅 聞新羅有萬波息笛退兵 以金五十兩 遺使請其笛 王謂使
   曰 朕聞上世眞平王代有之耳 今不知所在(『삼국유사』 제2권 기이 제2 〈원성대왕〉 조.

으며 시기로도 100년에 가까운 차이를 보인다. 그렇다고 한다면 원성왕이 말하고 있는 보물은 진평왕 시기에 나타났던 천사옥대로 보는 것이 타당해 보인다. 결국 〈원성대왕〉 조의 기록은 신문왕 대의 만파식적을 진평왕 대의 신라옥대와 착오를 일으키는 부분이다. 이는 원성왕 혹은 『삼국유사』를 기술한 일연을 단순한 착각이었을 뿐인 것인가?

이러한 착오에서 천사옥대의 실체 자체를 의심할 수 있다. 일연에게서 천사옥대가 유사한 흑옥대와 동일시되어 있는데, 이것이 다시 흑옥대와 신이성을 공유하는 만파식적으로 혼동되는 인식의 과정에서 발생한 것은 아닌지 의심할 여지가 있다. 그렇다고 한다면 후대의 신라 사람들에게 천사옥대는 그 실체의 존재 여부와는 상관없이 만파식적과 동일한 사회통합적 상징체로서 각인되어 있다고 볼 수도 있다. 이런 가정이 가능하다면, 경순왕이 고려에 귀부하고 이후 고려 태조에게 천사옥대를 바친 과정은 특별한 의미로 해석할 수 있다.

신라의 마지막 왕인 경순왕은 재위 9년(935), 마침내 천년의 시간을 자랑하던 신라의 역사를 끝내고 고려로 귀부할 것을 결심한다. 그에 따라 군신과 회의를 하고는 시랑 김봉휴로 하여금 국서를 가서 고려 태조에게 귀부를 청하게 하였다. 물론 이러한 결정은 신라의 모든 사람에게 환영받은 것은 아니었다. 경순왕의 아들인 마의태자는 이를 반대하고 스스로 이탈하는 모습을 보여준다.

청태(淸泰) 2년 을미(서기 935) 10월, 사방의 영토가 모두 다른 나라의 것이 되었고 나라는 약해지고 형세는 고립되어서, 더 이상 스스로의 힘으로 버틸 수 없었다. 그래서 곧 왕은 여러 신하들과 국토를 태조에게 바쳐 항복하는 것을 의논하였다. 여러 신하들의 찬성과 반대가 분분하여 끝이 없었다. 왕태자가 말하였다. "나라의 존망은 반드시 천명이 있는 법입니다. 당연히 충신 의사와 함께 민심을 수습하고 힘을 다한 후에야 그만둘

뿐입니다. 어떻게 천년의 역사를 가진 나라를 가벼이 다른 사람에게 줄
수 있겠습니까?' 그러자 왕이 말하였다. "고립되고 위태로운 것이 이와 같
으니 형세가 보전될 수 없다. 이미 강해질 수 없고 또 이 이상 더 약해질
수도 없으니, 무고한 백성들만 길에서 참혹하게 죽게 할 뿐이다. 이러한
일은 나는 차마 할 수 없구나." 그렇게 말하고는 곧 시랑(侍郞) 김봉휴(金
封休)에게 국서를 보내 태조에게 항복을 청하였다. 태자는 통곡을 하면서
왕에게 작별 인사를 하고, 곧장 개골산(皆骨山, 금강산)으로 가서 삼베옷
을 입고 풀뿌리를 캐어 먹다가 세상을 마쳤다. 막내아들은 화엄사(華嚴
寺)에 들어가 중이 되었는데, 법명을 범공(梵空)이라 하였다. 후에는 법수
사(法水寺)와 해인사(海印寺)에 머물렀다고 한다.22)

위의 기록에서 보면, 마의태자는 나라의 존망이 천명에 있는 것이며,
천 년의 역사를 가진 나라로서 함부로 다른 사람에게 바치느냐며 경순
왕의 결심에 반대한다. 기록에서는 한 개인의 모습으로 그려지나, 이는
신라의 항복과 귀부를 반대하는 세력들의 대표로서 상징되었다고 이해
해야 할 것이다. 이 이야기는 결국 후삼국의 통일 과정에서 새로운 사회
의 질서에 적응하지 못하고 통합되지 못한 존재들은 마의태자처럼 이탈
되고 말 것임을 드러낸다.
　신라와 고려의 안정된 통합을 꿈꿨을 왕건의 입장에서는 이러한 신라
내부의 갈등 상황을 보듬어 나갈 필요가 있었다. 또한 신라 세력과 고려
세력 사이에 발생한 대립과 갈등을 해결하고, 조화와 통합을 이뤄내야
했다. 이러한 과정에서 다시금 호명된 천사옥대의 이야기는 사회 통합

---

22) 清泰二年乙未十月 以四方地盡爲他有 國弱勢孤 不已自安 乃與群下 謀擧土降太祖 群
　　臣可否 紛然不已 王太子曰 國之存亡 必有天命 當與忠臣義士 收合民心 力盡而後已
　　豈可以一千年之社稷 輕以與人 王曰 孤危若此 勢不能全 旣不能強 又不能弱 至使無辜
　　之民 肝腦塗地 吾所不能忍也 乃使侍郞金封休齎書 請降於太祖 太子哭泣辭王 徑往皆
　　骨山 麻衣草食 以終其身 季子視髮隷華嚴 爲浮圖 名梵空 後住法水 海印寺云(『삼국
　　유사』 제2권 기이 제2 〈김부대왕〉조).

의 한 방편이었음을 추론할 수 있다. 왕건이 신라를 통합하는 과정에서 신라의 통합의 상징이었던 옥대를 가져갔다고 이야기함으로써, 고려와 신라의 통합과정 발생할 수 있는 반감들을 완화하여 자연스럽게 통합하는 장치로서 기능을 했다고 할 수 있다. 실제로 천사옥대가 경순왕과 왕건이 오고 갔다는 사실보다, 그러한 이야기가 사람들에게 회자됨에 따라 백성들이 신라 천년의 정통성이 고려로 이어진다는 사실을 자연스럽게 받아들이게 된다는 점이 중요하다. 결국 이러한 이야기들은 분열과 갈등을 해소하는 통합의 서사로서, 5~600년 이상의 전승력을 가지면서 계속해서 장치로써 기능하지 않았을까 짐작해 볼 수 있다.

3. 후백제 유민들의 사회통합으로써의 '인륜'의 가치

후백제 유민들의 통합과정은 앞서 살펴본 신라의 경우와는 다른 의미에서 중요하다고 할 수 있다. 고려와 신라의 통일 과정이 상호 간의 합의로 이루어진 것이라고 한다면, 후백제는 통일의 마지막까지 삼한의 주인자리를 두고 패권 경쟁을 한 적대적 존재였기 때문이다. 이러한 점에서 고려 후백제 사이의 통합은 신라 때와는 다른 강력한 적대성이 작용했을 것이라 생각한다. 후삼국의 통일은 전쟁이라는 과정을 거칠 수밖에 없었고, 사람들은 서로 분열되고 갈등을 겪었다. 그러한 가운데 삼국의 사람들은 하나의 국가를 세울 수 있었지만 말할 수 없는 상처와 고통을 감내해야 했을 것이 분명하다. 이때에 외형적인 통일이나 체제적인 통합뿐만 아니라 상처 받은 사람들 사이에 발생하는 갈등이나 혼란을 중화할 수 있는 무엇인가가 필요했을 것이 분명하다. 물론 포용정책이나 유화정책과 같이 눈에 보이는 제도적인 차원의 통합 방법이 존재

했다하더라도 그것이 백성들에게 미치지 못하는 부분들이 있었을 터이
다. 이러한 지점에서 백성들 내부에서 회자된 통합적 장치가 필요했음
을 추측해 볼 수 있다. 이에 따라 고려의 역사 속에서 내적인 통합 장치
를 탐색해 본 결과, 문화적 통합서사로 가장 실효성을 큰 것이 '견훤'의
이야기라고 생각하였다. 이는 단지 역사로서의 견훤의 이야기가 아닌
사람들 사이에서 공유된 통합의 의미를 가진 이야기를 의미한다.

　신라가 고대로부터의 장대한 역사를 가지고 있어, 그만큼 많은 자료
들을 축적될 수 있었던 데에 반해, 후백제는 백제의 계승을 가치로 내세
우고 있기는 했지만 짧은 역사를 가진 신생국의 입장이었다는 점에서
근거가 될 만한 자료가 그리 많지 않은 것이 사실이다. 이런 까닭에 견
훤에 대한 기록은『삼국사기』열전 〈견훤〉 조와『삼국유사』〈후백제 견
훤〉 조에 의존할 수밖에 없다. 여기서는 두 자료 중『삼국유사』를 분석
의 대상으로 삼아[23] 사회통합적인 가치가 어떻게 문학적으로 형상화 될
수 있는지를 살펴보도록 하겠다.

　그런데 견훤의 이야기가 문화적 통합장치로서 인정받기 위해서는 이
이야기들이 고려 건국시기에도 회자되고 전승되었다는 점이 전제되어
야 한다. 일연이『삼국유사』을 지은 것은 고려 건국이후 삼백여 년이 지
난 시기였기에 견훤에 관한 이야기가 당시에도 회자되었다는 증거가 분
명하지 않다. 그러나 일연이『삼국유사』를 지을 때,『구삼국사(舊三國史)』
의 내용을 참고했다는 점에서 견훤의 이야기는『구삼국사』에 실려 있었
을 가능성이 있다.『구삼국사』는 현전하지는 않지만 비교적 고려 초기

---

23)『삼국사기』의 내용은 견훤에 대한『삼국사(三國史)』「본전(本傳)」의 내용에 설
　화적 요소가 가미된 것으로 보인다. 반면『삼국유사』는 약간의 차이는 있지
　만『삼국사(三國史)』,「본전(本傳)」,『이제가기』, 출처가 확실하지 않은 자료들
　로 구성되어 있어,『삼국유사』가『삼국사기』에 비해 좀 더 많은 내용을 담고
　있다고 할 수 있다.

에 쓰였으며, 내용적으로도 설화적 이야기를 많이 담고 있는 것으로 전해진다. 이로 보아 당시에 회자되던 견훤의 이야기를 『구삼국사』가 기술했으며 이를 다시 일연이 『삼국유사』에 기술했을 가능성을 점쳐 볼수 있다. 또한 『삼국유사』에서 견훤의 이야기가 구비전승 되었을 〈야래자 설화〉와 함께 기술되고 있다는 점 역시 견훤의 이야기가 오랜 역사를 지닌 것임으로 짐작하게 한다.

『삼국유사』〈후백제 견훤〉조를 살펴보면, 견훤 이야기의 전반부는 견훤의 왕이 되기까지의 과정으로, 여기에서 견훤은 자못 민중적인 영웅의 면모를 보인다. 견훤은 같은 시대에 활약했던 궁예나 왕건에 비해 특별한 시련 없이 순조롭게 왕위에 오른다. 물론 출생의 신이함을 보여주는 신화적 요소를 많이 간직되고 있기 때문에 그가 왕위에 오르는 과정은 건국신화에서 보여주는 영웅의 일생을 온전히 갖추고 있다고 볼 수있다. 후백제의 왕위에 오르고 후백제의 계승의지를 공표하는 과정에서도 백성들의 인심을 얻었다고 하는 점에서도 역시 견훤의 영웅적인 면모가 부각되고 있다.

> 견훤이 서쪽으로 순행하여 완산주(完山州, 전북 전주)에 이르니 주의 백성들이 맞이해 위로하였다. 견훤은 인심을 얻은 것을 기뻐하며 주위의 사람들에게 말했다. "내가 삼국의 시초를 살펴보니 마한(馬韓)이 먼저 일어났고 뒤에 혁거세(赫居世)가 일어났으므로, 진한(辰韓)과 변한(卞韓)은 따라 일어난 것이다. 이에 백제는 금마산(金馬山)에서 나라를 연지 6백여 년이 되었는데, 총장(摠章) 연간에 당 고종이 신라의 요청에 의하여 장군 소정방(蘇定方)을 보내 수군 13만을 거느리고 바다를 건너왔고, 신라의 김유신도 황산을 지나 사비에 이르기까지 휩쓸어 당나라 군사와 함께 백제를 멸망시켰으니, 이제 내가 어찌 완산에 도읍을 세워 의자왕(義慈王)의 오랜 분노를 갚지 않겠는가?"[24]

정명(貞明) 4년 무인(서기 918)에 철원경의 인심이 홀연히 변하여 우리 태조를 추대하여 왕위에 오르게 하였다. 견훤이 이 말을 듣고 가을 8월에 일길찬 민합(閔郃)을 보내 축하하고, 이어 공작선(孔雀扇)과 지리산(地理山)의 대나무 화살을 바쳤다. 또 오월국에 사신을 보내 말을 진상하니, 오월왕이 답례로 사신을 보내 중대부(中大夫)를 더하여 제수하고 나머지 직위는 전과 같게 하였다.[25]

위에 자료를 보면 왕위에 오른 견훤은 통치 지역을 순회하고 있는데 견훤을 대하는 백성들의 태도는 매우 우호적이라고 할 수 있다. 또한 후백제를 계승하여 신라에 대한 반 신라적 경향을 보이는 것 역시 통합을 달성하기 전의 독립적인 집단으로서의 성격이 강하게 드러낸 것이라 할 수 있다.

그런데 견훤과 왕건의 대립이 본격적으로 시작됨에 따라 견훤에 대한 서술태도가 크게 바뀌고 있음을 알 수 있다. 물론 견훤 역시 처음에는 고려 왕건에 대해 사신을 통해 축하 인사를 보내고 선물을 전하는 등 우호적인 태도를 보이고 있다. 그러나 왕건과의 삼한을 둔 본격적인 패권 경쟁이 심해지는 가운데 견훤에 대한 열전의 서술 태도는 달라진다. 이 지점에서 견훤은 신라의 서울로 가서 경애왕을 살해하고 경애왕이 후궁들을 겁탈까지 하는 포악한 인물로 묘사되고 있다. 또한 고려로 귀의한 공직의 자식들에게 잔인한 처벌을 내린 것 역시 이러한 맥락에서 설명될 수 있다. 전반부에 견훤이 보여 주었던 영웅적인 면모와는 차이가 두

---

24) 是時北原賊良吉雄强 弓裔自投爲麾下 萱聞之 遙授良吉職爲裨將 萱西巡至完山州 州民迎勞 喜得人心 謂左右曰 百濟開國六百餘年 唐高宗以新羅之請 遣將軍蘇定方 以舡兵十三萬越海 新羅金庾信 卷土歷黃山 與唐兵合攻百濟滅之 予今敢不立都 以雪宿憤乎 遂自稱後百濟王 設官分職 是唐光化三年 新羅孝恭王四年也(삼국유사 제2권 기이 제2 〈후백제 견훤〉).

25) 貞明四年戊寅 鐵原京衆心忽變 推戴我太祖卽位 萱聞之 遣使稱賀 遂獻孔雀扇地理山竹箭等 萱與我太祖 陽和陰剋 獻驄馬於太祖(삼국유사 제2권 기이 제2 〈후백제 견훤〉).

드러지게 나타나고 있는 것이다. 이야기 후반의 구성은 왕건이라고 하는 건국주의 출현이 전제된다는 점에서, 견훤이 왕건을 만나게 되는 부분에 이르면 견훤은 포악한 군주로 그려지게 된다. 문제는 패주인 견훤을 낮추고 건국주인 왕건을 높이는 이야기가 어떻게 해서 분열되어 있었던 사회의 갈등을 해소하고 통합하는 이야기가 될 수 있느냐 것이다.

견훤이 보여주는 횡포와 포악성은 통일과정에서 대중들이 느낄 수 있는 혼란과 공포감과 관련지을 수 있을 것이다. 곧, 견훤의 행동은 단지 견훤이라고 하는 개인의 성향에서 나타나는 뿐만 아니라 통일 과정의 전쟁이라는 참극에서 오는 공포와 혼란의 상황의 일면일 수 있다. 이렇게 본다면 고려 건국 이야기는 왕건 집단의 정당성을 강조하는 동시에 전쟁의 참상과 비극이 중화되고 극복되는 방향으로 문학적 서술이 이루어지는 것이라 할 수 있다. 따라서 〈후백제 견훤〉 조의 결말은 대중의 입장에서 볼 때 해당 시기의 보편적 가치를 구현함으로써 건강한 공동체를 형성하기 위한 결과의 것으로 볼 수 있다.

이에 관하여 『삼국유사』 후백제 견훤 조의 두 가지 기사에 주목해 볼 필요가 있다. 두 가지의 기사는 모두 견훤의 후백제와 왕건의 고려가 직접적으로 관련되는 부분으로 고려 건국 과정에서 구현되는 보편적 가치의 일면을 보여줄 수 있는 기사들이다. 아래는 백제가 신라를 두고 고려와 갈등하던 시기, 견훤이 고려로 보내 경고의 내용이 담긴 편지와 이를 받고 왕건이 견훤에게 보낸 답장의 내용이다.

> 그런데 맹세한 피가 마르기도 전에 흉악한 무리가 다시 일어나 벌과 전갈과 같은 독으로 백성들을 해치고, 이리와 호랑이 같은 미친 짓으로 경주 주변을 가로막고 신라의 궁궐을 어려운 상태에 빠뜨려 왕궁을 놀라게 할 줄이야 어찌 알았겠소? 대의를 지켜 주나라를 높이는데 있어서 누가 환공(桓公)과 문공(文公)이 이룬 패업(霸業)만 하겠소? 기회를 엿보며

한나라를 차지하려던 왕망(王莽)이나 동탁(董卓) 같은 간사한 자만 보았
을 뿐이오. 지극히 존귀한 신라의 왕을 굽혀서 그대에게 아들이라 부르게
하였으니, 높고 낮음이 그 차례를 잃어 윗사람과 아랫사람이 모두 걱정하
게 하였소. 그러니 크게 보필하는 충성과 순수함이 없다면 어찌 다시 나
라를 편안하게 할 수 있겠소? 나의 마음은 사악함이 없고 나의 뜻은 간절
히 신라 왕실을 높여서, 장차 조정을 안정시키고 위태로운 나라를 구제하
려고 하였소. 그런데 그대는 털끝만한 작은 이익을 보고 천지의 두터운
은혜를 망각하여 임금을 죽이고 궁궐에 불을 질렀으며, 대신들을 참혹하
게 살해하고 군사와 백성을 살해했으며 궁녀는 잡아서 수레에 태웠고 보
물은 약탈해 수레에 실었소. 그 포악함은 폭군 걸(桀)과 주(紂)보다 더 하
였고 잔인함은 어미를 잡아먹는 짐승과 올빼미보다도 더 심하였소.[26]

편지의 내용을 통해 견훤이 신라에 대해 저지른 악행의 면모가 드러
난다. 왕건은 천성 2년(서기 927) 견훤이 병력을 이끌고 신라 경주로 들
어가 경애왕을 죽이고, 경순왕을 왕위에 올린 일에 대해 중국의 걸주(桀
紂)에 비유하며 강력하게 비판하고 있다. 그러면서 한편으로 자신은 '사
악함이 없고 나의 뜻은 간절히 신라 왕실을 높여서, 장차 조정을 안정시
키고 위태로운 나라를 구제.'하고자 한다고 밝힘으로써 신라와의 관계
에 있어 존왕(存王)의 뜻을 추구하고 있음을 밝힌다. 이 과정에서 왕건
은 견훤의 악행을 바로 잡는 존재로 부각된다. 반면 견훤은 정부로서 권
위를 가지고 있는 신라를 함부로 침입하고 왕을 죽인 찬탈자가 된다. 이
는 결과적으로 고려 건국 이후 국가 차원에서 왕건의 업적을 높이는 의
식이 바탕이 된다고 할 수 있다.

그러나 한편에서 이러한 백성의 입장에서 어떻게 받아들여질 수 있는

---

26) 豈期歃血未乾 凶威復作 蜂蠆之毒 侵害於生民 狼虎之狂 爲梗於畿甸 金城窘急 黃屋震
    驚 仗義尊周 誰似桓文之霸 乘間謀漢 唯看莽卓之奸 致使王之至尊 枉稱子於足下 尊卑
    失序 上下同憂 以爲非有元輔之忠純 豈得再安社稷(삼국유사 제2권 기이 제2 〈후백
    제 견훤〉).

가에 대해 생각해 볼 필요가 있다. 이들의 입장에서 왕을 시해하고 다른 사람을 왕으로 세우는 일은 충격적인 사건이었음이 분명하다. 이는 왕과 신하의 관계에 대해 대중들이 가질 수 있는 기본적인 생각들을 완전히 해체해 버리기 때문이다. 그런데 이는 전쟁이라는 특수한 상황에서 기인하는 것이었다. 전쟁은 왕까지 마음대로 죽이고 바꾸게 한다는 점에서 대중들의 정서적 분열과 적대적 감정을 유발한다고 할 수 있다. 이와 같은 것이 전쟁과 갈등의 상황 속에서 표출되는 혼란과 갈등의 분단서사라고 할 때, 이러한 서사를 완화할 수 있는 새로운 서사가 요구된다.

여기서 고려 건국의 서사는 대중들의 적대적 정서를 완화하고 갈등을 줄여갈 수 있는 것이다. 고려 건국은 신하가 왕을 죽이는 등 삼국의 분열이 만들어낸 혼란과 갈등을 존왕이라는 인륜을 통해 다시 통합하고 있음을 의미한다. 곧 견훤의 징치와 고려 통일은 대중들에게 전쟁 중에 완전히 무너진 가치 체계를 다시 세우는 일로 받아들여졌을 것이다. 이러한 이야기가 회자되면서 왕건은 사람들의 평화로운 세계에 대한 갈망이라는 사회적 가치와 맞물려, 인륜의 수호자로서 자리매김하고 있다.

이와 관련하여 다음의 자료 또한 살펴볼 수 있을 것이다. 다음은 견훤의 왕위 계승 과정에서 발생한 견훤의 아들인 신검의 왕위 찬탈과 견훤의 몰락 과정을 나타내는 기사이다. 견훤의 장자였던 신검은 견훤이 사남인 금강에게 왕위를 넘겨주려고 하는 것에 반감을 갖고 아버지인 견훤을 금산사에 폐위시키고 후백제의 왕위에 오른다.

> 애초에 견훤이 잠자리에서 아직 일어나지 않았는데, 멀리 궁궐에서 시끄러운 소리가 들렸다. 이것이 무슨 소리냐고 묻자 신검이 이렇게 말하였다. "임금님께서 연로하시어 나라와 군대의 업무에 어두우시므로, 맏아들인 신검이 아버지의 왕위를 대신한다고 하자, 여러 장수들이 기뻐하며 축하하는 소리입니다." 그리고는 곧이어 금산사 불당으로 아버지를 옮기고,

파달(巴達) 등 장사 30명에게 지키도록 하였다.

　(중략) 태조가 장군 공훤(公萱) 등에게 명령하여, 삼군이 나란히 진군하며 양쪽에서 협공하자 백제군은 궤멸되어 달아났다. 황산(黃山) 탄현(炭峴)에 이르러 신검이 두 아우 및 장군 부달(富達)과 능환(能奐) 등 40여 명과 함께 항복하였다. 태조가 항복을 받고, 다른 사람들은 모두 위로하며 처자와 함께 서울로 오는 것을 허락하였지만, 능환만은 문책하여 말하였다. "애초에 양검 등과 몰래 모의하여 대왕을 가두고 그 자식을 세운 것은 너의 꾀였다. 신하의 의리가 마땅히 이러한 것인가?"그러자 능환은 고개를 떨어뜨리고 아무 말도 하지 못하였다. 드디어 명을 내려 목을 베었다. 신검이 함부로 왕위에 오른 것은 다른 사람이 위협하였기 때문이지 그 본심이 아니었고, 또 귀순하여 죄를 빌었기 때문에 특별히 그 목숨만은 살려주었다. 견훤은 울화가 치밀어서 등창이 났다. 결국 며칠 만에 황산의 절에서 죽었으니, 9월 8일로 그의 나이 70세였다.[27]

　이상의 기사에서는 왕건이 아버지를 폐위하고 왕위에 오른 신검을 징치하는 것으로 전승되고 있다. 고려와 대등한 힘을 보여주었던 후백제는 위의 사건을 계기로 완전히 몰락하였다. 여기에는 왕위 세습과정에서 장자가 아닌 자신이 총애하는 넷째인 금강에게 왕위를 넘겨주려고

27) 萱多妻妾 有子十餘人 第四子金剛 身長而多智 萱特愛之 意欲傳位 其兄神劍良劍龍劍 知之憂悶 時良劍爲康州都督 龍劍爲武州都督 獨神劍在側 伊飡能奐使人往康武二州 與良劍等謀 至淸泰二年乙未春三月 與英順等勸神劍 幽萱於金山佛宇 遣人殺金剛 神劍自稱大王 赦境內 初萱寢未起 遙聞宮庭呼喊聲 問是何聲歟 告父曰 王年老 暗於軍國政要 長子神劍攝父王位 而諸將歡賀聲也 俄移父於金山佛宇 以巴達等壯士三十人守之 童謠曰 可憐完山兒 失父涕連酒 萱與後宮年少男女二人 侍婢古比女 內人能乂男等囚繫 至四月 釀酒而飮醉卒三十人 而與小元甫香乂吳淡忠質等以海路迎之 旣至 以萱爲十年之長 尊號爲尙父 安置于南宮 賜楊州食邑田庄 奴婢四十口 馬九匹 以其國先來降者信康爲衙前.

(중략) 太祖軍令嚴明 士卒不犯秋毫 州縣安堵 老幼皆呼萬歲 謂英規曰 前王失國後 其臣子無一人慰之者 獨卿夫妻 千里嗣音 以致誠意 兼歸美於寡人 其義不可忘 許職左承 賜田一千頃 許借驛馬三十五匹 以迎家人 賜其二子以官 甄萱起唐景福元年 至晉天福元年 共四十五年 丙申滅.

했던 견훤의 실책과 왕위를 찬탈하는 신검의 횡포가 두드러진다. 그 결과 견훤은 적국인 고려에 귀의할 수밖에 없었고, 자신의 나라가 망해가는 모습을 바라볼 수밖에 없었다. 이러한 과정에서 고려의 왕건은 견훤을 통해 후백제 공격의 정당성을 확보하고, 후백제를 공격하여 점령한다. 이때 왕건은 사람들에게 아버지의 자리를 찬탈한 아들을 징치하여 올바른 인륜의 방향을 바로 잡는 건국주로서 인식된다.

백성들의 입장에서 볼 때, 아들이 아버지를 왕좌에서 몰아내는 사건은 부자 관계에서 일어날 수 없는, 일어나서는 안 되는 패륜적 사건이었다. 이는 받아들이기 어려운 충격적인 사건임이 틀림없다. 이러한 사건이 벌어지게 된 데에는 후삼국의 쟁패 과정과 난세라고 하는 특수한 상황이 있었다고 고려되었을 것이라 짐작된다. 곧, 사람들은 고려와 후삼국의 전쟁 상황은 아버지와 아들의 인륜마저도 해체시키는 무서운 것이라고 받아들이는 것이다. 여기에서 왕건은 고려로 귀의한 견훤을 전언을 받아들이는 가운데, 손수 신검을 공격히여, 후백제를 고려의 땅을 귀속시킨다. 그리고 후백제 멸망이야말로 왕실에서 벌어진 패륜의 사건이 올바른 방향으로 나아간 것으로 회자되었을 것이다. 이는 물론 국토의 통일이라고 하는 열망에 따른 것이었지만, 왕건은 그 결과 인륜의 수호자로서의 정당성을 확보할 수 있게 된다. 곧, 아들이 아버지를 버리는 패륜의 문제가 발생한 후백제를 왕건이 개입하여 본래의 이치로서 바로 잡고 있다는 것이다.

위의 두 기사의 이야기의 문면을 살펴 볼 때, 고려와 후백제 사이의 통합과정에는 '인륜'의 문제가 왜곡되는 지점이 등장한다. 여기서 왕건은 이들을 모두 바로 잡는 역할을 하게 된다. 그 결과 『삼국유사』〈후백제 견훤〉조의 왕건에 관한 이야기는 백성들에게 회자면서 전쟁이라고 하는 거대한 사건 속에서 황폐화되고 해체되었던 가치들을 회복하는 이야기로 받아들여질 수 있었을 것이다. 이 점에서 이 이야기는 사회 통합의 장치가 되고 있다. 고려 통일 과정에 관한 이야기들은 당대의 사람들 바랐던 건강한 공동체의 핵심적인 요소가 됨으로서 당대 사회적 질서를 부여하고 혼란한 형국의 사회통합 에너지를 마련했던 것으로 보인다.

물론 이 글이 목적이 고려 통일 과정에서 왕건이 취했던 정책이나 왕건을 영웅화함으로 통합의 방법을 제시하는 데 있는 것은 아니다. 왕건과 견훤에 관한 이야기는 국가 차원에서 통합 의도를 가지고 이야기를 만들었고 이를 확산시키는 가운데 실효성을 거두고 있다는 것을 밝히고자 하는 것이다. 그리고 이와 같은 통합의 문화적 장치들을 꾸준히 발굴하고 의미화 하여 대중에게 널리 확산시키는 과정이 필요하다는 점을 말하고자 한다. 이야기의 전승이라는 문화적 장치들은 역사적으로 검증되어온 바 분단체제가 유지되는 현재에서도 사회 통합을 가치를 실현하는 데 도움을 줄 수 있을 것이라 생각하기 때문이다.

4. 사회통합의 기능과 앞으로의 전망

이 글은 역사의 기록에서 나타나는 서사들 속에서 사회통합과 관련하여 유의미한 장치들을 탐색하고자 하였다. 문화적 통합 장치를 탐색하고자 하는 이유는 현재의 한국 사회가 분단 체제 속에서 분열되고 갈등하고 있는 상황에서, 사회통합을 위한 문화적 장치가 이를 통합적으로 바꾸는 방향으로 인도해 줄 수 있으리라 확신하기 때문이다. 오늘날 활발하게 이루어지고 있는 정치, 경제적인 통합정책은 그 나름의 의의를 가지고 있겠지만 또 다른 분단서사를 양산할 수 있다는 점에서 그 한계를 노출한다. 그렇다고 한다면 문화적 장치들로서의 통합서사를 탐색하고 구축하는 과정이 대안이 될 수 있을 것이다.

　이러한 문화적 통합장치로서 접근해 볼 수 있는 것이 바로 우리 근처에 있는 이야기이다. 이야기는 겉보기에는 아무것도 아닌 것처럼 보이지만 그 속에는 갈등과 분열을 넘어서 나와 타자를 통합해 가려는 서사들이 녹아들어 있다. 또한 이야기는 우리의 역사, 경험에서 나온 것이므로 대중에게 거리감 없이 받아들여질 수 있다는 장점이 있다. 물론 이러한 이야기들의 통합적 메시지는 겉으로 노출되어 있지는 않다. 그렇기 때문에, 우리는 계속해서 통합서사를 탐색하고 이를 분석하여 담론화하는 과정이 필요한 것이다.

　이때 주목한 것이 후삼국통일과 고려 건국과 관련된 기록들이었다. 특히『삼국유사』의 경우 유의미한 기억들이 오랜 세월동안 전승되어 이야기를 기술되어 있다. 이러한 기록에 주목한 것은 분열된 사회를 다시 통합했던 역사적 사실을 이야기의 문맥에서 담아내고 있기 때문이었다. 이 가운데서 고려 건국 시기에 재등장한 '천사옥대'에 대한 이야기는 신라왕실의 신이함을 드러내주는 상징이 되어왔다. 이에 관해 왕건에 의해 후삼국 통일과정에서 다시 호명된다는 점에 주목하여 천사옥대가 고려-신라의 사회 통합적 기능적 의미를 지니고 있었을 것이라고 주장하였다. 또한 고려와 후백제 통일 과정에서『삼국유사』의〈후백제 견훤〉조에 주목하였다. 여기에 나타나는 견훤과 신검의 횡포와 패륜은 고려와 후백제의 전쟁의 과정에서 어그러진 인륜을 의미하는 것이고, 이를 바로 잡는 왕건의 이야기는 사람들 사이에서 회자되는 가운데 사회 통합적인 메시지를 전달, 유포하는 기능을 했을 것이라고 보았다. 이는 단순히 위로부터 만들어진 이야기가 아닌 혼란을 극복하고 사회 통합적 질서를 지향했던 대중들의 소망을 반영한 것이기도 하다.

　통합서사를 탐색하려는 이 글의 시도는 아직 시론적인 차원에서 다소 미진한 부분을 남기는 것이 사실이다. 그렇다고 해서 통합서사를 탐색하는 시도가 의미 없는 것이라고 치부되어서는 안 될 것이다. 통합서사의 탐색은 오늘날의 분단서사를 극복하고 사회통합의 길을 모색하는 데 결정적인 기여를 할 것이라고 믿는다. 이를 위해 통합서사를 수집 발굴하는 작업이 선행되어야 할 것이며 이를 다시 대중에게 배포하여 대중 속에서 담론화 하려는 노력 역시 필요할 것이다. 이러한 통합서사가 대중 속에서 내면화되는 과정을 통해 우리의 무의식을 채우고 있는 상처와 분열의 서사들을 보듬고 치유할 수 있을 것이다.

제3장 전란 배경 고전소설에 나타난 여성의 상처와 통합을 위한 서사기법

김지혜*

1. 소외된 자들의 목소리

남북한 '통일'에 있어 '통합'의 필요성은 정치, 경제, 사회 등 여러 방면에서 이야기되어 왔다. 그렇다면 인문학, 특히 문학을 통해 통합을 이야기하는 이유와 다른 영역에서 이야기하는 통합과 맞물려가면서도 '문학이, 문학을 통해' 통합을 이야기하는 장점은 무엇일까? 이 물음은 논의가 시작되는 지점이자 궁극적으로 모아져야하는 지점이기도 하다. 통합의 대상과 통합의 방법은 영역마다 강조하는 지점이 다를 수 있다. 예를 들어, 통합의 방법에는 물리적·경제적·사회적 힘에 의해 상대를 포섭하여 획일화하는 방식이 있는가하면, 타자의 차이를 인정하고 받아들이며 공존하는 방식을 찾는 경우도 있다.

---

* 건국대 통일인문학연구단 HK연구원.

문학, 특히 소설의 경우 서사를 통해 각기 다른 사회적 처지에 놓였으며, 다양한 욕망을 가진 인물들이 만나 서로 갈등을 겪는 모습을 고스란히 노정(露呈)시킨다. 하지만 문학은 갈등을 드러내는 것에서 그치지 않고, 얽혀 있는 갈등을 풀어나가며 화해하는 노정(路程) 역시 보여준다. 이 글에서는 첨예한 갈등을 보여주는 문학이 문제를 해결해 나가는 과정에서 소외된 타자를 끌어안는 통합을 지향하며, 지향해야한다고 전제하고, 이러한 통합을 위해 사용하는 서사기법에 주목하고자 한다.

이러한 문제의식 하에 문학은 공식기억에서 배제된 자들을 어떻게 기억하고, 이들의 상처를 어떻게 위무하면서 통합을 시도하고 있는지 살펴보고자 한다. 이때, 경제적·제도적 통합과정에서 소외된 자들을 위한 통합의 움직임을 문학으로부터 찾을 수 있었다. 아래에서는 시대적으로는 임진왜란(1592~1598)과 병자호란(1636)을 배경으로 하며, 주제적으로는 전쟁 상황 속 여성 형상화에 초점을 맞춰 문학, 좀 더 예각화해서는 고전소설에 나타난 통합의 양상은 어떤 모습인지 논의해 보도록 하겠다.

조선중기 연달아 일어난 임진왜란과 병자호란은 백성들의 삶을 전란의 소용돌이에 휘몰아 넣었고, 그 결과 많은 사람들이 자신이 살던 터전에서 밀려났음은 물론 철저히 삶 밖으로 내던져졌다. 두 차례 전란 이후, 남성중심의 조선사회는 삶을 복구해 나가는 과정에서 붕괴된 윤리를 바로잡는다는 명목하에 '충(忠), 효(孝), 열(烈)'을 통합의 중심에 두었고, 이는 자연스럽게 여성억압으로 이어졌다. 특히, 조선사회 지배남성은 국가가 입은 피해는 물론, 자신들이 입은 전란의 상처를 여성의 성(性)과 연결시켜 담론화함으로써 여성억압을 가중시켰다. 여성들은 전란으로 인해 일차가해를 받은 뒤, 남성중심사회에 의한 이차가해로부터 이중의 고통을 겪게 된 것이다. 이 과정에서 '이중적인 타자(他者)'라는 특수한 지위에 놓인 여성들은 정절(貞節)을 지키기 위해 마지막 삶의 터전이라고 할 수 있는 신체에서마저 밀려나 스스로 죽음을 선택하게 되었다.[1]

조선시대 정절과 관련되어 죽음을 강요하는 대표적인 예가 '열녀담론'이라 할 수 있다. 전란 이후 조선왕조의 공식기억이라 할 수 있는『조선왕조실록』을 통해, 사대부 여성들을 위한 교육서『내훈(內訓)』류의 텍스트 재간행 및 보급을 통해 정절을 지키다 죽은 여성만이 '열녀(烈女)'로 호명되었다.[2] 이렇게 공식적인 역사에서 그려지고 있는 여성들은 정절을 지키다 자살한다.

하지만 이들의 자살은 타살이라고 봐도 무방한 이데올로기에 의한 죽음이라고 할 수 있다. 열녀담론은 사회적으로 제도화되고, 교육과 이념의 확산을 통해 여성에게 집단적으로 내면화되었다. 정절을 지켜야 한다는 강박관념과 자신이 먼저 신체를 훼손하며 자살하는 자동화된 사고는 신체화된 이데올로기의 대표적인 모습이다. 이렇게 삶 속에서 여성이 다른 선택지 없이 자살을 선택할 수밖에 없었다는 점은 사실상 자살이라기보다 사회 구조적인 폭력에 의한 타살임을 의미한다.

아래에서는 임진왜란과 병자호란 이후 조선사회를 통합해 나가는 과정에서 여성을 배제시키는 조선시대 통합의 모습을 반(反)통합으로 보려한다. 타인의 생명권마저 박탈하는 이념의 논리와 힘에 의한 통합이 열녀담론이며, 이러한 통합은 진정한 의미의 통합에 반(反)하는 동시에

---

1) "전쟁에서 침략 당한 쪽이나 패전국의 여성은 그 국가의 영토와 함께 침략, 정복, 약탈의 대상으로 환유되며, 이때 여성의 몸은 침략과 정복의 알레고리적 공간이 된다." 홍인숙, 「17세기 열녀전 연구」,『한국고전연구』제7집, 한국고전연구학회, 2001, 110쪽.

2) 임병양란 이후, 국가 주도의 여성 의식화 텍스트 제작 과정과 보급과정은 다음 연구서에서 치밀하게 논의되었기에 선행연구에 터하여 논의하도록 하겠다. 강명관,『열녀의 탄생』, 돌베개, 2009, 353~469쪽.

반(半)쪽짜리 통합이라는 것이다.

전란 이후 조선사회는 사회통합이라는 명분하에, 가부장적 지배질서를 공고히 해나가는 과정에서 여성들을 배제하는 서사를 구사하였다. 통합을 내걸었음에도 불구하고 남성 위주의 선택된 가치를 앞세움으로써 실질적으로는 여성의 고통을 야기하고 2차 피해를 낳았다. 남성들은 가부장적 신분제의 유지와 안정을 위해 여성들을 배제하였으며, 여성들의 목소리를 소거시켜버렸다. 때문에 공적인 기록에서 여성의 목소리를 듣기란 어렵다. 공식적인 기록은 물론이거니와 고전소설에서도 여성 스스로 작가가 되어 고통 받는 여성의 목소리를 들려주는 작품을 찾기란 쉽지 않았다.

그렇다면 소설에서 여성의 모습은 누군가에 의해 '재현'된 모습을 볼 수밖에 없거나, 누군가에 의해 '매개'된 목소리만 들을 수 있는 것인가. 아래에서는 여성의 상처와 고통 받는 삶을 억누르는 손길이 아니라 위무하는 손길을 건네며, 배제의 시선이 아니라 배려의 시선을 징후적으로나마 읽을 수 있는 작품을 골라 통합을 위해 사용하는 서사기법을 찾아보도록 하겠다. 이를 위해 현곡 조위한(玄谷 趙緯韓, 1567~1649)이 지은 〈최척전(崔陟傳)〉[3]을 중심에 두고, 전쟁이라는 상황 속에서 여성의 수난이 어떻게 형상화 되고 있으며, 이들이 상처를 극복해나가게 하는 작가의 서사기법을 살펴보고자 한다.

---

3) 〈최척전〉 이본(異本)은 한문본 5종, 국문본 1종, 한문축약본 5종이 있다. 지연숙의 논의가 있기 전까지 학계에서는 천리대본을 선본(善本)으로 봤기 때문에 논의의 편의상 천리대본을 선본으로 하며, 본고에서는 『17세기 애정전기소설』(이상구 역주, 월인, 2003)을 기본 텍스트로 삼도록 하겠다. 〈최척전〉의 한문 이본과 관련된 연구는 지연숙, 「〈최척전〉 이본의 두 계열과 善本」, 『고소설연구』 제17집, 한국고소설학회, 2004. 국문본 이본의 성격과 관련해서는 권혁래, 「〈최척전〉의 이본 연구」, 『조선후기 역사소설의 탐구』, 월인, 2001. 본문에서 작품의 내용을 인용할 때는 서지사항을 따로 언급하지 않고, 책의 쪽 수만 밝히도록 하겠다.

전란을 배경으로 한 많은 고전소설들 중에서 〈최척전〉을 중심에 두는 이유는 다음과 같다. 첫 번째로는 서사 측면에서 〈최척전〉이 갖는 작품성과 관련되는데, 〈최척전〉은 전란 중 이별이라는 탁월한 사실성[4]과 전란 속에서 여성이 죽지 않고 살아나 가족과 재회하는데서 발생하는 낭만성도 지닌다고 평가받는다. 그러므로 작품의 배경이 된 역사적 사실과 작가가 낭만적인 서사기법을 통해 말하고자 하는 소설적 진실 사이의 거리를 측정하고, 서사기법의 현재적 의미를 찾을 수 있을 거라 생각된다. 두 번째는 〈최척전〉이 구현하고 있는 서사의 시·공간이 확장되어 있다 보니 전란을 배경으로 하며 여성을 형상화한 다른 작품들과 견주어 보는 척도로서 유용하다는 점이다.

〈최척전〉은 초기에 불교적 요소를 발견하는데서 시작하여,[5] 불교적 구원을 읽어내는 논의로까지 발전하였다.[6] 이후 논의들도 불교소설의 테두리에서 고난 극복 과정의 의미를 해명하며 자비와 인간애를 이야기하는 데로 확장시켜 나갔다.[7] 이렇게 〈최척전〉에서 불교적 요소를 찾아내려는 노력이 있는가하면, 불교적 요소가 주제적 차원으로까지 환원되

---

4) 〈최척전〉의 초기 연구에서부터 〈최척전〉이 탁월한 사실성을 보인다는 점에 동의해 왔다. 박일용, 「장르론적 관점에서 본 〈최척전〉의 특징과 소설사적 위상」, 『고전문학연구』 제5집, 한국고전문학회, 1990; "〈최척전〉의 작품적 성취는 역사적 현실의 놀라우리만치 탁월한 반영에 있다." 박희병, 「〈최척전〉 16·7세기 동아시아의 전란과 가족이산」, 김진세 편, 『한국고전소설작품론』, 집문당, 1990.

5) 김기동, 「불교소설 '최척전' 소고」, 『불교학보』 제11권, 동국대학교 불교문화연구소, 1974.

6) 강진옥, 「〈최척전〉에 나타난 고난과 구원의 문제」, 『이화어문논집』 제8권, 이화여자대학교 이화어문학회, 1986.

7) 〈최척전〉에서 불교적 요소를 기능적으로만 이해하는 것을 넘어, 주제 및 의미 생성에 있어 불교적 요소를 중심에 두고 있으며, 동아시아 여러 인물들의 형상에서 포착되는 인간애에 주목한 연구로는 다음이 있다. 김현양, 「〈최척전〉, '희망'과 '연대'의 서사 -'불교적 요소'와 '인간애'의 의미층위에 대한 주제적 해석」, 『열상고전연구』 제24집, 열상고전연구회, 2006.

는 것을 경계하며 전란 속 백성의 참혹한 삶에 주목하는 연구도 이어졌다.[8] 이후 공간적 배경에 주목하여 동아시아 연대, 전란 속 인간애를 그린 소설로까지 평가받고 있다.[9] 인간애와 연대에 방점을 찍는 연구들은 〈최척전〉이 참혹했던 전란의 상황과 17세기의 시대적, 이념적 한계를 훌쩍 뛰어넘었다고 평가한다. 그러는 한편 다른 한쪽에서는 이러한 평가에 의구심을 던지며 작품의 이념적 한계를 짚어내면서 의의를 조명하는 연구도 있다.[10]

최근에는 열녀담론의 자장 속에서 〈최척전〉을 이해하고자 하는 시도가 몇 차례 이뤄졌다. 우선 엄태식은 조위한이 〈최척전〉을 창작하게 된 데에는 열녀담론이 배경이 되며 〈최척전〉은 열녀서사의 서술구조를 따른다고 비판한다.[11] 이처럼 〈최척전〉에 열녀담론의 서사가 강하게 작동한다는 주장과 더불어 열녀담론에 대한 저항서사를 발견할 수 있다는 주장이 있어 서로 팽팽하게 줄다리기를 하고 있다.[12]

이 글은 최근 이루어진 열녀담론과 궤를 같이 하면서도 강조지점을

---

8) 박희병, 「〈최척전〉 16·7세기 동아시아의 전란과 가족이산」.
9) 김현양, 「〈최척전〉, '희망'과 '연대'의 서사 -'불교적 요소'와 '인간애'의 의미층위에 대한 주제적 해석」, 『열상고전연구』 제24집, 열상고전연구회, 2006; 조현설, 「17세기 전기·몽유록에 나타난 타자 연대와 서로주체성의 의미」, 『국문학연구』 제19호, 국문학회, 2009; 진재교, 「월경과 서사 - 동아시아의 서사체험과 "이웃"의 기억」, 『한국한문학연구』 제46집, 한국한문학회, 2010; 최원오, 「17세기 서사문학에 나타난 월경의 양상과 초국적 공간의 출현」, 『고전문학연구』 제36집, 한국고전문학회, 2009.
10) 김경미, 「동아시아적 시각에서 다시 읽는 〈최척전〉·〈김영철전〉」, 『고전문학연구』 제43집, 한국고전문학회, 2013.
11) 엄태식, 「〈최척전〉의 창작배경과 열녀담론」, 『한국고전여성문학연구』 제24권, 한국고전여성문학회, 2012.
12) 장경남, 「17세기 열녀 담론과 소설적 대응」, 『민족문학사연구』 제46호, 민족문학사학회, 2011. 열녀담론의 자장에서 〈최척전〉을 읽는 두 논문 중 후자의 의견에 동의하며, 이를 따르고자 한다.

다른 곳에 두도록 하겠다. 열녀생산이라는 공식기억에 소설 〈최척전〉은 어떤 문제를 제시하고, 작가는 어떤 방법을 통해서 여성을 위무하고 있는지 살펴보는데서 나아가 이러한 서사기법의 현재적 의미를 찾는데 방점을 찍는 것이다.[13]

이 글의 새로움은 작품 이해의 새로움에 있다기보다는 고전소설이 문제를 '해결해나가는 방식'이 오늘날 사회통합에 어떤 방향을 제시해 줄 수 있을지 주목하는데서 발견할 수 있겠다. 즉, 여성을 그리는 작가의 시선, 위무하는 손길에 주목하고, 이러한 시선과 손길의 현재적 의미를 발견하는 것이다. 이를 위해 작품이 갖는 시대적, 이념적 한계를 인정하면서도 여성의 목소리를 듣고자 귀 기울이며, 징후적 독해를 하도록 하겠다.

그렇다면 '지금, 여기'서 왜, 전란 속 여성을 다시 호명하는가? 양란 이후 수백 년의 시간적 거리에도 불구하고 한국사회에서 여성을 배제하는 양상은 여전히 나타나고 있기 때문이다. 오늘날에도 '이중적으로 타자화'되어 '길 위에서 유랑'[14]하는 여성이 한반도 삶의 터전에서 계속 생산

---

13) 선행연구에서 지적되었듯 이 작품 역시 시대적 한계 및 작가의 신분적 한계를 안고 있을 수 있다. 그러나 〈최척전〉의 작가가 그려내고 있는 서사는 전란 상황에서 꺼져가는 생명을 어떻게 해서든 살려내고 있다는 점에서 의의가 있으며, 이 불씨를 시작으로 해서 통합의 상을 그려보고, 오늘날 어떤 시사점을 주는지 찾아보는데 의의가 있다고 본다. 김경미, 「동아시아적 시각에서 다시 읽는 〈최척전〉·〈김영철전〉」, 『고전문학연구』 제43집, 한국고전문학회, 2013; 엄태식, 「〈최척전〉의 창작배경과 열녀담론」, 『한국고전여성문학연구』 제24권, 한국고전여성문학회, 2012; 이종필, 「'행복한 결말'의 출현과 17세기 소설사 전환의 일 양상」, 『고전과 해석』 제10집, 고전문학한문학연구학회, 2011.
14) '길 위의 유랑하는 여성'이라는 표현은 최기숙이 다음 논문에서 사용하였다. 최기숙, 「17세기 고소설에 나타난 여성 인물의 유랑과 축출, 그리고 귀환의 서사」, 『고전문학연구』 제38집, 한국고전문학회, 2010. 또한 한 연구자는 탈북자를 재현한 영화를 분석하는 과정에서 탈북자들이 자리 잡지 못하고 여전히 떠돌고 있는 중이며, 그들이 있는 곳은 '길 위'라고 말하기도 하였다. 김성경·오영숙, 『탈북의 경험과 영화표상』, 문학과학사, 2013, 189쪽.

되고, 존재하고 있다. 한 예로 조선족 여성과 탈북 여성, 위안부 문제와 같이 사회 역사적 상황에서 빚어진 유랑하는 여성이 있다. 이처럼 상처 입은 이들의 존재는 우리가 인간다운 공동체를 지향해야 할 때 반드시 고민해야 하는 지점이다. 그러므로 이 글에서는 전란을 배경으로 하며 여성을 다룬 고전소설이 어떻게 여성을 위무하고 있는지 살펴보고, 오늘날 사회통합의 가능성을 찾아보는 것을 최종적인 목표지점으로 삼는다.

최종 목표지점까지 이르는 길을 대략적으로 제시해 보면, 2장에서는 통합을 위한 작가의 서사기법을 여성, 남성, 사회적 측면으로 나눠 입체적으로 살펴보도록 하겠다. 이 과정에서 〈최척전〉과 비교해 볼 수 있는 다른 작품들과 견주어 가면서 논의를 보강하도록 하겠다. 이후 3장에서는 〈최척전〉이 통합을 위해 제시하고 있는 서사기법이 오늘날 사회통합에 어떤 시사점을 주는지 논의하도록 하겠다. 이후 마지막 4장에서는 처음에 제기했던 문학과 사회통합에 대한 나름의 답을 제시하는 것으로 글을 마무리 하겠다.

2. 〈최척전〉에 나타난 여성의 상처와 위무(慰撫)

〈최척전〉은 전란 속에 헤어졌던 최척과 옥영, 그리고 가족들이 유랑 끝에 모두 남원에서 다시 만나는 이야기로서 고려대본 〈최척전〉의 표제 는 〈기우록(奇遇錄)〉이라고 하여, '기이함(奇異)'을 강조하기도 한다. 정 유재란이라는 역사적 시간을 고려할 때, 〈최척전〉에서 그려지고 있는 전란 속 이별의 고통은 사실적이고 보편적인 것이다. 하지만 최척과 옥영 가족이 다시 만나는 기쁨은 당대 사회에 비춰봤을 때, 특수하기에 기이하다거나 낭만적이라는 평가를 받는다.[15]

이 기이함의 중심에는 남장(男裝)한 옥영이 왜인(倭人)에게 잡히지만 무사히 풀려나고 남장이 들키지 않는다는 것과 옥영이 죽으려 할 때마다 등장하는 장육금불(丈六金佛)이 놓여있다. 아래에서는 열녀담론을 확산하며 여성에게 실제적, 사회적 죽음을 강요하던 사회에 맞선 작가가 어떤 서사기법을 통해 살아남은 여성의 삶에 정당성을 부여하는지 살펴보도록 하겠다.

1) 상징계 밖 존재를 통한 욕망 발화

〈최척전〉의 옥영은 최척과 결연하는 과정에서 최척에게 먼저 〈표유매(摽有梅)〉[16]를 통해 마음을 던질 정도로 자신의 욕망 표현에 적극적인 여성이다. 옥영은 자신이 원하는 욕망이 무엇인지 알고 있으며, 이를 최척은 물론 다른 사람들에게 적극적으로 발화한다. 이후 어렵사리 최척과 결연하게 된 옥영은 첫째 아들 몽석을 낳고 행복한 나날을 보내지만 1597년 정유재란이 일어나는 바람에 남편을 비롯한 가족과 헤어지게 된다. 그렇다면 이렇게 자기 욕망에 적극적이었던 옥영은 전란 상황에서 어떻게 그려질까?

---

15) "〈최척전〉의 후반부에서는 앞에서 말한 바처럼 설화의 그것과 마찬가지로 등장인물들의 기이한 해후에 서술의 초점이 맞추어진다. 그 결과 서사세계의 내용은 전반부의 그것(사실주의적 구성-인용자)과 달리 낭만적인 구성을 취하게 된다." 박일용, 「장르론적 관점에서 본 〈최척전〉의 특징과 소설사적 위상」, 『고전문학연구』 제5집, 한국고전문학회, 1990, 93쪽.

16) 『시경(詩經)』 「소남(召南)」에 있는 시이다. 마지막 장의 내용은 "摽有梅, 頃筐墍之. 求我庶士, 迨其謂之(떨어지려는 매화를 광주리에 그냥 주워 담네. 제게 구혼할 낭군이여, 지금 말만 하세요)."이다. 이상구 역주, 『17세기 애정전기소설』, 월인, 2003, 200쪽 각주 참고.

옥영은 물에 빠져 죽으려고 두세 번 바다에 뛰어 들었으나, 사람들이
번번이 구출해서 결국 죽지 못하고 말았다. 어느 날 저녁이었다. 옥영의
꿈에 장육금불이 나타나 분명하게 말했다. "삼가 죽지 않도록 해라. 후에
반드시 기쁜 일이 있을 것이다." 옥영은 깨어나 그 꿈을 기억해 내고는
전혀 희망이 없는 것은 아니라고 생각했다. 그래서 마침내 억지로라도 밥
을 먹으며 죽지 않고 살아남았다. 216~217쪽.

옥영은 남편 최척과 이별한 직후, 또는 남편이 먼저 죽었다고 생각될
때마다 목을 매거나 바다에 빠지며 자살시도를 한다.[17] 이러한 옥영의 모
습은 이전 〈열녀전(烈女傳)〉이나 『삼강행실도(三綱行實圖)』에 나오는 열녀
자살을 오버랩(overlap)시킨다. 전란 상황에서 옥영의 자살 행위를 옥영
개인의 성격적 특성으로 이해해볼 수도 있지만, 이 글에서는 옥영의 자살
시도를 사회적으로 체화된 이데올로기가 발로한 것으로 읽으려 한다.[18]
비록 옥영이 자신의 욕망에 적극적인 여성이었다고 하더라도 전란 상
황에서 남편을 잃고, 자살하려는 행위는 열녀담론이 확장되던 당내 이
데올로기적 자장에서 사고할 때, 자동화된 의식, 신체화된 이념으로 자
연스러운 행위이자 당연한 행위라고 볼 수 있다.[19] 더욱이 문학사적으

---

17) 옥영이 스스로 목숨을 끊으려고 하는 장면은 총 5번 나온다. ① 어머니 심씨
가 양생과 혼인을 진행할 때 ② 정유재란으로 가족과 헤어져 일본 상인 돈우
에게 붙잡힌 뒤 ③ 최척이 다시 서기로 뽑혀 떠나게 되었을 때 ④ 최척이 죽
었다고 생각 한 뒤 ⑤ 해적을 만나 모든 것을 빼앗겨 버린 뒤.

18) 이전까지 대부분의 선행연구에서는 옥영의 자살시도를 전란 중 희망을 잃은
절망적인 상태에서 이뤄진 옥영의 선택이라고 보고 있다. 하지만 서사 초반
부 적극적이었던 옥영의 성격을 생각할 때 이러한 선택은 다소 의아함을 낳
는다. 또한 조위한이 〈최척전〉을 지을 당시 전란 속 여성들은 정절을 지키기
위해 스스로 목숨을 끊는다는 점, 조위한의 동생 조찬한의 부인 유씨 역시 정
절을 지키기 위해 스스로 목숨을 끊었다는 점을 고려할 때, 옥영의 자살 역시
열녀담론의 자장 속에서 이해해 볼 수 있을 것이다. 이러한 해석의 시도는 장
경남에 의해 시도되었다. 장경남, 「17세기 열녀 담론과 소설적 대응」, 『민족
문학사연구』 제46호, 민족문학사학회, 2011.

로 볼 때, 〈최척전〉 이전 애정전기소설의 서사문법과 관습에 따르면 옥
영은 정절을 지키다 죽은 후, 한 맺힌 귀신이 되어 남편 최척 앞에 나타
나서 자신의 욕망을 푸는 것이 적절한 수순일 것이다.[20]

하지만 〈최척전〉의 작가는 장육금불을 통해 여주인공이 죽지 못하게
하고 있다.[21] 옥영이 자살을 시도할 때마다 옥영의 꿈속에 장육금불이
나타나, 죽지 않고 희망을 갖게 한다. 여성인 옥영의 꿈속에만 나타나는
장육금불은 몽석과 몽선을 낳을 때 2번, 자살시도 할 때 3번 나타난다.
장육금불이 나타나는 장면은 모두 '생명'과 관련이 있다. 몽석과 몽선이
라는 새생명의 탄생을 예지하고, 옥영이 죽으려고 할 때마다 나타나 '살
리는 것'이다.[22] 이러한 장육금불의 서사적 기능은 적극적으로 욕망하

---

19) 〈홍도이야기〉가 실린 유몽인의 야담집 『어우야담(於于野談)』을 보면 〈홍도이
   야기〉 전후에는 임진왜란 당시 정절을 지키기 위해 자살한 여인, 관기 논개
   류의 기생 절의 이야기가 배치되어 있다. 『어우야담』에서 전란 속 여성이 자
   살을 시도하는 시점을 보면 옥영이 자살을 시도하는 시점과 유사하다는 것을
   알 수 있다. 대표적으로 〈왜구에게 몰살당한 한씨 일가〉, 〈곽준 일가의 절의〉
   등에서 이러한 모습이 잘 나타난다. 유몽인 지음, 신익철 외 옮김, 『어우야담
   (於于野談)』, 돌베개, 2009.
20) 〈최척전〉 이전의 애정전기소설인 〈이생규장전(李生窺墻傳)〉과 〈만복사저포기
   (萬福寺樗蒲記)〉에서 여성 주인공은 전란이 발생하자, 정절을 지키기 위해 죽
   은 후, 귀신이 되어 남성 주인공 앞에 나타나 자신의 욕망을 발화하는 서사구
   조를 취한다.
21) 〈최척전〉을 분석 텍스트로 삼는 연구의 대다수가 장육금불의 의미를 밝히려
   고 노력했다. 이들 연구 중에서도 장육금불의 의미를 밝히는데 초점화한 연
   구는 다음과 같다. 신해진, 「〈최척전〉에서의 장육불의 기능과 의미」, 『어문논
   집』 제35권, 안암어문학회, 1996.
22) 옥영은 항주에서 관군(官軍)이 함몰되었다는 소식을 들었다. 최척도 진중에서
   반드시 죽었을 것이라고 생각하고 밤낮으로 통곡하다가, 마침내 자결하기로
   결심을 하였다. 그런데 갑자기 꿈속에 장육금불이 나타나 말했다. "삼가 죽지
   않도록 하거라. 뒤에 반드시 기쁜 일이 있으리라." 이상구 역주, 『17세기 애정
   전기소설』, 월인, 2003, 230~231쪽.
   옥영이 해안으로 올라가 바다에 투신하려고 하자, 아들과 며느리가 함께 만
   류하여 물속에 빠질 수가 없었다. … "기운이 빠지고 몸이 피곤하여 문득 정
   신없이 잠이 들었는데, 꿈에 장육금불께서 또 좋은 징조를 아뢰니 참 이상하

는 옥영 스스로의 자기암시이자, 자신의 살고 싶은 욕망을 장육금불을
통해 말하고 있는 것이라 보았다. 즉, 장육금불의 출현을 옥영의 생명
성, 살고자 하는 욕망과 관련지어 이해하려는 것이다. 남편이 죽었을 가
능성이 큰 상황에서 옥영 자신의 목소리로 살고 싶다고, 살아가야 한다
고 말할 사회적 조건이 뒷받침되지 못하기에, 장육금불의 목소리를 통
해서 대신 발화하고 있다.

옥영은 당대 여성처럼 정절을 잃었을 경우 죽어야 한다는 자기 검열
기제를 갖고 있었으나, 살고자 하는 자신의 욕망 또한 컸다. 가부장적
사회에서, 그것도 전란 상황에서 살고 싶다는, 살아남아야 한다는 여성
의 욕망은 금기된 욕망이었다. 이에 작가는 유교 이데올로기에 포섭되
지 않는 장육금불이라는 존재를 통해 살고자 하는 옥영의 욕망을 대신
말해주고 있다. 작가는 옥영을 당대의 다른 여성처럼, 이를 테면 자신의
동생 부인 유씨[23]처럼 자살로 죽게 할 수 없었다.[24]

이처럼 옥영 스스로 자신의 욕망을 말할 수 없는 사회직 조건에 놓였
기에 다른 존재를 통해 대신 말하게 하는 것이다. 작가는 조선사회의 금

구나." 이상구 역주, 위의 책, 236~237쪽.

23) 조위한이라는 작가가 놓인 시대사적 위치, 그가 몸소 겪은 역사적 체험은 파
란만장하다. 선조 때 임진왜란, 광해군 때 계축옥사, 인조 때 병자호란을 겪
으면서 시대의 격동을 온몸으로 살아냈던 인물이다. 또한 조위한은 26살 때
임진왜란을 만나 피난 다니면서 어린 딸을 잃었고, 28살 때 남원에서 피난하
던 중 어머니와 사별했으며, 31살 때 정유재란으로 아내인 남양 홍씨와 사별
하였다.
또한 아우 조찬한의 첫 번째 부인인 고흥 유씨의 순사(殉死)를 목도하기도 했
다. 조찬한의 부인 유씨는 정절을 지키기 위해 세 번이나 물에 빠져 죽으려
했으나 여종이 말리는 바람에 실행하지 못했다고 말했다. 하지만 결국 자결
했고 이를 직접 목도한 조위한의 실제 경험을 바탕으로 할 때, 옥영의 죽음은
당시 여성에게 보편적인 자동화된 사고라고 할 수 있다. 민영대, 『조위한의
삶과 문학』, 국학자료원, 2000, 38~81쪽; 157~160쪽.

24) 옥영이 죽고자하는 것은 조위한 동생의 아내 유씨가 죽고자 한 것과 동일한
신체화된 메커니즘이 작동한 것으로 해석하고자 한다.

기를 어기기 위해 조선사회의 이데올로기 밖 장육금불을 등장시키는 것
이다. 그리고 장육금불의 말을 통해 전달되는 것은 옥영 자신의 삶에 대
한 의지이자, 살고 싶다는 욕망으로 압축할 수 있다.

　이때, 주목할 지점은 상징계의 언어가 아닌 상징계 밖 존재의 언어로
말한다는 것이다. 사실 전란 속 여성의 죽음은 실제 죽음이기도 하지만,
살아있다 하더라도 상징계에서 배제되는 죽음과도 같은 삶이라 할 수
있다. 그렇기 때문에 공식적인 언어인 상징계의 언어로는 말을 할 수 없
기에 상징계 밖의 존재를 통해 또는 언어 이외의 방법으로 살고 싶은 욕
망을 표출한다.25) 전란 중 여성이 겪은 역사적 고통은 공식기억이 아닌
목소리 등 감각적 경험으로, 문자화할 수 없는 이미지로, 의식화될 수
없는 몸의 언어로 표현된다. 이러한 서사기법은 병자호란을 배경으로
하는 〈강도몽유록〉26)에서도 찾아 볼 수 있다.

　　"저는 기녀입니다. … 여러분의 높은 절의와 아름다운 지조는 하늘이
　　반드시 감동할 것이요, 사람이 반드시 탄복할 것입니다. 그렇다면 죽어도
　　죽은 것이 아니니 무슨 한이 있겠습니까? 강도가 함락되고 남한산성이 위
　　급해지자 임금이 어떠한 능욕을 당했습니까? 나라의 수치가 이처럼 컸지
　　만 충성스러운 신하는 만에 하나도 없었습니다. 그러나 여기 계신 부인들
　　은 영예로운 죽음을 택하셨으니 무슨 서글픔이 있겠습니까?" 이 말에 좌

25) 최기숙은 〈최척전〉, 〈숙향전〉, 〈사씨남정기〉의 여성 주인공이 집으로 귀환하
　　기까지의 여정에서 장육금불을 만나거나, 이계 체험을 하거나, 꿈을 꾼 후 희
　　망을 얻는다는 점에 주목한다. 그러면서 여성의 고통과 욕망이 외적으로는
　　'묶음처리'되었고, 내적으로는 '억압'되었을 가능성을 읽어낸다. 최기숙, 「17세
　　기 고소설에 나타난 여성 인물의 유랑과 축출, 그리고 귀환의 서사」, 『고전문
　　학연구』 제38집, 한국고전문학회, 2010.
26) 〈강도몽유록〉은 작자 미상의 한문소설로서, 병자호란 때 강화도에서 정절을
　　지키기 위해 자결한 여성 14명이 청허선사의 꿈에 나타나 남성 사대부의 무
　　능함을 비판하고 있다. 박희병·정길수 편역, 『이상한 나라의 꿈』, 돌베개,
　　2013. 본문에서 내용을 인용할 때 페이지 수만 적도록 하겠다.

중의 여인들이 일시에 통곡했다. 그 통곡소리가 너무도 참담해서 차마 들
을 수 없었다. (인용자 강조, 이하 동일) 103~104쪽.

〈강도몽유록〉에서는 병자호란 당시 강화도에서 죽은 14명의 여인이
귀신이 되어 나타나 한 사람씩 돌아가며 자신이 죽게 된 원인을 절의(節
義)를 지키지 못한 조선 사대부 남성에게서 찾으며 이들을 비판한다.27)
그러는 한편, 발화표면에서는 정절을 지키기 위해 죽은 자신들의 선택
에 만족해하고 있다.28) 그러나 마지막 14번째 여인인 기생이 앞서 13명
의 사대부 여인의 죽음을 칭송하자 좌중에 있던 여인들은 일제히 통곡
하기 시작한다. 〈강도몽유록〉 전체에서 여인들이 당대의 정절 이데올로
기를 근거로 자신의 죽음을 논리적으로 정당화하려 했지만, 결국 이들
은 자신의 죽음에 목 놓아 울게 되었다. 말하지 못하고 울음으로 삼키는
말이 있으며, 이때 여성들이 울음으로 말하는 내용이 진실이라 볼 수 있
다.29) 정절 이데올로기로 목소리를 급하게 봉합해버리지만, 그 틈새로

27) 〈강도몽유록〉의 관심이 여성 자체에 대한 것이라기보다는, 반대 당파를 비난
하기 위해 여성을 대상화, 수단화하였다는 비판이 있을 수 있으며, 이렇게 읽
을 가능성도 있다. 하지만 정치적 반대당파를 위해 여성을 활용한 측면이 있
더라도, 일정 정도 고통 받는 자의 진실을 드러냈다고 생각된다. 이 글에서는
〈강도몽유록〉이 갖는 한계를 일정 정도 인정하고, 한계를 지적하는 연구 역
시 수용하지만 이에 동조하기보다는 여성이 받는 고통의 진실이 얼마나 드러
났는지에 관심을 갖는다.
28) 연구사에서 〈강도몽유록〉의 평가 역시 스펙트럼이 다양하다. 김일환, 「숨긴
것과 드러낸 것 "변호"의 텍스트로 〈강도몽유록〉 다시 읽기」(『민족문학사연
구』 제51호, 민족문학사학회, 2013)에서부터 조혜란, 「〈강도몽유록〉 연구」
(『고소설연구』 제11집, 한국고소설학회, 2001)에 이르기까지 양방향에서 논의
가 이뤄지고 있으며, 이 중간에서 한계와 의의를 함께 논의하는 연구로 정충
권, 「〈강도몽유록〉에 나타난 역사적 상처와 형상화 방식」(『한국문학논총』 제
45집, 한국문학회, 2007)와 김정녀, 「몽유록의 공간들과 기억」(『우리어문연구』
제41집, 우리어문학회, 2011), 김정녀, 「병자호란의 책임 논쟁과 기억의 서사」
(『한국학연구』 제35집, 고려대학교 한국학연구소, 2010)가 있다.
29) 조혜란(2001)은 〈강도몽유록〉에서 청각적인 울음소리와 함께 시각적인 묘사

균열을 야기하며 강화도 전체를, 조선사회 전체를 울리는 통곡소리가
있는 것이다.[30]

2) 여성에게 배려의 미덕을 보이는 가부장

지금까지 1절에서는 작가가 어떤 정당성을 부여하며 여성 주인공 옥
영을 살리는지 살펴보았다. 2절에서는 〈최척전〉의 다른 한 축인 최척의
여정을 따라가면서, 남편 최척이 어떻게 옥영을 대하는지 살펴보도록
하겠다. 정유재란으로 가족을 잃었다고 생각한 최척 역시 자살 시도를
하지만, 주위사람들의 만류로 죽을 수도 없었다. 이후 최척은 더 이상의
자살시도 없이 살아가기에 그에게는 장육금불이 등장하지 않는다. 가족
이 모두 죽었다고 생각해 실의에 빠져있던 최척은 명나라 장수 여유문
을 만나 그에게 자신의 이야기를 하고는 그와 함께 중국 소흥부(紹興府)
로 가 살게 되었다.

> 이때 최척은 소흥부에 살면서 여공과 의형제를 맺었다. 여공이 자신의
> 누이를 최척에게 시집보내려 하자, 최척이 완고하게 사양하며 말했다.
> "저는 온 집안이 왜적에게 함몰되어 늙으신 아버지와 허약한 아내가 살았
> 는지 죽었는지 아직까지 모르고 있습니다. 그래서 죽을 때까지 상복(喪
> 服)을 벗을 수 없을 지도 모르는데, 어떻게 마음 놓고 아내를 얻어 편안
> 한 생활을 꾀할 수 있겠습니까?" 217쪽.

역시 여성들의 죽음이 얼마나 참혹했는지 알게 한다고 평가하며 '여성 인물
의 참상'과 '소리를 통한 비극적 정조(情調)'에 주목하였다.
30) "소리의 증폭은 곧 감정의 폭발이다. 마지막의 한바탕 울음은 해소되지 않은
원망(怨望)의 비극적 표출이며, 그녀들의 원한이 아직도 풀리지 않았음을 시
사하는 장치인 셈이다." 조혜란, 「〈강도몽유록〉 연구」, 『고소설연구』 제11집,
한국고소설학회, 2001, 340쪽.

최척은 여유문과 의형제를 맺어 살았고, 여유문은 최척에게 자신의 여동생과 결혼할 것을 제안하지만 최척은 정중히 거절한다. 최척의 거절을 서사 후반부에서 옥영과의 극적인 만남을 위한 필연성 또는 개연성을 위한 서사기법라고 이해할 수 있다. 한편에서는 서사 초반부에 보여주었던 옥영과 최척의 부부애를 강조하기 위함일 수도 있다.

그러나 정유재란을 배경으로 하는 다른 작품인 〈김영철전〉31)에서 김영철이 보여주었던 상황과 비교해 보면, 최척의 이러한 행동은 여성을 고려한 작가의 배려라고 볼 수 있다. 〈김영철전〉은 전쟁 포로로 붙잡혀 갔던 김영철이 조선으로 돌아오기까지 수난을 그리고 있다. 이 과정에서 김영철은 자의에서건 타의에서건 건주에서 한 번, 등주에서 한 번씩 총 2번 결혼하고 가정을 꾸리지만 고향 조선, 가문을 향한 집념을 버리지 못해, 건주, 등주에서 꾸린 가족들을 버리고 고향으로 온다.

김영철 역시 전란의 피해자라는 사실을 부정하지는 못하지만 김영철이 조선으로 돌아오는 과정에서 타국(他國) 여성은 버림받는 서사가 연출된다는 점이 문제적이라 할 수 있다. 이때, 전쟁 상황 속 가족해체를 겪은 남성이 새로운 가정을 꾸리는 것이 '옳다, 그르다' 이분법적으로 나눠, 가치평가를 하려는 것이 아니다. 단지 최척이 보여주는 옥영에 대한 의리를 여성을 가부장 사회에 종속시키지 않는 배려로 읽으려는 것이다. 여유문의 제안을 거절하는 최척의 논리는 아내의 생사도 모르는 채 다른 여인과 재혼해서는 안 되다는 것이다. 최척이 재혼을 하지 않았기 때문에 이후 옥영과 만났을 때, 여유문의 여동생을 또 다른 희생자로 만

---

31) 〈김영철전〉의 이본과 선본, 그리고 작자 논란에 대한 연구는 이 글에서 초점을 맞추고자 하는 바와 거리가 있으므로, 선행연구에 기대어 가며 따로 언급하지 않도록 하겠다. 이와 관련해서는 권혁래, 「〈김영철전〉의 작가와 작가의식」,『고소설연구』제22집, 한국고소설학회, 2006; 송하준, 「새로 발견된 한문 필사본 〈김영철전〉의 자료적 가치」,『고소설연구』제35집, 한국고소설학회, 2013.

들지 않을 수 있었다. 이처럼 〈최척전〉의 작가는 최척을 통해 여성에 대한 배려의 윤리를 실천하고 있으며, 최척이 전쟁의 피해자에서 다시 전쟁의 가해자가 되는 순환의 고리를 애초에 끊어버리는 것이다.

최척은 가부장적 사고의 틀 속에서 가문을 잘 이어가야 한다는 의무에서 보다 자유롭다는 인상을 준다. 이는 병자호란 때 강화가 함락되자, 가문의 여성들을 협박하여 죽게 하는 상황을 연출하거나, 포로로 잡혀갔던 여성이 조선으로 돌아왔을 때, 가문을 더럽혔다는 이유로 이혼하려고 했던(그리고 결국 이혼을 한) 이후 시대상과 대조된다.[32] 기존에 부부애로 강조되어 왔던 최척의 태도를 개인적인 차원의 부부애를 넘어 사회제도적인 차원에서 이해하고, 가부장제에 그리고 가문 안에 여성을 종속시키려 하지 않은 여성에 대한 배려라는 긍정적인 면모를 찾아 볼 수 있을 것이다.

3) 슬퍼할 줄 아는 사람들과의 만남

최척과 옥영은 일본, 중국, 안남 등 여러 낯선 지역을 유랑하는 데 문화적으로 다른 낯선 공간과 사람들을 언급할 만하나 낯섦에 대해서는 일언반구(一言半句)도 묘사되지 않았다. 물론 이들에게 전쟁이라는 상황이 주는 비인간적인 낯섦이 더 컸기에 문화적 공간이 주는 낯섦이 언급되지 않는 것이다. 〈최척전〉의 작가는 낯선 공간에서 만나는 낯선 사람을 배타적인 시각으로 바라보며, 부정적으로 형상화하는 대신 서로의 아픔을 공유할 수 있는 사람들로 그리고 있다. 작가는 어수선한 전란의

---

32) 장유(張維, 1587~1638)는 병자호란 후 외아들 장선징의 처인 며느리 한씨가 청나라에 끌려갔다가 속환되어 돌아오자 인조에게 상소를 올려 아들과 한씨를 이혼하게 해 달라고 청했으나 인조가 이를 허락하지 않았다. 《조선왕조실록》 인조 36권, 16년(1638 무인/ 명 숭정(崇禎) 11년) 3월 11일(갑술) 2번째 기사.

상황, 일상과 다른 낯선 정황을 묘사하기보다는 이들을 살려준 특별한
사람들에 주목한다.

> 최척은 그 장수(여유문-인용자)에게 자기 집안이 전몰(全沒)하게 된 사
> 실을 이야기하고, 또 자기 한 몸마저 의탁할 곳이 없어 함께 중국으로 들
> 어가 목숨이나 부지했으면 좋겠다고 호소하였다. **장수는 최척의 말을 듣**
> **고 슬퍼하였으며, 또 최척의 뜻을 불쌍하게 여겨 말했다.** "… 인생이란 서
> 로의 마음을 알아주는 것이 소중하니, 가고 아니 가고는 그대의 뜻대로
> 하시오. …" 215쪽.

> 이때 옥영은 왜병인 돈우(頓于)에게 붙들렸는데, 돈우는 인자한 사람
> 으로 살생을 좋아하지 않았다. 그는 본래 부처님을 섬기면서 장사를 업으
> 로 삼고 있었으나, 배를 잘 저었기 때문에 왜장(倭將)인 평행장(平行長)이
> 뱃사공의 우두머리로 삼아 데려왔던 것이다. 돈우는 옥영의 영특한 면모
> 를 사랑하였다. **옥영이 붙들린 채 두려움에 떠는 것을 보고 좋은 옷을 입**
> **히고 맛있는 음식을 먹이면서 옥영의 마음을 달랬었다.** 그러나 옥영이 여
> 자인 줄은 끝내 몰랐다. 216쪽.

> 돈우는 **더욱 불쌍하게 생각하여** 옥영에게 사우(沙于)라는 이름을 지어
> 주었다. 217쪽.

작품에서는 최척과 옥영을 도와주는 타국 백성들이 많다. 최척을 도
와주는 여유문과 주우를 비롯해서, 남장을 한 탓에 비록 옥영이 여성인
것을 몰랐지만 도와주는 돈우의 모습을 만날 수 있다.[33] 이러한 모습에

---

33) 최척이 아내 옥영을 돈우로부터 데려오기 위해 돈을 건네자, 돈우는 오히려
　　돈을 주면서 옥영과의 이별을 슬퍼한다. 돈우는 즉시 주머니 속에서 은자 10
　　냥을 꺼내어, 전별금으로 주면서 말했다. "4년을 함께 살다가 하루아침에 이
　　별하게 되니, 슬픈 마음에 가슴이 저리기만 하오. 온갖 고생 끝에 살아남아
　　다시 배우자를 만나게 된 것은 실로 기이한 일이며, 이 세상에는 없었던 일일

주목한 선행연구에서는 공간을 초월한 동아시아 연대의 의미를 부각하기도 하였다.[34] 옥영과 최척이 안남(베트남)에서 재회할 때, 모든 사람들이 이들의 고통을 함께 나눠주고, 기쁨을 함께하고 있다. 물론 이들이 고통을 함께 나눌 수 있는 것은 이들 역시 전란 속에서 삶을 살아가는 피해자이며, 공통의 경험을 매개로 하기 때문이다. 이런 사람들이 놓치지 않은 것은 인간 생명의 존중과 타인의 고통에 대한 연대이다. 전란의 고통 속에서 최척과 옥영이 전란을 이겨낼 수 있었던 것은 인간애를 바탕으로 한 주변의 수많은 사람들의 도움 덕분이다.

이때 눈길이 가는 인물이 바로 왜인 돈우이다. 돈우는 조선을 침략한 일본인 뱃사공이다. 그럼에도 돈우를 형상화하는 작가는 그를 전쟁의 가해자로 몰아붙이거나 적대감을 가진 채 부정적으로 그리지 않는다.[35]

것이오. 내가 그대를 막는다면 하늘이 반드시 나를 미워할 것이오. … " 이상구 역주, 『17세기 애정전기소설』, 월인, 2003, 222쪽.

34) "최척과 옥영은 실로 수많은 사람들의 인정(人情)으로 삶을 유지할 수 있었으며, 재회할 수 있었다. 이처럼 전란의 고통 속에서 최척과 옥영은 그 자신의 의지와 노력만으로 그 고통을 넘어설 수 있었던 것은 아니었다. 전란에 얽혀 있던 동아시아의 수많은 사람들의 '인간애'를 바탕으로 최척과 옥영 일가의 그 기이한 만남은 이루어질 수 있었던 것이며, 그러므로 이 '인간애'는 재회의 또 다른 추동력이라 말할 수 있는 것이다." 김현양, 「〈최척전〉, '희망'과 '연대'의 서사 -'불교적 요소'와 '인간애'의 의미층위에 대한 주제적 해석」, 『열상고전연구』 제24집, 열상고전연구회, 2006, 86쪽; 진재교, 조현설 역시 이러한 '연대'를 〈강도몽유록〉, 〈운영전〉에서도 읽어나가며 전란이후 17세기 소설에 나타나는 하나의 '징후'로 읽고 있다. 조현설, 「17세기 전기 · 몽유록에 나타난 타자 연대와 서로주체성의 의미」, 『국문학연구』 제19호, 국문학회, 2009.

35) "〈최척전〉의 '인간애'는 국가(혹은 민족)의 경계를 가로지르며 실현되고 있다. 일본인 돈우의 형상이 대표적이라 할 수 있다. 최척 일가의 삶을 파탄 낸, 전란의 원흉(元兇)이라 할 수 있는 왜인임에도 불구하고, 돈우의 형상에는 어떠한 원망이나 증오의 시선도 개입되고 있지 않다. 증오와 복수의 감정으로 왜국(倭國)과 왜인(倭人)을 부정적으로 형상화했던 〈임진록〉의 시선과는 전혀 동떨어져 있는 것이다." 김현양, 「〈최척전〉, '희망'과 '연대'의 서사 -'불교적 요소'와 '인간애'의 의미층위에 대한 주제적 해석」, 『열상고전연구』 제24집, 열상고전연구회, 2006, 94쪽.

작가는 배타적인 시선으로 일본인을 보고 있지 않으며, 돈우 역시 전쟁의 또 다른 피해자라는 의식을 갖고 있었다. 이는 돈우뿐만 아니라 명나라 장수 여유문, 늙은 호병(胡兵)을 형상화하는 시각에서도 발견된다. 낯설고 위협적인 상대가 아니라 아픔을 공유하며, 최척과 옥영의 일을 자기 일처럼 생각해 적극적으로 도와주는 인물로 묘사되는 것이다.[36]

〈최척전〉에 등장하는 인물들뿐만 아니라 〈강도몽유록〉에 나오는 청허선사(淸虛禪師) 역시 인간애를 바탕으로 전쟁에 죽은 이들을 가엽게 여기고 있다. 〈강도몽유록〉에서 죽은 14명 여인의 이야기를 꿈속에서나마 들을 수 있는 사람은 이들의 시신을 수습해 주기 위해 강화에 들어간 청허선사이다. 청허선사가 고통에 예민하고, 공감력이 풍부했기 때문에 강화 함락과 함께 자결한 14명의 여인이 그의 꿈속에 나타나는 것이다. 청허선사를 소개하는 장면을 보면 다음과 같다.

> 적멸사(寂滅寺 -충청북도 충주시 達川가에 있던 절로 추정)에 선사(禪師)가 있었는데, 법명은 '청허(淸虛)'였다. 본성이 어질고 자애로우며 마음이 자비롭기 그지없어 추위에 떨고 있는 사람을 보면 옷을 주었고, 굶주린 사람을 보면 먹을 것을 주었다. 그리하여 사람들 모두가 청허를 대한(大寒)에 부는 봄바람이라 생각했고, 엎어 놓은 접시 속처럼 빛이 안 드는 곳까지 환히 비추어 주는 해와 같다고 여겼다. (…) 청허선사는 주인 없는 시신을 가련히 여겨 수습해 줄 생각으로 버드나무 가지를 든 채 날 듯이 강을 건넜다. 81~82쪽.

청허선사를 '대한(大寒)에 부는 봄바람', '빛이 안 드는 곳까지 환히 비추는 해'에 비유함으로써 몽유자의 따뜻한 마음씨가 강조되고 있는데, 몽유자의 심성(心性)이 이와 같이 길게 묘사된 몽유록은 찾아보기 어렵

---

36) 김현양, 「〈최척전〉, '희망'과 '연대'의 서사 -'불교적 요소'와 '인간애'의 의미층위에 대한 주제적 해석」, 『열상고전연구』 제24집, 열상고전연구회, 2006, 93~94쪽.

다. 청허선사가 충분히 자신들의 이야기에 슬퍼할 수 있는 능력을 가졌다고 여겼기에 14명의 여인 역시 그의 꿈속에 나타난 것이다. 이처럼 따뜻한 심성을 가진 몽유자의 꿈속에 14명의 여성이 한 자리에 나타나 한목소리로 이야기를 할 수 있다는 것은 연대를 추동하는 힘 가운데 고통에 대한 감수성이 있음을 알 수 있다. 여성의 고통에 대해 민감한 감수성은 연대를 위한 필요조건이라 할 수 있다.

3. 사회적 죽음을 맞은 여성을 살려내는 통합 방안

〈최척전〉으로부터 현재 문제를 해결할 수 있는 직접적인 방안을 찾을 수 있는 것도, 이를 현재 상황에 일대일로 적용하는 것도 쉬운 일은 아니다. 그러나 〈최척전〉의 작가가 보여주었던 위무의 손길과 따뜻한 눈길이 오늘날 사회통합의 길을 마련하는데 어떤 도움을 줄 수 있는지 고민하는 장을 마련하고자 한다. 2장에서는 여성, 남성, 사회라는 세 가지 측면으로 나눠 여성에 대한 시각을 살펴보았다. 3장에서는 2장에서 살펴보았던 서사기법 중에서 여성을 포함하는 사회통합을 구현하는데 있어 핵심적인 서사기법이라 여겨지는 여성의 발화와 이에 대한 응답과 연대의 두 축을 중심에 두고 오늘날 통합 방안 마련에 어떤 시사점을 주는지 살펴보겠다.

1) 고통의 증언이 가능한 사회적 토양 마련

〈최척전〉에서 옥영이 자살시도를 할 때마다 꿈속에 나타나는 장육금불과 〈강도몽유록〉에서 여성들의 참혹한 통곡소리에 주목했다. 그리고 이들 서사기법을 전란 상황에서 음소거 된 여성들의 살고자 하는 욕망, 억울한 죽음에 대한 원망이 상징계 밖의 다른 표현 수단을 통해 발화되는 과정이라 보았다. 즉, 여성의 욕망과 원망의 목소리를 억압하는 가부장 사회를 대신하여 여성의 살고자 하는 욕망과 목소리를 긍정하는 서사기법으로 읽은 것이다.[37]

그러나 꿈속에만 나타나는 장육금불은 상징계 밖의 존재이며, 통곡소리 역시 형언(形言)할 수 없어 상징계 언어에 포착되기 어렵다는 특징을 공통분모로 취한다. 장육금불과 통곡소리의 상징적 의미를 오늘날의 의미로 치환하자면, 여성의 고통스러운 목소리, 생명의 욕망을 억압하는 것이 아니라 긍정하고 들어주는 사회 문화적 · 정치 제도적 기반 마련의 요청이라 할 수 있겠다.

이제까지 우리 사회는 고통 받는 여성이 외치는 고통의 목소리에 귀 기울이기보다는 귀를 막아왔으며 동시에 그들의 입마저 막아온 경향이 있다. 또한 이들에 대한 기억은 공적기억의 위세에 눌려 언표되지 못한 채 침묵 당한 수동적 기억으로 남아있다. 그런데 치유의 시작은 고통당한 이들의 '증언'과 함께 이뤄진다. 고통의 목소리에 대해 침묵을 강요해 온 경우는 위안부 사례를 통해 확인할 수 있으며, 이를 중심에 두고 이야기하도록 하겠다.

위안부 할머니의 경우 자신의 잘못이 아니라 식민지 상황에서 불가피

---

37) 상징계 밖의 존재인 여성 '원귀(冤鬼)'의 형상을 등장하여, 이야기를 전개시키는 서사기법은 구비문학, 고전소설에서부터 위안부 문제를 다룬 현대소설에 이르기까지 계승되고 있다. 각 장르별 여성원귀의 모습과 이들이 해원하는 과정을 분석한 연구로는 다음을 참고할 수 있겠다. 조현설, 「원귀의 해원 형식과 구조의 안팎」, 『한국고전여성문학연구』 제7권, 한국고전여성문학회, 2003; 조현설, 「남성지배와 〈장화홍련전〉의 여성형상」, 『민족문학사연구』 제15호, 민족문학사학회, 1999; 이소희, 「〈종군위안부〉와 〈제스처 인생〉 비교: 위안부 유령의 재현을 중심으로」, 『인문학연구』 제8호, 경희대학교 인문학연구소, 2004.

하게 겪은 수난임을 사회적으로 확인받는 과정에서 치유 효과를 얻을 수 있다. 증언의 과정을 통해 자신의 고통스러운 과거가 개인이 혼자 짊어져야 하는 문제가 아니라 역사적이고 사회적인 문제로 보게 만드는 것이다. 그러므로 위안부가 자신의 피해를 호소할 공식적 통로인 사회적 증언이 가능해야 하겠다.

역사적으로 볼 때, 위안부 할머니의 고통은 해방된 이후 공적인 담론 영역에서 논의되기 어려웠고, 그로 인해 공식기억으로 부각되는 것 역시 생각조차하기 힘들었다. '위안부'라는 단어자체가 기휘(忌諱)되어 왔음은 물론 이들이 겪은 경험과 상처는 순결 이데올로기라는 자장에 묶여 금기시되면서 가장 가까운 가족들에게조차 꺼내놓기 어려운 일이 되었다. 가장 가까운 이들에게조차 꺼내놓지 못한 이야기가 그들을 더욱 괴롭게 했으며, 역사적 진실을 개인이 고스란히 떠안고 살아가야 했기에 피해자들은 지금까지도 진정한 해방을 맛보지 못하였다. 이처럼 피해자들은 자기검열을 통해 고통을 강제로 잊거나, 발설해서는 안 된다고 강요당하는 2차 피해까지 입게 되었다.[38]

그러던 중, 1987년 이후 민주화 분위기 속에서 성장한 여성운동과 함께 위안부 문제가 표면화되었고, 1991년(8월 14일) 김학순 할머니의 용기 있는 최초 증언이 시발점이 되어 공식 언어로 증언이 확산되기 시작하였다. 이후, 매체의 보도와 학술 연구 장에서 이뤄진 조명은 증언이

---

38) ""순결 이데올로기"와 "성역할 구분"에 대한 가부장적인 관념은 살아남은 '위안부' 피해자들의 고통을 더욱 악화시켰다. 일본군으로부터 겪은 감금과 강간, 고문 등의 피해는 여성들에게 죄의식과 수치심을 갖게 하였고, 자신들의 과거 경험을 숨겨야만 하고, 묻어두어야만 하는 더러운 것이며, 죄스러운 것이라는 생각을 갖게 되었던 것이다. 그렇게 해서 피해자들은 긴 세월 침묵할 수밖에 없었고, 그만큼 자신을 학대하며 고통을 내면화할 수밖에 없었던 것이다." 윤미향, 「20년간의 수요일: 일본군 '위안부' 문제 해결을 위한 생존자들과 여성들의 연대」, 『한국여성신학』 제74호, 한국여신학자협의회, 2012, 157쪽.

확산되고 속도를 내는데 일조하고 있다.

하지만 최근 사망한(2015년 1월 26일 황선순 할머니, 1월 31일 A할머니) 위안부 할머니 두 분 가운데 한 분의 이름이 영문 이니셜(A)로 세상에 알려진 데서 보듯,[39] 본인은 생을 마감하면서도 위안부 피해 사실이 공개되는 것을 원하지 않았다. 이처럼 현재도 위안부 피해사실은 당사자로서도 공개적으로 밝히는 것이 결코 쉽지 않은 일이다. 신문지면에 표시된 대문자 A는 상징계의 언어 속에 갇혀, 공식기억에 묻혀 살아온 위안부 할머니의 삶을 압축해서 단적으로 보여주는 것이다.

고통을 겪은 사람들의 증언을 진지하게 들어주는 이들이 없을 때, 피해자들의 고통은 배가되며 끝없는 절망감에 빠질 수밖에 없음은 프리모 레비(Primo Levi, 1919~1987)의 죽음을 통해 알 수 있다. 레비는 끝나지 않는 고통스런 기억에 대해 이렇게 묻는다. "왜 그런 일이 일어났을까? 왜 매일 같이 고통은, 말을 하지만 들어주지 않는 항상 반복되는 풍경으로, 꿈속에서 규칙적으로 번역되는 것일까?"[40] 고통 받는 이들을 끝없이 고통 받게 하는 것은 "말은 하지만 들어주지 않는 항상 반복되는 풍경"이다. 서경식은 레비가 아우슈비츠에서 겪은 고통을 아무도 들어주지 않는 상황의 지속이 레비를 자살로 몰고 갔다고 진단하며, 자유로운 증언이 가능한 사회적 토대 마련이 필요함을 역설(力說)한다.[41]

39) "한국정신대문제대책협의회(정대협) 측은 "생전 할머니와 그 가족들이 피해 사실이 공개되는 것을 원치 않아 성함 등 개인정보는 알리지 않기로 했다"고 밝혔다. 고인과 가족들의 뜻에 따라 A 할머니의 장례는 비공개로 엄수될 방침이다." 〈닷새 만에 또 한 분 … 위안부 할머니 별세〉, 《중앙일보》, 2015.02.03. (검색 2015.02.06.)

40) 서경식, 『시대의 증언자, 쁘리모 레비를 찾아서I』, 창작과비평사, 2007, 238쪽; 이병수, 「분단트라우마의 유형과 치유방향」, 『통일인문학논총』 제52집, 건국대학교 인문학연구원, 2011a, 63쪽 참고.

41) "서경식: 기억과 증언이 제대로 이뤄지기 위해서는 우선 증언의 자유가 있어야 한다. 언론의 자유. 이건 증언해도 되는지 두려움이 있으면 증언을 제대로

서경식의 주장에서도 알 수 있듯이 피해자들의 사회적 증언이 이루어지려면 증언을 수용하는 우리 사회 전체의 변화가 동반되어야 한다. 말하고 싶지만 침묵할 수밖에 없게 만드는 한국 사회의 태도가 변해야 하는 것이다. 한국 사회는 그 동안 증언을 통한 치유를 위해 공적차원의 대처 방안이나 사회적 시스템 구축을 진지하게 고민해 오지 못했다. 증언이라는 또 다른 기억의 씨앗이 떨어져도 이를 받아 싹을 틔울만한 토양이 없었기에, 또한 있어도 척박했기에 이들의 증언은 흩날릴 수밖에 없었다. 고통의 증언을 품어 희망의 싹으로 틔울 수 있는 사회적 토양에 해당하는 것은 사회 공동체라 할 수 있다. 그런데 자양분을 공급해 줄 수 있는 사회적 토양을 마련하는 일은 단순히 제도나 법의 문제가 아니라 공동체의 질적 변화를 요구하며 이에 대한 고민이 계속적으로 필요할 것이다.[42)

2) 고통의 감수성에 기반한 응답과 연대의 힘

〈최척전〉에서 옥영의 살고자하는 의지가 있다고 하더라도, 그의 의지와 맞물려 최척과 옥영의 고통스러운 삶에 측은지심(惻隱之心)을 갖고 함께하는 사람들이 없다면 '기이함'으로까지 평가되는 가족 재회가 어려

못한다. 그리고 증언을 들어주는 귀라고 할까, 그런 사람들이 있어야 한다. 예를 들어 여성들이 성적인 폭력에 대해 증언하더라도, 여자니까 외면당하는 풍토라면 증언이 제대로 이뤄질 수 없다. 기억하고 증언하고 진상 규명을 할 수 있는 제도적인 사회를 만들어내려는 행동, 그것이 분명 필요하고, 이 행동과 기억이 있어야 제대로 기능할 수 있는 사회가 될 수 있다." 〈서경식·도정일 교수 "살아남은 자의 기억투쟁, 그것만이 희망"〉, 《한겨레신문》, 2014.06.12. (검색 2015.02.06.)

42) 다음 연구에서는 공동체의 질적 변화가 어떻게 가능한지에 대해 모색하고 있다. 이병수, 「분단 트라우마의 유형과 치유 방향」, 『통일인문학논총』 52집, 건국대학교 인문학연구원, 2011.

윘을 것이다. 옥영의 살고자 하는 생(生)의 목소리가 구심력이라면, 이에 응답하고 함께 연대하는 사람들이 원심력이 되어 〈최척전〉 이야기를 '해피엔딩'으로 이끌고 있다. 그리고 이 구심력과 원심력에 해당하는 힘이 통합을 가능하게 하는 핵심이라고 생각된다.

상처를 입은 사람들이 용기 내어 증언을 시작했다면, 다음 과제는 증언을 통한 고통의 기억을 공동체 일원이 함께 나누어 갖는 것이다. 앞절에서 논의한 고통의 증언이 가능한 사회적 토양을 마련하는 것이 피해자의 고통 증언에 대한 사회적 응답 중 하나라고 할 수 있다면 본 절에서는 사회적 응답이라기보다는 개인적 차원에서 타자의 고통을 어떻게 공감할 것인가를 고민하도록 하겠다.[43]

고통의 기억을 나누어 갖는 행위란 타자가 호소하는 고통의 목소리에 귀 기울이고 고통에 대해 응답하는 것과 동의어이다. 타인의 고통을 그저 지켜보는 게 아니라, 그 고통의 '과거-현재-미래'에 해당하는 역사에 대해 적극적으로 알고자 하고, 기억하려 노력해야 한다. 즉, 수많은 전쟁의 희생자들이 무엇 때문에 생겼으며(고통의 원인이자 뿌리가 어디에 있는지),[44] 어떤 결과를 야기했으며, 그것이 나의 삶과는 어떤 관련이 있는 것이며, 종국에는 어떻게 되어야 하는지를 서사화하는 것이다.

그렇다면 고통의 증언에 '응답'하며, 상처를 공유할 수 있는 방법은 무엇일까? 고통의 응답은 타인의 고통에 대해서 반응할 수 있는 고통의 감

---

43) 고통을 겪는 주체의 입장에서 사유하고, 상상하는 것이 어떻게 가능한가라는 문제에 대해 철학적으로 사유하고, 윤리적 응답을 시도한 연구로 다음을 들 수 있겠다. 이병수, 「분단 트라우마의 성격과 윤리성 고찰」, 『시대와 철학』 제22권 제1호, 한국철학사상연구회, 2011b.

44) 〈강도몽유록〉에서 14명의 여성들은 자신들이 죽을 수밖에 없었던, 그리고 자신들을 죽음으로 몰고 간 조선사회와 무능력하게 수수방관했던 사대부 남성에게서 고통의 원인을 찾고 있다. 〈강도몽유록〉은 여성의 고통스러운 삶과 죽음이라는 현상 이면에 그러한 삶을 야기한 원인에 대해 사유하게 한다는 점에서 의미 있다.

수성 또는 상대에 대한 공감력을 요구한다. 고통을 말하는 자, 증언하는 자는 듣는 자의 감수성에 따라 증언의 강도를 통제할 수밖에 없다. 때문에 듣는 자에게 요구되는 것이 감수성이다. 〈강도몽유록〉의 청허선사와 같이 타인의 고통에 민감하게 반응할 수 있는 감수성을 갖고 있을 때 피해자들의 목소리를 들을 수 있는 것이다. 또한 〈최척전〉에서 최척과 옥영을 물심양면으로 도와준 길 위의 다른 사람들 역시 최척과 옥영의 삶을 안타까워하고 아파하는 마음이 바탕에 있었기 가능했다.

이처럼 타인의 고통에 민감하게 반응하는 것은 타인을 공감(empathy) 하는 것으로 이어져 연대(solidarity)[45]라는 움직임을 가능하게 할 것이다. 연대는 피해 당사자들 간의 연대에서 공동체 일원, 전체의 연대로까지 가능하다. 〈강도몽유록〉에서 연대를 읽어내는 연구에서는 14명의 여성이 한 자리에서 같은 목소리를 내는 것, 뒷사람의 목소리가 이전 사람의 목소리와 중첩되며 함께 어우러지는 것을 연대라고 보았다.[46] 용기있는 최초 증언에 응답하며, 이러한 증언이 끊이지 않게 이어받는 모습은 오늘날 여성 피해자의 연대에서도 찾을 수 있는 지점이다.[47] 〈최척

---

45) "연대는 동등한 사회적 구성원으로서 지녀야 할 자발적인 인간적 유대의식과 도덕적 의무감을 가리킨다. 그것은 특히 사회적으로 불리한 대접을 받는 종속적 개인 및 집단의 낙후된 상황을 개선하기 위한 공동체적 결속과 단합의 표현이다." 박호성, 『공동체론』, 효형출판사, 2009, 442쪽.

46) "그녀들이 자기 이야기를 할 때가 되면 앞사람의 말이 채 다 끝나기도 전에 자기 순서를 가로채듯 발화를 시작한다. … 그녀들의 발화 역시 일말의 망설임이나 휴지 없이 한 사람의 말이 끝나기가 무섭게 혹은 앞사람의 말과 감정이 채 다 정리되기도 전에 다른 여성의 목소리가 겹쳐지고 또 다시 그 위에 다른 여성의 목소리가 겹쳐지면서 전개된다." 조혜란, 「〈강도몽유록〉 연구」, 『고소설연구』 제11집, 한국고소설학회, 2001, 341쪽. 조혜란의 논의와 함께 조현설, 「17세기 전기·몽유록에 나타난 타자 연대와 서로주체성의 의미」(『국문학연구』 제19호, 국문학회, 2009)도 〈강도몽유록〉에서 연대의 힘을 이야기하고 있다.

47) "침묵하던 피해자들이 정대협 운동과 만나게 되면서, 같은 피해를 겪은 여성들을 만나 그들과 경험을 주고받으면서, 그리고 국제여성운동 속에서 여성인

전〉에서는 피해자들만의 연대를 넘어, 남녀 성별의 논리, 조선이라는 공
간의 경계를 넘어 여러 사람들이 연대하는 모습으로까지 확장시켜 읽을
수 있는 장면이 연출된다.[48] 그런데 당대 최척과 옥영을 중심으로 이뤄
진 재회와 연대가 서사세계 안팎에서 기이함으로 평가될 만큼 예외적이
고, 특수한 경우였던 것처럼,[49] 오늘날 전쟁 피해 여성(특히, 위안부 문
제)이 자신의 상처를 말하고 이에 귀 기울여 함께 아파하는 상황 역시
보편적인 현상은 아니다. 특히나, 〈최척전〉에 나오는 인물들처럼 전란
의 아픔이라는 공통의 경험이 부재하는 현재 상황에서, 또 타인의 고통
에 대한 감수성이 무뎌진 상황 또는 무감각(insensitive)[50]할 수 있는 상

운동가들과의 연대하면서 자신들을 침묵하게 했고, 수치스럽게 만들었던
문호, 제도를 향해 분노하기 시작했다. … 혼자였을 때에는 말할 수 없었던
용기가 연대로, 같은 피해를 가진 사람들 간의 경험이 함께 공유되면서 사회
변화를 만들기 시작한 것이다." 윤미향, 「20년간의 수요일: 일본군 '위안부' 문
제 해결을 위한 생존자들과 여성들의 연대」, 『한국여성신학』 제74호, 한국여
신학자협의회, 2012, 160~161쪽.

48) 타인의 고통에 아파하고, 이에 응답하여 서로 연대하는 모습을 통합의 바람
직한 상으로 제시하고 논의를 마무리 지을 수도 있다. 하지만 오늘날 통합의
상을 현실의 삶에서 '어떻게' 그려볼 수 있을지에 그 실천 가능성에 대해 조
금 더 고민해 보았다.

49) 〈최척전〉에서 옥영과 최척 가족이 다시 만나는 마지막 장면을 두고 서술자는
'세상에 진짜로 벌어진 일이 아닌' '꿈'과 같다고 묘사하고 있다. "모두들 꿈이
요, 세상에 진짜로 벌어진 일이 아닌 듯이 슬픔과 기쁨을 억누르지 못하였다.
이 광경을 보기 위해 사방의 이웃들이 구름처럼 몰려들었는데, 그들은 처음에
는 기괴한 놀이를 한다고 생각했다. 그러다가 지금까지 겪었던 옥영과 홍도
의 이야기를 자세히 듣고는 모두들 놀라며 축하하고, 서로들 말을 전해 이 소
문이 사방으로 퍼졌다." 이상구 역주, 『17세기 애정전기소설』, 월인, 2003, 238쪽.

50) 2차 세계대전 당시, 나치의 명령을 받아 유태인 대학살을 실행한 아이히만
(Adolf Eichmann, 1906~1962)의 사례를 볼 때, 공통의 시·공간 속에 있다고
해서 타인의 고통에 민감하게 반응하는 것이 아니며, 타자의 고통에 무감각
할 수도 있다. 아이히만이 타자의 고통에 무감각 했다는 평가는 한나 아렌트
의 다음 저서를 참고할 수 있겠다. 한나 아렌트 지음, 김선욱 옮김, 『예루살
렘의 아이히만』, 한길사, 2006.
또한 프리모 레비는 아이히만을 빗대어 '생각하지 않은 죄'라는 시를 썼다고

황에서 고통에 응답하고 연대해야 한다는 것은 자칫하면 공허한 구호로
만 남을 수도 있다.

그렇다면 문제는 고통의 감수성은 어떻게 가질 수 있으며, 증진시킬
수 있을까라는 질문으로 이어진다. 일상적 삶에서 타자의 고통에 공감
할 수 있는 방법에 대해 고민한 연구가 선행되었으므로,51) 이 글에서는
이 문제에 대해 문학을 통해 고민해 보도록 하겠다. 앞서 고통에 대한
응답은 타자의 고통의 역사에 대해 서사화하는 것이며, 이를 통해 가능
하다고 보았다. 이를 통해 보건대, 타자의 아픔에 공감하며 응답한다는
것은 단순히 정서적인 반응이 아니라, 인지적인 반응이기도 한 것이
다.52) 이때, 인지적 반응이라 함은 타자가 겪는 고통의 역사에 대해 상
상을 해 볼 수 있다는 것이다. 이렇게 정서적 반응과 인지적 반응을 가
능하게 하는 중심에 문학이 있다고 본다.

문학작품의 작가는 어떤 문제에 대해 질문을 던지고, 서사적 형상화
를 통해 질문의 답을 찾아간다. 이 과정에서 문제의 원인, 현재 모습(현
실의 문제), 미래의 지향(문제의 해결)까지 담으려는 노력이 이뤄진다.
때문에 문학을 향유하는 사람들 역시 이 고민의 과정을 함께 동참하게
되며, 타자의 고통에 대한 상상력을 가능하게 한다.53)

하는데, 이를 통해서 타인의 고통에 대한 상상력이 필요함을 알 수 있다. 이
재승, 「형이상학적 죄로서 무병(巫病)과 지속가능한 화해」, 문학카페 유랑극
장 강연 원고.

51) 이병수, 「분단 트라우마의 성격과 윤리성 고찰」, 『시대와 철학』 제22권 제1호,
한국철학사상연구회, 2011.

52) "공감은 결과적으로는 타인의 처지에 맞는 정서적 반응이지만 과정적으로는
타인의 행동에 대한 이해나 타인의 역할, 관점을 취하는 등의 인지적 활동이
요구되기 때문이다." 황혜진, 『애정소설과 가치교육』, 지식과교양, 2012,
108~111쪽. 위 논의에서는 공감에 있어 인지와 정의를 중시하는 입장을 소개
하면서, 두 입장이 서로 대립적인 것이 아니라고 이야기한다.

53) 한국계 미국 여성 작가인 노라 옥자 켈러(Nora Okja Keller)는 1997년 위안부

또한 문학은 주변부적 존재(혹은 소수자)들의 고통에 관심을 가지며, 고통의 모습을 생동감 있게 드러냄으로써 사회적 약자의 고통에 대한 감수성을 일깨워주는 기능도 하고 있다. 특히, 전란을 배경으로 한 소설에서 그려지고 있는 전쟁의 참혹함, 시·청각의 감각적 묘사는 무뎌진 감각을 건드리며, 주위를 돌아볼 수 있도록 환기시킨다.

문학이 어떠한 배려의 시선을 보내며, 어떤 위무의 손길을 보내는지를 통해 통합의 상을 그려볼 수 있는 것과 더불어, 문학을 통해 이야기하고, 이를 향유하는 과정자체도 사회통합에 이바지할 수 있는 힘을 기르게 하는 것이다. 즉, 문학의 기능을 통해 타인의 고통에 응답하고 연대할 수 있는 힘을 기를 수 있으며, 문학 자체도 사회에서 이러한 역할을 할 수 있다.

지금까지 살펴보았듯, 문학은 공식역사의 기억에 포함되지 못한 망각된, 역사적 고통의 기억이 특수한 개인의 전유물이 아니라 공동체 전체와 연결되어 있음을 여러 서사기법을 통해 드러낸다. 또한 진정한 통합을 통해 주변부적 역사 기억을 결코 망각되어서는 안 되는 공동체 전체의 역사 이야기로 구축한다. 이와 더불어 문학은 일상적인 삶에서 문학적 상상력을 통해 타인의 고통에 대해 민감하게 반응할 수 있는 감수성을 배양하고, 이를 바탕으로 타인의 고통에 응답하며 연대하는 윤리적이고도, 실천적인 삶을 가능하게 할 수 있다고 보았다.

를 정면으로 다룬 소설『종군위안부(Comfort Woman)』를 발표하는데, 한 연구자는『종군위안부』라는 문학작품의 의의에 대해 다음과 같이 말한다. "『종군위안부』는 문학작품이 독자들에게 행사할 수 있는 가장 강력한 영향력, 즉 읽는 과정(reading process)을 통하여 독자로 하여금 생각하게 만드는 힘을 갖고 있으며 그와 동시에 유려하며 서정적인 문체를 통하여 참혹한 과거와 이민 생활의 현재를 연결하면서 그 속에 여러 겹의 의미를 내포한 메시지를 전달하고 있다." 이소희,「〈종군위안부〉에 나타난 여성적 말하기와 글쓰기」,『여성과평화』제4호, 한국여성평화연구원, 2005.

4. 문학의 사회적 통합기능

지금까지 전란(임진왜란, 병자호란)을 배경으로 한 소설 중 〈최척전〉을 중심에 두고, 여성 주인공을 살려나가는 서사기법에 주목하였다. 이를 위해 여성, 남성, 사회의 세 층위로 나누어, 각각의 층위에서 여성을 살리기 위해 어떤 서사기법이 사용되는지 살펴보았다.

전란 상황에서 여성은 살고자하는 자신의 욕망 또는 자신을 죽음으로 몰아넣은 사회에 대한 원망을 상징계 밖 언어를 통해 표현하였다. 남성의 경우에는 가부장적 인식의 틀 안에서 여성의 삶을 재단하지 않는 배려의 미덕을 보여주었으며, 사회적 층위에서는 고통 주체의 사연을 들어주고, 이를 안타까워하며 고통에 응답하는 모습을 보여 서로 연대하는 삶을 형상화하였다.

이어 이 글에서는 〈최척전〉에서 여성을 위무하고 있는 방법을 바탕으로 하여, 오늘날 통합을 이야기하는 단서로 삼으려 하였다. 그 결과, 공적기억에 억눌려 살아온 여성의 기억, 공적 목소리에 가려져 들리지 않았던 여성의 목소리를 들을 수 있는 사회적 토양이 마련되어야 한다는 점을 시사해 주었다. 다음으로 소설에서는 연대의 실천적 모습을 발견할 수 있었는데, 이러한 연대의 바탕에는 타인의 고통의 역사에 대한 관심이 놓여 있었다. 타인의 고통의 역사에 대해 상상하고, 응답하며 연대할 수 있는 힘을 문학이 보여주며, 문학에서 기를 수 있다고 보았다.

이를 통해 보건대, 문학이 이야기하는 서사를 넘어, 문학의 역할, 존재론적 특성 자체가 사회의 통합을 시도하고, 기여하고 있었다. 사실을 이야기하는 공적기억이 놓쳤던 진실, 또는 사회가 제시하는 이념 및 가치관에 문제를 던지고, 이에 대해 나름의 목소리를 내는 문학의 사회적 역할이 통합의 역할을 보여주는 것은 아닐까 생각해보았다.

물론 힘의 논리에 편승하거나 권력의 목소리를 지향하여 문학(또는 작가) 고유의 목소리를 잃는 경우도 있다. 이처럼 문학의 한계 지점도 짚을 수 있지만 또 다른 은폐된 역사, 기억의 가능성을 제시한다는 점에서 문학의 의미를 찾을 수 있다. 즉, 누군가는 들춰내고 싶지 않은 문제에 대해 이야기하는 것 자체에서 의의를 발견할 수 있겠다. 그러므로 문학은 소설 속 서사장치인 장육금불, 통곡소리와 같이 억압된 욕망, 은폐된 진실을 발화하는 사회적 책무(責務)를 맡아야 함을 기억해야 하겠다.

II부

분단 체제 속 통합서사
찾기

제4장 영화 〈의형제〉 속 억압된 욕망의 해소 방식과 통합서사 모색

1. 이념의 차원을 넘어선 분단서사

분단영화1)는 한반도 분단체제의 산물이다. 세계 유일의 분단국가라는 상황 속에서 남북 분단 문제는 상당히 매력적인 창작 소재가 된다.

---

* 건국대 통일인문학연구단 HK연구원.

1) 기존 연구에서 논의된 분단영화에 대한 정의는 다음과 같다.
분단영화의 개념을 처음 정의한 것은 이영일이다. "반공영화, 군사물, 이데올로기 영화, 이산가족 영화라든가 하는 여러 가지 이름으로 불리어 왔던 작품들은 그 제작된 영화의 소재나 시대 환경에 따라서 적절하고도 편리하게 사용된 것이다. 그러나 이러한 영화들은 결국 민족의 분단시대라는 커다란 배경에서 파생한 작품경향이며 그 변모들이라는 것을 생각할 때, 그것을 하나의 巨視的인 역사적 관점에서 '분단 영화'라고도 말할 수 있을 것이다."(이영일, 「분단비극 40년 映像證言한 한국영화」, 『北韓』 150, 북한연구소, 1984, 106쪽). 이러한 이영일의 논의를 이어받아 김충국은 다음과 같이 분단영화를 정의한다. "분단영화라 함은 분단과 그 영향을 주요 소재로 삼으면서 동시에 분단에 대한 개인적, 사회적 인식과 정서가 영화의 내러티브와 표현에 한국영화만의 고유한 특이점을 부여하는 영화를 총칭한다."(김충국, 「분단과 영화-봉합의 환상을 넘어 공존의 실천으로」, 『한국민족문화』 53, 부산대학교 한국민족문화연구소, 2014, 283쪽).

분단을 소재로 한 영화는 최근까지도 활발하게 창작되고 있으며 많은 작품들이 흥행에 성공하였다.[2] 그런데 분단 문제는 매력적인 창작 소재이기도 하지만, 동시에 우리 사회의 가장 민감한 부분이면서 논쟁이 될 만한 소재이다. 이처럼 '분단'이라는 민감한 소재는 분단영화에 공통된 특징 내지 한계점을 갖게 한다. 최근 한국 분단영화의 흐름을 분석한 여러 연구들에서 공통적으로 지적하는 것은 바로 분단영화의 '불완전한 마무리'이다. 그리고 이러한 불완전한 마무리의 원인으로 '분단서사' 또는 분단으로 인한 '트라우마'에 주목하고 있다.

먼저 98년 한국 금융위기사태 이후 분단영화의 변화를 살펴본 연구에서는 분단영화는 이념적으로는 보수화되면서도 평화와 공존이라는 남북관계의 전향적인 전환에 대한 기대가 분단대결구도를 깨는 상상력의 바탕으로 작용하는 이종교합의 모습을 띠고 있다고 지적하였다.[3] 다음으로 2000년대 간첩영화의 간첩 재현 양상을 살펴본 연구에서는 간첩영화가 대북관계와 인식이 변화했을 지라도 내면화된 분단의식에서 결코 자유로울 수 없기 때문에 온전한 코미디가 될 수 없다고 논의하였다. 또한 간첩영화의 서사는 만족을 주는 완결된 서사가 되지 못하는데, 이러한 한계는 분단서사가 여전히 한국사회에 내재되어 있기 때문이라고 지적한다.[4] 또 최근 한국 첩보영화에서 간첩 인식의 변화를 살펴 본 연구

2) 1999년 〈쉬리〉(강제규, 1999), 〈간첩 리철진〉(장진, 1999) 이후 2000년대 만들어진 분단을 소재로 한 영화들은 다음과 같다. 〈공동경비구역 JSA〉(박찬욱, 2000), 〈실미도〉(강우석, 2003), 〈태극기 휘날리며〉(강제규, 2004), 〈웰컴 투 동막골〉(박광현, 2005), 〈이중간첩〉(김현정, 2002), 〈그녀를 모르면 간첩〉(박한준, 2004), 〈포화 속으로〉(이재한, 2010), 〈의형제〉(장훈, 2010), 〈고지전〉(장훈, 2011), 〈풍산개〉(전재홍, 2011), 〈간첩〉(우민호, 2012), 〈은밀하게 위대하게〉(장철수, 2013), 〈베를린〉(류승완, 2013)
3) 김충국, 「분단과 영화-봉합의 환상을 넘어 공존의 실천으로」, 『한국민족문화』 53, 부산대학교 한국민족문화연구소, 2014.
4) 이현진, 「분단의 표상, 간첩- 2000년대 간첩영화의 간첩 재현 양상」, 『씨네포

에서는 분단에 대한 극복되지 못한 트라우마가 영화의 결말에 가면 짙게 나타남을 지적하면서, 이러한 한계점을 공존과 위협이라는 간첩에 대한 양가적인 감정을 가지고 분단시대를 살고 있는 우리들의 자화상과 연결 짓기도 하였다.[5]

기존의 논의들을 통해 확인할 수 있는 분단영화의 중요한 특징은, 한국 사회에 뿌리깊이 박혀 있는 분단서사로 인해 영화 속에서 화해와 공존의 길을 모색하면서도 비극적인 결말로 갈 수 밖에 없는 한계를 가지고 있다는 것이다. 한마디로 분단영화는 '해피엔딩'을 꿈꾸면서도 애초부터 '해피엔딩'이 될 수 없는 기이한 구조를 지닌 장르인 것이다. 이때 여기서 말하는 분단서사는 분단 문제를 다루는 작품 자체를 가리키는 용어가 아니다.[6] 분단서사는 분단영화가 만들어지기 이전에 이미 존재하는 것으로, 끊임없이 작품 창작 과정에 개입하는 것이다.

그런데 대부분의 기존 연구들에서 언급되는 분단서사는 '반공이데올로기' 또는 '레드콤플렉스'와 거의 유사한 개념처럼 사용되고 있다. 물론

럼』 17, 동국대학교 영상미디어센터, 2013.

5) 김영준 · 김승경, 「최근 한국 첩보영화에 대한 연구-다문화시대의 간첩 인식 변화를 중심으로」, 『다문화콘텐츠연구』 15, 중앙대학교 문화콘텐츠기술연구원, 2013.

6) '분단서사' 개념에 대한 기존 연구를 소개하면 다음과 같다.
먼저 정운채는 '남과 북의 적대적인 분단구조를 심화시키고 고착시킨 자기서사가 곧 분단서사'라고 하였다(정운채, 「우리 민족의 정체성과 통일서사」, 『인문학논총』 47, 건국대학교 인문학연구원, 2009, 7쪽). 이병수는 이러한 논의에 이어서 분단서사가 '남북 주민들의 일상적 삶 속에 장기간에 걸쳐 집단적으로 내면화된 정서적이고 이데올로기적 수준, 무의식적으로 내면화된 성향뿐만 아니라 신념화된 이데올로기적 층위에 걸쳐 있다'고 하였다(이병수, 「분단트라우마의 성격과 윤리성 고찰」, 『시대와 철학』 22권 1호, 한국철학사상연구회, 2011, 166쪽). 이 글에서 연구사를 살펴보면서 참고한 「최근 한국 첩보영화에 대한 연구-다문화시대의 간첩 인식 변화를 중심으로」와 「분단의 표상, 간첩- 2000년대 간첩영화의 간첩 재현 양상」에서도 이병수의 논의를 받아들여 '분단서사'라는 개념을 사용하고 있다.

반공이데올로기나 레드콤플렉스가 분단서사와 관련이 없는 것은 아니
지만, 분단서사의 실체를 모두 이념적인 것으로만 설명한다면 분단서사
를 우리 스스로 극복할 수 있는 구체적인 방안을 모색하기가 어려울 것
이다. 따라서 이념적 차원을 넘어서서 보다 분단서사의 특징을 구체적
으로 드러내는 일이 필요하다.[7] 그래야 통합서사의 실체도 구체적으로
드러날 수 있기 때문이다.[8] 그리고 통합서사의 실체가 구체적일수록 실
제 우리 삶에서 통합서사가 구현될 수 있는 방법을 찾는 일도 수월해질

---

[7] 여기서 정운채의 논의는 분단서사의 실체를 파악하고 그 극복 방안을 구체적
으로 마련하는데 중요한 시사점을 안겨준다. 정운채는 특정한 역사적 사례와
문학 작품을 비교 분석하면서 분단서사의 특징을 구체적으로 드러내고자 하
였는데, 분단서사가 '상대에 대한 애착심이 증오심으로 변하면서 상대방과의
관계를 철저히 단절적으로 파악하려는 특징'을 가진다고 분석하였다(정운채,
「정몽주의 암살과 복권에 대한 서사적 이해」, 『통일인문학논총』53, 건국대학
교 인문학연구원, 2012, 386쪽).
　　필자 또한 정운채와 비슷한 맥락에서 분단서사의 실체를 분석하려 하였다.
「탈북 청소년의 적응 문제와 분단서사—탈북 청소년 A의 전교 학생회장 당선
사례를 중심으로」에서 남한 사회에 깊이 깔려 있는 '분단서사'가 북한이탈주
민을 대하는 방식에 영향을 주고 있으며, 실제 관계 속에서 문제를 불러일으
키는 근본적 원인이 된다고 보았다. 그리고 실제 사례 분석을 통해 분단서사
는 '서사의 주체가 상대방보다 높은 위치에 서서 상대방과의 관계를 유지하
려고 하는 경향성을 갖고 있다'고 분석하였다. 이러한 분단서사의 영향을 받
으면, 남한에 거주하는 북한이탈주민이 높은 지위에 오르거나 또는 자신이
생각하는 범위를 벗어나는 모습을 보일 경우 그것을 인정하지 못하게 된다고
본 것이다(나지영, 「탈북 청소년의 적응 문제와 분단서사—탈북 청소년 A의
전교 학생회장 당선사례를 중심으로」, 『통일인문학논총』55, 건국대학교 인
문학연구원, 2013.).

[8] 이 글에서 사용되는 '통합서사'는 '분단서사'와 대가 되는 개념으로 사용되고
있다. 분단서사가 '남과 북의 적대적인 분단구조를 심화시키고 고착시키는
서사'라면, 통합서사는 그러한 분단구조를 타파하고 통합을 가능케 하는 서사
라고 할 수 있을 것이다. 이때 중요한 것은 분단서사가 분단 문제를 다루는
작품 그 자체가 아닌 것처럼, 통합서사도 통합 문제를 다루는 작품 그 자체가
아니라는 것이다. 우리 사회와 우리 내면에 이미 분단서사가 강력하게 자리
잡아 다양한 문제를 일으키거나 작품을 창작하는데 영향을 미치듯이, 우리의
내면에 자리 잡은 통합서사가 우리의 실제 삶에서나 작품을 창작할 때에 영
향을 미칠 수 있다고 보는 것이다.

것이다.

이러한 문제의식을 바탕으로 이 글에서는 2010년 초에 개봉하여 전국 관객 500만 이상을 동원한 흥행작 〈의형제〉를 분석 대상으로 삼아 분단 서사와 통합서사의 특징을 구체적으로 분석해 보고자 한다. 필자가 영화 〈의형제〉에 주목하는 이유는 두 가지이다. 첫째, 〈의형제〉는 보기 드물게 '해피엔딩'으로 끝나는 분단영화라는 점이다.9) 〈의형제〉의 해피엔딩이 억지스럽다는 지적10)도 있지만, 작품은 작품 고유의 개연성을 가지고 있기 마련이다. 〈의형제〉는 어떻게 해서 해피엔딩이 가능했을까. 바로 이 부분에서 분단서사를 넘어서 통합서사로 나아갈 수 있는 중요한 실마리가 담겨 있지는 않을까 예상해 볼 수 있었다.

둘째, 남한의 전직 국정원 요원과 북한의 남파 간첩이 '의형제'가 된다는 설정의 영화가 남북관계가 점점 나빠져 가고 있는 상황에서 흥행에 성공했다는 점이다. 영화 〈의형제〉는 김대중, 노무현 정권 때의 사회적 분위기 속에서 처음 기획되었다가11) 이명박 정권 시대에 흥행한 영화이다. 2001년 영화의 아이디어가 처음 구상되었고, 2007년에 가서야 초고

---

9) 영화의 결말은 북한에서 온 악명 높은 암살자 '그림자'가 제거되고 난 뒤에 이한규(전직 국정원 요원)와 송지원(남파 간첩)이 영국으로 가는 비행기 안에서 만나 행복한 미래를 꿈꾸면서 마무리된다. 이한규는 송지원이 선물로 보내준 비행기 티켓으로 영국에서 새아빠와 살고 있는 딸을 만나러 가고, 그 비행기 안에서 송지원과 북에서 온 송지원의 아내, 딸을 만나게 된다.

10) 김경욱, 「〈의형제〉의 환상, 〈경계도시 2〉의 실재, 어느 쪽이 우리를 즐겁게 하는가?」, 『영상예술연구』 17, 영상예술학회, 2010, 112쪽.

11) '당시 분위기가 뭐랄까 뭐든 좀 자연스러워지고 친근해지는 이런 분위기였잖아요. 이런 시대적 흐름이나 분위기를 반영해야 한다는 생각을 했었고. (중략) 결국 어떻게 보면 김대중 정권과 노무현 정권 10년 사이의 변화를 자연스럽게 작가나 저희가 체화를 한 거죠, 그런 분위기가 아니었다면 여전히 국정원 직원은 딱딱하고 간첩은 냉혈한이고 그렇겠죠.' -영화 〈의형제〉 초고 작업한 장원석 프로듀서 인터뷰 내용 중- (정상민, 「영화 〈의형제〉 시나리오 개발 과정을 통해 본 논쟁적 이슈 영화의 제작관행 연구」, 고려대학교 석사학위논문, 2010, 54쪽).

가 완성되었다. 한동안 투자를 받지 못하다가 2009년에 가서야 투자가 결정되어 〈의형제〉가 본격적으로 영화화되기 시작했다. 그런데 이 영화의 투자담당자는 2008년 처음 〈의형제〉 시나리오를 봤을 때는 크게 관심을 두지 않다가, 2009년 북한에서 핵을 발사한다는 뉴스가 한참 나오던 시기에 〈의형제〉 시나리오를 다시 한 번 관심 있게 보게 된 계기가 되었다고 하였다.[12] 이 영화의 기획이 햇볕 정책에서 아이디어를 얻은 것인데 반해, 햇볕 정책의 중단과 대북관계 악화가 이 영화의 가치를 다시 살렸다는 것은 기막힌 아이러니라고 할 수 있다.[13]

2. '배신자 낙인'에 대한 두려움과 분단서사

영화 〈의형제〉는 전직 국정원 요원 이한규와 남파간첩 송지원의 동거 이야기가 중심을 이루는 버디무비(buddy movie)[14]이자 분단영화이다. 영화의 전반부는 남파간첩인 송지원이 북에서 온 암살자 '그림자'를

---

12) '근데 북한의 핵 사찰 뭐 이런 뉴스들이 나오고 핵이 있을 거다, 핵을 발사할 거다 말거다 뭐 이런 말들이 조심조심 흘러나오면서 그게 이 시나리오를 다시 봐야지 했을 시점이었던 것 같아요. 어? 우리 젊은 친구들이 북한이라는 존재가 여전히 살아있음을 조금 인지하기 시작하겠네. 북한이 여전히 존재하고 있음에 대해서 관심을 갖겠네. 뭐, 이런 시점들과 맞았던 것 같아요. 시나리오를 처음에는 북한이랑 이런 뉴스들이 거의 나오지 않던 시절에 봤던 거죠.'(정상민, 「영화 〈의형제〉 시나리오 개발 과정을 통해 본 논쟁적 이슈 영화의 제작관행 연구」, 고려대학교 석사학위논문, 2010, 71쪽).
13) '햇볕 정책의 중단과 대북관계 악화가 이 프로젝트의 가치를 다시 살린 것이다. 이 영화의 기획이 김대중, 노무현 정부의 햇볕 정책에서 아이디어를 얻은 것이라는 것을 생각해보면 기막힌 아이러니이다.'(정상민, 「영화 〈의형제〉 시나리오 개발 과정을 통해 본 논쟁적 이슈 영화의 제작관행 연구」, 고려대학교 석사학위논문, 2010, 72쪽).
14) 남자들의 우정을 다루는 영화.

도와 탈북한 김정일의 육촌을 암살하는 작전에 휘말려 국정원 요원 이한규와 대립하고, 이후 두 사람이 각자의 조직에서 버림받는 과정을 보여준다. 중반부에는 이한규와 송지원이 우연히 만나 각자의 신분을 숨기고 베트남 신부를 찾아주는 흥신소 일을 같이 하게 되면서 서로에게 동질감을 느끼는 과정을 코믹하게 보여준다. 후반부는 두 사람이 각자의 상처를 이해하는 와중에 그림자가 재등장하여 이러한 균형을 깨뜨리고, 이한규와 송지원이 힘을 합쳐 그림자를 잡으면서 갈등이 해결되는 구조로 되어 있다.

이렇게 〈의형제〉처럼 '분단 문제'를 주요 소재로 사용하고 있는 작품일수록 수용자들이 공유하고 있는 문화의 강력한 영향을 받게 된다. 그렇지 않아도 영화는 대중문화의 대표적인 매체로서 당대의 문화를 예민하게 반영하는데, '분단'이라는 민감한 소재를 사용하는 영화의 경우에는 더더욱 예민하게 반영할 수밖에 없다. 그런데 문화는 욕망을 선별하여 어떤 욕망은 제어하고 어떤 욕망은 성취시키는, 하나의 '권력 체계'이자 일종의 '금지와 허용의 체계'라고 할 수 있다.[15] 욕망과 관련하여 문화가 집단성과 규범성을 가지고 있다고 볼 때, 문화의 규범은 개인적인 욕망에 대한 제어 수단임과 동시에 집단적인 욕망에 대한 성취 수단이라고 할 수 있을 것이다.[16]

---

15) '이렇게 욕망을 선별하여 어떤 욕망은 제어하고 어떤 욕망은 성취시키는 것이 문화임을 생각 할 때. 문화는 하나의 권력임을 알 수 있다. 좀 더 정확히 말하면 문화는 하나의 권력체계인 것이다. 그리하여 문화가 바뀌면 권력의 중심이 이동하고 권력의 체계가 바뀌게 되며, 이에 따라 금지와 허용의 체계가 바뀌게 된다. 전에는 금지되던 것이 허용되기도 하고 전에는 문제가 없던 것이 새삼스럽게 문제가 되기도 하는 현상이 일어나게 되는 것은 바로 권력의 체계인 문화가 바뀌었기 때문이다.'(정운채, 「〈춘향가〉에 나타난 두 권력과 그 문화론적 의미」, 『교육논총』 33, 건국대학교 교육대학원, 2000, 2쪽).

16) '문학은 인간의 욕망과 밀접한 관련을 가지고 있다. 따라서 문학을 문화로 보고 논의하고자 할 때 문화의 여러 측면들 가운데 특히 욕망과 관련된 측면을

그런데 문학은 문화의 규범을 따르기도 하지만, 다른 한편으로는 문화의 규범에 저항하기도 한다. 많은 경우 문화의 규범을 내세우면서 오히려 문화의 규범을 넘어서는 욕망을 추구하고 있다. 따라서 문학은 그 자체로 문화이긴 하면서도 때로는 문화의 변화를 선도하는 초문화적 위치에 있다. 문학은 현재의 문화이면서 동시에 미래의 문화, 다시 말해서 현재의 권력과 미래의 권력이 경쟁하고 있는 장(場)인 것이다.[17]

앞서 언급한 영화 〈의형제〉가 가지는 두 가지 독특함은 이 영화 안에

주목해야 할 것이다. 욕망과 관련하여 볼 때 문화는 크게 두 가지의 특성을 가지고 있다. 곧 집단성과 규범성이 그것이다. 다시 말해서 문화는 집단의 이익을 앞세우며 개인의 욕망을 통제하는 규범이 되고 있는 것이다. 그렇다면 문화는 욕망과 대립적인 위치에 있는 것일까? 그렇지는 않다. 집단의 이익이란 곧 집단의 욕망이라고 할 수 있을 것이기 때문이다. 그러니까 문화는 개인의 욕망에 대해서만 규범이 되어 제어를 하는 것이지 집단의 욕망에 대해서는 오히려 그 효율적인 성취를 추구하고 있는 입장인 것이다. 따라서 문화의 규범은 개인적인 욕망에 대한 제어 수단임과 동시에 집단적인 욕망에 대한 성취 수단이라고 해야 할 것이다. 달리 말하면 규범을 통하여 개인적인 욕망을 제어함으로써 집단적인 욕망을 성취시키려는 것이 문화인 것이다.'(정운채, 「〈춘향가〉에 나타난 두 권력과 그 문화론적 의미」, 『교육논총』 33, 건국대학교 교육대학원, 2000, 2쪽).

17) '권력의 체계, 금지와 허용의 체계인 문화는 왜 바뀌는가? 그리고 어떻게 하면 바뀌게 되는가? 이러한 의문에 답하기 위해서는 문학이 문화의 규범을 따르기만 하지는 않는다는 점을 주목할 필요가 있다. 문학은 한편으로는 문화의 규범을 따르기도 하지만, 다른 한편으로는 문화의 규범에 저항한다. 많은 경우 문화의 규범을 내세우면서 오히려 문화의 규범을 넘어서는 욕망을 추구하고 있다. 그러는 동안 문화의 규범을 넘어서는 욕망은 설득력을 얻게 된다. 이제 작가 한 사람의 개인적인 욕망에 그치지 않고 독자들 모두의 집단적인 욕망으로 확고한 위치를 차지하게 된다. 집단적인 욕망이 된 이상 이 욕망은 효율적으로 성취되어야 한다. 이 욕망을 효율적으로 성취시키고자 할 때, 금지와 허용의 체계는 바뀌어야 하며, 권력의 체계는 바뀌어야 하며, 문화는 바뀌어야 하는 것이다. 이렇게 볼 때 문학은 그 자체로 문화이긴 하면서도 때로는 문화의 변화를 선도하는 초문화적 위치에 있기도 함을 알 수 있다. (중략) 그러니까 문학은 현재의 문화이면서 동시에 미래의 문화인 셈이다. 다시 말해서 현재의 권력과 미래의 권력이 경쟁하고 있는 장(場)인 것이다.'(정운채, 「〈춘향가〉에 나타난 두 권력과 그 문화론적 의미」, 『교육논총』 33, 건국대학교 교육대학원, 2000, 2~3쪽).

서 현재의 권력과 미래의 권력이 치열하게 경쟁하고 있음을 시사해준
다. 충분히 비극적 결말로 갈 수 있었음에도 불구하고 해피엔딩으로 마
무리를 짓는다는 점, 그리고 최악의 남북관계에서 흥행을 한 작품이라
는 점 등은 현재의 권력에 억눌려 있는, 아직 문화의 완전한 허용 범위
안에 들어가지 못한 억압된 욕망이 집단적 욕망으로 부상하기 위한 시
도로 보인다.18) 그러나 영화 속 현재의 권력이 가지는 엄격함과 공고함
도 만만치 않다. 두 사람의 해피엔딩이 한반도가 아닌 외국에서 온전한
결실을 맺게 될 것이라는 암시는 현실의 억압구조가 갖는 엄격함을 보
여준다.19)

　이렇게 〈의형제〉는 일정한 균형감을 유지하기 위해 영화 속에서 몇
가지 안전장치들을 마련하고 있다. 현재의 권력으로부터 오는 비난을
피하면서도 안전하게 억압된 욕망을 표출하기 위해 여러 가지 전략을
사용하는 것이다. 우선 영화의 표면상 체제 비판을 피하고 있다. 인물들
간의 갈등을 '개인적'인 것으로 돌리며 '체제 비판'으로 나아가지 않는다.
기존 체제의 모순이 있더라도 그 모순을 대놓고 비판하지 않으며, 어디

---

18) 감독은 인터뷰에서 "제 개인적인 성향만 본다면 비극으로 끝났을 가능성이
　　있다. 근데 제 성향과는 별개로 이런 생각이 들더라. 판타지적이라고 말씀하
　　셨는데 분명 어떻게 보면 판타지적이긴 한데 둘이 정말 잘 살았으면 좋겠다
　　는 마음. 행복하게 말이다. 그건 제 마음 속에 있는 바람일 수도 있고 희망이
　　라면 희망 같은 것일 수도 있는 것 같다."고 말했다. (김경욱, 「〈의형제〉의 환
　　상, 〈경계도시 2〉의 실재, 어느 쪽이 우리를 즐겁게 하는가?」, 『영상예술연구』
　　17, 영상예술학회, 2010, 119쪽 재인용.)
19) 〈공동경비구역 JSA〉나 〈태극기 휘날리며〉, 〈웰컴 투 동막골〉같은 흥행에 성
　　공한 영화들이 일부 보수단체의 공격을 당했던 사례와 비교해 보았을 때,
　　〈의형제〉는 흥행 성공과 영화의 화제성에도 불구하고 사회의 어느 집단으로
　　부터도 큰 비판을 받지 않은 영화이다(정상민, 「영화 〈의형제〉 시나리오 개
　　발 과정을 통해 본 논쟁적 이슈 영화의 제작관행 연구」, 고려대학교 석사학
　　위논문, 2010, 3쪽). 그것은 이 영화가 문화의 규범에 의해 억눌린 욕망을 지
　　지하는 한편, 문화의 규범이 갖는 힘 또한 공고히 다지고 있기 때문이다.

까지나 개인의 문제로 돌린다. 대표적인 예로, 북한에서 온 암살자인 '그림자'가 당의 지시와 상관없이 개인적인 분노로 사람들을 죽이고 다닌다는 설정이 그렇다.[20] 다음으로 '다문화'라는 장치를 끌고 왔다. '간첩'에서 '탈북자' 신세가 된 송지원과 한국에 거주하는 외국인 노동자, 외국인 신부들을 계속 비교하면서 분단서사를 넘어설만한 새로운 가치, '다양성의 공존과 인정'이라는 가치를 드러내고 있다.

마지막으로 가장 중요한 전략은 바로 이한규와 송지원의 공통점에 있다. 이한규와 송지원에게는 두 가지 커다란 공통점이 있다. 먼저 둘 다 해체된 가족의 가장이라는 점이다.[21] 이한규와 송지원이 필사적으로 살아나가는 동력은 '가족애'이다. 해체된 가족을 복구하고 싶은 가족애가 두 사람을 움직이는 근본적인 이유인 것이다. 이한규는 헤어진 아내와 함께 사는 딸의 양육비를 벌기 위해, 송지원은 북에 두고 온 가족을 데려오기 위해 필사적으로 살아간다. 이처럼 이념이 분리된 보편적 가족애는 이념이 다른 상대방을 동정해도 되는 정당성을 확보해 준다. 이러한 가족애는 2000년대 분단영화의 중요한 특징이기도 하다. 가족은 이

---

20) '〈의형제〉의 그림자가 탈북 주요 인사들을 암살하는 이유는 당의 지시 때문이 아니었다. (중략) 그가 규정한 "배신자"들을 향해 "복수"를 시작한다. 그림자는 남한에서 그를 지칭하는 명칭처럼 남한에서는 실체를 쫓지 못하는 간첩이었고, 남과 북을 자유롭게 넘나들 수 있는 능력의 소유자였다. 그런 그가 자신의 임의로 배신자들을 처단하게 된 이유는 남북 화해의 제스추어로 인해 과거의 배신자가 더 이상 배신자가 되지 않는 시대를 받아들이지 못했기 때문이다.'(김영준·김승경, 「최근 한국 첩보영화에 대한 연구-다문화시대의 간첩 인식 변화를 중심으로」, 『다문화콘텐츠연구』 15, 중앙대학교 문화콘텐츠기술연구원, 2013, 268쪽).

21) 영화 속에서 이한규는 국정원일이 너무 바빠 아내와 이혼을 하게 되는 것처럼 나오며, 아내는 영국 남자와 재혼을 하여 딸을 데리고 가서 산다. 송지원은 북에 아내와 딸을 두고 나왔다. 영화 〈의형제〉 속에는 이한규와 송지원뿐 아니라 그림자에게 암살을 당하는 김정일의 육촌 '김상학'과 그림자를 밀고한 남파 간첩 '손태순' 모두 남한에서 가족을 꾸리게 되었기 때문에 북한을 배신하게 된다고 설정한다.

데올로기나 대의에 의해 희생될 수 없는, 나와 우리가 존재하는 가장 작은 단위이며 삶을 공유하는 존재로 묘사된다.[22]

두 번째 공통점은 둘 다 자신이 기반으로 삼고 있던 체제에서 밀려난 사람들이라는 것이다.[23] 두 사람은 기존에 속해있던 조직에서 떠나 있었기 때문에 상대방의 진짜 모습을 이해할 수 있는 기회를 갖게 되었다. 만일 두 사람이 여전히 기존 조직에 속해 있었더라면, 두 사람은 영영 서로의 또 다른 진짜 모습을 마주할 수 없었을 것이다. 하지만 두 사람은 조직에서 밀려나 상대적으로 기존 체제의 눈치를 덜 볼 수 있는 위치에 놓이게 되었다. 그래서 '국정원 요원'과 '남파 간첩'이라는 겉모습 이면에 감춰진 실제 실상에 더 가까운 모습, 즉 '가족을 되찾고 싶은 외로운 가장'의 모습을 만날 수 있었던 것이다.

그럼에도 불구하고 두 사람 모두 여전이 기존 체제가 요구하는 사고방식에서 자유롭지 못했다. 그 정도로 기존의 체제라는 것은 공고한 것이고 설령 그 체제를 벗어난다 하더라도 그 영향권으로부터 완전히 자유로울 수는 없는 것이다. 그래서 이한규와 송지원은 '남에게 보여주고 싶은 모습'과 '실제 자신이 원하는 모습' 사이에서 괴리가 나타나는 인물들이다. 대외적으로 추구하고 있는 사회적 정체성과 실제 감춰진 자신의 욕망을 담고 있는 내면의 정체성 사이에 분열이 나타나는 것이다. 이렇게 두 인물의 분열상을 확인할 수 있는 대목들은 분단서사가 강력하게 작동하고 있는 지점이기도 하다.

---

22) 김영준·김승경, 「최근 한국 첩보영화에 대한 연구-다문화시대의 간첩 인식 변화를 중심으로」, 『다문화콘텐츠연구』 15, 중앙대학교 문화콘텐츠기술연구원, 2013, 259쪽.
23) 이한규는 국정원에서 해고되고, 송지원은 '그림자'에게 배신자라는 오해를 받고 남한에 홀로 버려지게 된다. '그림자'는 북한 당 서열 43위로 탈북한 정부 요인들을 전문적으로 살해하는 냉혹한 암살자이다.

1) 간첩과 의형제를 맺고 싶은 빨갱이 혐오증자, 이한규

이한규는 스스로를 '대한민국 가정 지킴이'라고 자부하는 해체된 가족의 가장이다. 국정원에서 해고된 이한규는 도망간 베트남 신부를 찾아주고 돈을 받는 일을 하는데 그가 베트남 신부들을 대하는 방식은 죄수를 다루는 방식에 가깝다. 이한규는 그녀들의 팔에 수갑을 채워 도망가지 못하도록 차안에 묶은 뒤에 남편들에게 데려다주고 돈을 받는다. 그 중에는 아내에게 폭력을 행사하는 남편도 있지만 이한규는 크게 개의치 않는다. 나중에 이한규와 같이 일을 하게 된 송지원은 이한규가 베트남 신부들을 '비인간적'으로 대하고 있음을 지적하며 이의를 제기한다. 하지만 송지원의 비난에 이한규는 발끈하며 "나도 내가 하는 일에 자부심을 갖고 살아온 사람이야. 왜? 나는 대한민국 가정을 지키는 사람이니까."라고 당당히 외친다.

이러한 이한규의 사고방식은 간첩 또는 간첩을 돕는 남한의 '빨갱이'들을 대하는 방식에서도 그대로 적용된다. 송지원은 북에 있는 가족들을 데려오는데 도움을 받기 위해 남한에 있는 방송국 PD, 교회 목사와 접촉을 해왔다. 이한규는 송지원의 뒤를 쫓다가 송지원과 만난 교회 목사의 신분을 확인하고 목사를 찾아가 사정없이 바닥에 내던지고 제압한다. 이한규는 베트남 신부들을 죄인처럼 다루었듯 송지원을 도와주는 남한 사람들 역시 '빨갱이'로 치부하며 죄인처럼 다룬다. 그리고 그의 이러한 폭력적인 행위는 '대한민국의 가정을 지키는 일'이라는 명목 하에 정당화 된다.

그런데 그가 그렇게 자부심을 갖고 한 일들은 정작 자기 가정을 해체시킨다. 이한규는 자신이 기반으로 삼고 있는 현실이 얼마나 매정하고 '비인간적'일 수 있는지 누구보다 잘 아는 사람이다. 그러나 그 사실을

공개적으로 인정할 수는 없다. 어쨌든 자신도 그 현실을 기반으로 하여 돈을 벌고 있으며, 그 덕분에 멀리 떨어져 사는 딸의 양육비를 낼 수 있기 때문이다. 하지만 이한규는 점차 송지원의 영향을 받아 '인간적'으로 베트남 신부들을 대하게 되고, 나중에는 잡았던 베트남 신부를 그냥 놔주기도 한다. 자신이 정당하다고 믿었던 일들이 갖는 부당함을 소극적으로나마 인정하게 된 것이다.

외국인 신부들에 대한 시선이 점차 변하게 된 이한규는 송지원에게서 자신과 비슷한 모습을 발견할 수 있게 된다. 송지원도 자신처럼 해체된 가족의 외로운 가장이라는 것을 알게 되면서 그를 돕고 싶어 한다. 하지만 이한규의 사회적 정체성은 여전히 간첩 잡는 빨갱이 혐오증자이다. 자신이 기반으로 삼고 있던 조직은 자신의 가족을 해체시킨 주된 원인이며, 자신을 내쫓은 매정한 곳이다. 오히려 이한규는 송지원과의 관계에서 진정한 가족애를 다시 느끼고 마음의 상처를 치유 받는다. 그럼에도 불구하고 이한규는 그 조직에 의지해서 자신의 욕망을 성취할 수밖에 없다. 이한규는 자신의 현실 토대가 되는 억압구조를 부정(否定)하면서도 의지하지 않을 수 없는 것이다.

영화 속에서 이한규가 보여주는 분열의 지점이 바로 여기에 있다. 이한규의 실상은 송지원과 '가족'처럼 지내고 있으면서 그의 형이 되고 싶어 하지만, 대외적으로 송지원은 자신이 잡아야 하는 '빨갱이', '간첩'이라는 것이다. 외국인 신부를 찾아주고 그 보상으로 '닭'을 받아 백숙을 해먹은 날, 이한규는 "누가 해준 음식 오랜만이네."라며 맛있게 밥을 먹는다. 그리고 그러한 이한규의 밥그릇에 송지원은 닭다리 하나를 더 올려준다. 두 사람은 처음으로 같이 밥을 해먹는 '식구(食口)'가 된 것이다. 이한규는 영국에서 새아빠와 살고 있는 딸과 전화통화를 하고 난 뒤에 쓸쓸한 마음에 송지원에게 '저녁에 맛있는 것 좀 해줄래'라고 문자를 보내는데, 이는 이한규가 송지원을 실제로 어떻게 여기고 있는지를 엿볼 수 있는 대목이다.

이한규는 점차 송지원에 대한 의심과 경계를 풀면서, 국정원 동료에게 조차 맡기지 않았던 차 운전도 송지원에게 맡기게 된다. 추석 명절이 다가와 송지원과 단둘이 뉴스를 보며 술을 마시다가 "가족도 같이 있을 때가 가족이지"라면서, 송지원에게 "형이라고 한 번 불러봐. 니가 좋아서 그래."라고 말한다. 물론 형이라는 소리는 듣지 못하지만 그날 밤 두 사람은 한데 엉켜서 처음으로 사이좋게 잠이 든다. 송지원은 이한규가 가장 외롭고 힘들 때 유일하게 자신을 위로해 줄 수 있는 가족 같은 존재가 된 것이다.

하지만 현실의 억압구조를 무시할 수는 없는 것이어서 그는 자신의 사회적 정체성을 대놓고 부인하지 못한다. 이한규는 송지원과 동거를 하는 동안에 끊임없이 국정원에 있는 옛 동료와 연락을 하면서 송지원을 잡을 기회를 엿본다. 송지원이 해준 집밥을 같이 먹으며 가족의 정을 나누다가도, 국정원 동료에게 위치 추적기를 받아내 송지원의 시계에 몰래 부착한다. 송지원에게 점차 마음을 열어 가고 있는 과정 속에서도 국정원 동료에게는 자신이 간첩 잡는 사람이라는 것을 끊임없이 상기시키고 있는 것이다.

영화 속에서 이한규가 해피엔딩을 맞을 수 있었던 것도 그가 자신의 사회적 정체성을 완전히 내려놓지 않고, 오히려 표면적으로는 기존 체제에 도움이 되는 일을 했기 때문이다. 이한규는 영화의 결말 부분에 가서 더 이상 송지원을 잡을 생각을 하지 않게 되지만, 대신 송지원보다 훨씬 악명 높은 간첩인 그림자를 제거하게 된다. 그리고 그림자를 제거한 공로를 인정받아 국가에서 표창을 받게 된다. 그는 여전히 기존 체제를 배신하지 않고 '빨갱이 혐오증자'로서의 정체성을 입증한 인물로 남는 것이다.

2) 그 누구도 배신하지 않아야만 하는 간첩, 송지원

영화 속 그림자가 대표적인 '나쁜 간첩'의 표상이라면, 송지원은 '착한 간첩'의 표상이라고 할 수 있다. 그가 엘리트 간첩이라는 설명은 나오지만, 영화 속에서 그는 단 한 번도 다른 사람을 해친 적이 없다. 항상 인간적인 모습을 보이면서 약자들을 보호하려고 한다. 그런데 아이러니하게도 송지원은 남한 사회에서 사회적 약자에 속한다. 송지원은 그림자에게 버림을 받고 남한 사회에서 사회적 약자로 남아 이한규를 만나기 전까지 외국인 노동자들과 막노동을 하며 살고 있었다. 송지원은 남한 사회에서 외국인 노동자들과 함께 '배제된 위치'에 놓인 인물인 것이다.[24]

그럼에도 불구하고 송지원은 '간첩'의 모습을 잃지 않으려고 애를 쓴다. 그는 이한규와 살게 되면서 계속 그림자에게 언더커버 리포트를 써서 이메일로 보낸다. 그림자는 이미 송지원을 버리고 송지원이 보낸 메일을 하나도 확인하지 않았지만, 송지원은 계속 혼자서 간첩 활동을 하고 있다고 여긴다. 막상 보고서에는 '특이사항 없음'만 쓰고 있지만, 그는 계속 언더커버 리포트를 쓰는 행위를 하는 것만으로 자신은 조국을

---

24) 기존에도 남한 사회에서 송지원의 위치를 외국인 노동자의 위치와 비교한 논의들이 있다.
'송지원이 위치하는 지점이 바로 이 '배제'의 지점이다. 영웅이 될 수 있는 기표를 가졌지만, 한국인들이 살아가는 지점에서 배제된 위치에 자리함으로써 송지원은 끊임없이 타자화된다.'(김영준·김승경, 「최근 한국 첩보영화에 대한 연구-다문화시대의 간첩 인식 변화를 중심으로」, 『다문화콘텐츠연구』 15, 중앙대학교 문화콘텐츠기술연구원, 2013, 264쪽).
'도망간 베트남 신부를 잡아주는 한규의 직업은 아이디어 단계에는 없던 설정이다. (중략) 단순하게 생각하면 한국사회의 여러 문제들 중 하나로 묘사된 것 같지만, 극 안에서 이 설정은 한국사회에 받아들여지지 못하는 지원의 처지를 빗대어 설명하는 중요한 기능을 하고 있다.'(정상민, 「영화 〈의형제〉 시나리오 개발 과정을 통해 본 논쟁적 이슈 영화의 제작관행 연구」, 고려대학교 석사학위논문, 2010, 53쪽).

배신한 것이 아니라고 여긴다. 하지만 실제 송지원은 자신이 간첩 활동을 한다고 믿었던 기간 동안 이한규와 같이 밥을 먹는 식구가 되었고, 명절에는 함께 제사를 지내는 가족이 되었다.

이한규가 처음 형이라고 불러보라고 했을 때 끝내 형이라고 부르지 않았지만, 그날 밤 송지원은 이한규의 배 위에 발을 올리고 잠이 든다. 다음 날 추석 제사상을 차린 이한규는 송지원에게 어머니 성씨를 물어 대신 지방을 써주고, 자신이 사실 송지원의 정체를 알고 있음을 밝힌다. 당황한 송지원은 칼을 꺼내 이한규에게 상처를 입히지만, 이한규는 침착하게 "우리 둘이 뭉치면 대박 날거야."라면서 앞으로도 함께 지내고 싶다는 뜻을 밝힌다. 결국 송지원은 칼을 던지고 이한규와 함께 부모님 제사상에 절을 올린다. '가족도 같이 있어야 가족이지'라는 이한규의 말처럼 실제 송지원이 가장 힘들고 외로울 때 가족처럼 그의 곁에 있는 것은 이한규인 것이다.

이처럼 송지원의 실제 모습은 '간첩'이라는 대외적 정체성에서 멀어졌지만, 그는 자신이 조국을 배신한 것이 아니라는 사실을 거듭 확인받으려고 하면서 '간첩'의 타이틀을 놓지 않으려고 발버둥 친다.[25] 영화 속 송지원이 가장 많이 하는 대사는 "나는 배신자가 아니다."라는 것이다. 영화의 마지막 부분에서 그림자와 함께 옥상에서 떨어져 죽을 정도로

---

25) '송지원이 이한규 밑에서 일하기로 결심한 이유는 그가 아직도 국정원 차장인 줄 알고 그에 대한 정보를 수집해 자신의 지위를 복원하기 위해서였다. 그러나 나중에 목사의 설명에 따르면, 송지원은 자수를 하고 싶어도 가족 때문에 못하고 있고, 북한의 가족을 데려올 수 있는 돈을 마련하기 위해 취직을 했다는 식으로 달라진다. 다시 말해서 송지원의 기표는 '간첩'인데, 기의는 가족을 두고 온 '탈북자'이다. 간첩이라는 기표는 액션장면의 스펙터클을 만들어내고 탈북자라는 기의는 의향제의 멜로드라마를 만들어낸다. 이것은 〈쉬리〉의 흥행 코드를 변형한 것이다. 기표와 기의의 모순 속에서 송지원의 말과 행동은 분리된다.'(김경욱, 「〈의형제〉의 환상, 〈경계도시 2〉의 실재, 어느 쪽이 우리를 즐겁게 하는가?」, 『영상예술연구』 17, 영상예술학회, 2010, 115~116쪽).

위급한 상황에 처하게 되었을 때에도 "나는 누구도 배신하지 않았습니다."라는 말만 되풀이한다. 실제로 그는 누구도 배신하지 않기 위해 엄청나게 애를 쓴다. 그림자가 다시 송지원을 불러 임무를 맡긴 상황에서 이한규가 나타나 방해를 하자, 그림자는 송지원에게 이한규를 죽이라고 명령한다. 송지원은 자신의 형이 되어버린 이한규를 차마 죽이지 못하지만 자신이 죽이지 않으면 그림자가 대신 죽일 것이라는 것을 알고 있다. 그래서 송지원은 칼날을 자신이 쥐고 칼의 손잡이로 이한규를 죽이는 시늉을 하고, 자신은 그림자와 함께 옥상 위에서 떨어진다. 그리고 옥상에서 떨어진 그림자를 처단하는 일은 이한규의 몫으로 남는다. 겉으로 봤을 때 송지원은 정말 그 누구도 배신하지 않는다.

영화 속에서 송지원이 보여주는 분열의 지점이 바로 여기에 있다. 남에게 보여 주는 모습, 또는 남들에게 보여 지고 싶은 모습은 조국을 배신하지 않은 '간첩'이지만, 실상은 이한규도 배신하고 싶어 하지 않는다는 것이다. 송지원이 기반으로 삼고 있는 현실의 억압구조는 이한규를 제거하는 것이 곧 조국을 배신하지 않는 길이라는 것을 강요한다. 바꿔 말하면 이한규와 의형제처럼 지내는 것은 조국을 배신하는 것과 다르지 않다고 여기는 것이다. 그런데 송지원이 진짜로 원하는 것은 이한규와 의형제처럼 지내는 것이고, 영화 속에서도 송지원은 이한규를 형처럼 따르는 동생의 모습에 가깝게 그려진다. 이렇게 자신이 남에게 보여주어야 하는 모습과 자신의 실제 모습에 괴리가 생길 때, 송지원이 억압구조로부터 오는 비난을 피해 안전하게 자신의 욕망을 성취하기 위해서는 여전히 '간첩'의 타이틀을 달고 있어야 한다. 마치 이한규가 겉으로는 계속 '빨갱이 혐오증자'의 타이틀을 달고 있었던 것처럼, 송지원 역시 조국을 배신하지 않은 '간첩'의 타이틀을 계속 달고 있어야 하는 것이다.

3) '배신자 낙인'에 대한 두려움과 분단서사

앞서 논의한 내용을 종합해 보면, 〈의형제〉 안에서 발견할 수 있는 분단서사의 특징은 바로 '배신자 낙인'에 대한 두려움과 관련된다. 이한규와 송지원 모두 자기 기존 체제로부터 '배신자'라는 소리를 듣지 않으면서도, 기존 체제에 어긋나는 욕망을 성취하고자 한 인물들이다. 두 사람은 자신이 속해 있던 조직의 눈치를 상대적으로 덜 볼 수 있는 위치에 놓여 있었기 때문에 억압된 욕망을 표출시킬 수 있는 기회를 얻게 되었다. 그렇지만 여전히 두 사람은 기존 체제의 억압구조로부터 온전히 자유로울 수는 없었다. 이한규와 송지원이 끊임없이 자신이 기존 체제를 배신한 것이 아님을 증명해야 했던 것은, 분단서사로부터 자유로울 수 없었기 때문이다. 그리고 이러한 분단서사의 작동으로 인해 두 사람에게서 하나로 통합되지 못한, 분열된 모습이 나타나게 된 것이다.

'내 기반이 되었던 체제를 등지는 것처럼 보이는 것', '기존에 맺었던 공고한 관계에서 벗어나는 것처럼 보이는 것'에 대한 두려움은 우리의 삶을 모순으로 가득하게 만든다. 왜냐면 실제로 우리는 기존에 맺었던 공고한 관계에서 벗어나고 싶은, 또는 벗어나야만 하는 순간들을 경험하게 되기 때문이다. 특히 영화 속에서처럼 내가 속해 있는 집단에서 배제된 인물과 관계를 맺을 때 '기존에 맺었던 공고한 관계에서 벗어나는 것처럼 보이는 것'에 대한 두려움이 강력하게 작동한다. 이러한 두려움은 기존에 맺은 관계 이외에는 '배타적으로 관계를 맺으려는 경향'으로 연결된다. '내가 저 사람이 좋다고 하면, 저 사람과 친하게 지내고 싶다는 것을 공식적으로 밝히면 기존에 나와 가깝게 지내던 사람이 나를 배신자라고 비난하겠지?'라는 두려움이, 실제 욕망을 감춘 채 겉으로는 계속 배타적으로 관계를 맺도록 부추기는 것이다.

이처럼 분단서사는 '기존 관계를 벗어난 새로운 관계가 기존 관계보다 더 나은 점이 있더라도 그것을 인정하지 않으려고 하는 특징'을 갖는다. 이한규와 송지원이 실제로는 서로를 가족처럼 느끼면서도 그것을 대놓고 인정하지 못하고, 오히려 자신에게 매정하게 굴었던 기존 관계에 충성하는 것처럼 보인 것도 이러한 분단서사의 영향을 받았기 때문이다. 분단서사는 자신에게 실질적으로 도움이 되는 새로운 관계의 좋은 점을 발견한다 하더라도 그것을 쉽게 인정하지 못하고 부정하게 만드는 것이다. 이러한 분단서사는 기존 체제에 더욱 고착되게 만들면서 새로운 발전과 성장을 하는데 큰 걸림돌이 된다. 따라서 분단서사를 넘어설 수 있는 통합서사가 우리 삶에 자리 잡게 하는 것은 우리 삶의 질을 높이는 일과도 무관하지 않은 것이다.

3. '배신자' 낙인에 대한 두려움 극복과 통합서사

이한규와 송지원은 자신이 속해 있던 기존 체제로부터 '배신자'라는 소리를 듣지 않기 위해 애를 썼지만, 두 사람이 진정으로 살고 싶은 세상은 '빨갱이 혐오증'을 드러내지 않아도, '간첩'임을 애써 증명하려 들지 않아도, 배신자 소리를 듣지 않는 세상이다. 하지만 한반도는 아직 그러한 세상이 아니다. 그 누구도 배신자가 아닐 때에만 해피엔딩이 보장된다. 그러기 위해서는 말과 실제 행동이 달라지는 모순이 필연적으로 발생하게 된다. 배신자가 아니면서 배신자여야 하기 때문이다. 그래서 이한규와 송지원은 한반도를 떠난 새로운 세상에서 다시 재회한다. 분단서사로부터 한결 자유로울 수 있는, 그래서 서로 '의형제'임을 떳떳하게 밝힐 수 있는 그런 세상을 꿈꾸며 말이다.

그들이 꿈꾸는 세상은 대중의 소망, 우리의 소망과도 닿아 있다. '배신자 낙인'에 대한 두려움에서 벗어날 수 있는 그런 세상에서 사는 것 말이다. '레드콤플렉스의 시대에 남한 남자와 북한 남자가 의형제를 맺는 이야기의 흥행성공은 남북한 관계에서 우리가 원하는 것이 한편으로 무엇인지를 드러낸다'는 지적[26]도 오늘날 우리 사회에 억압되어 있는 욕망과 그 욕망이 실현되기를 바라는 대중의 소망을 읽어낸 것이라 하겠다. 이러한 우리의 소망이 실현될 수 있는 세상에서는 우리의 삶이 '덜 모순적'이고 '덜 분열적'일 수 있을 것이다.

영화 속에서 이한규와 송지원의 억압된 욕망이 해소된 방식은 한국에서 만들어지는 분단영화가 담아낼 수 있는 통합서사의 한계를 드러내는 것이기도 하고, 동시에 진정한 통합서사로 나아갈 수 있는 실마리를 담고 있기도 하다. '분단영화'를 표방하면서 지금 우리가 속한 판에서 분단서사를 온전히 극복하는 모습을 보여주는 것은 어려운 일이다. 그만큼 현실의 분단서사가 여전히 막강한 힘을 행사하고 있기 때문이다. 지금 이 '판'을 벗어나 새로운 '판'으로 떠나는 영화의 결말-비록 이한규는 일시적으로 벗어나는 것이지만-은 분단영화가 보여줄 수 있는 통합서사의 한계처럼 보이기도 하지만, 한편으로 통합서사는 '판'을 바꾸는 일이기도 하다는 것을 시사해준다. 〈의형제〉는 기존의 공고한 세계, 기존에 자신이 몸담고 있던 판에서 어느 정도 벗어날 수 있을 때, 적대시하던 상대방과 통합할 수 있는 가능성이 열린다는 것을 말해주고 있는 것이다.

따라서 영화 〈의형제〉 속 억압된 욕망의 해소 방식을 통해 본 통합서사는 '현 체제에 안주하려고 하는 배제와 배타의 논리를 벗어나 상대방의 부정적인 모습을 배척하지 않고 포용할 수 있는 특징'을 지닌다고 할

---

26) 김경욱, 「〈의형제〉의 환상, 〈경계도시 2〉의 실재, 어느 쪽이 우리를 즐겁게 하는가?」, 『영상예술연구』 17, 영상예술학회, 2010, 112쪽.

수 있다. 이한규와 송지원은 기존 판에서 어느 정도 벗어났을 때 비로소 서로의 부정적인 모습(빨갱이 혐오증자, 간첩) 이면에 있는 진짜 모습을 마주하고 화합할 수 있었다. 만일 기존 체제에 안주하려고만 한다면 겉으로 드러난 상대방의 부정적인 모습에 집중하게 되고, 그렇게 되면 상대의 이면에 감추어진 새로운 모습, 나와 크게 다르지 않은 상대방의 진심은 영영 알 길이 없어진다. 내 안에 자리 잡은 분단서사에 의해 왜곡되어 나타나는 상대방의 겉모습이 마치 상대방의 전부라고 착각하면서 평생 배척하기가 쉬운 것이다. 따라서 통합서사는 '부정적인 것으로만 여기던 상대방의 모습에서 부정적인 것을 넘어서는 새로운 가치를 발견할 수 있는 특징'을 갖는다고 할 수 있다.

영화 속 이한규와 송지원은 새로운 세상으로 떠났지만, 우리는 지금 우리가 살고 있는 이곳을 새로운 세상으로 만들어야 한다. 그러한 세상은 어떻게 올 수 있을까. 먼저 분단서사를 넘어선 통합서사가 이 사회에 깊이 자리 잡아야 할 것이다. 분단서사가 우리 사회와 내 안에 오랫동안 자리 잡았던 것처럼, 통합서사가 우리 사회와 내 안에 깊이 자리 잡도록 해야 한다. 그러기 위해서는 먼저 통합서사가 어떠한 특징을 지니는지를 파악하고, 그러한 특징을 지닌 통합서사를 많이 개발해야 할 것이다. 기존의 수많은 작품들이 분단서사의 영향을 받아 만들어 졌듯이, 통합서사 역시 기존에 이미 존재하는 작품들을 분석하여 개발할 수 있다. 그런데 분단영화는 다른 장르에 비해 '대놓고' 분단서사의 영향을 강력히 받는 장르이기에, 분단서사를 극복한 서사를 구현해 내는데 한계가 있을 수 있다. 그래서 한편으로는 '분단'이라는 민감한 소재에서 벗어난 작품들에서도 통합서사를 발굴해 내는 작업이 필요할 것이다.[27]

---

27) 이와 관련하여 정운채의 논의에 주목할 만하다. 먼저 「우리 민족의 정체성과 통일서사」에서는 고전문학작품들을 분석하여 통일서사 구축에 필요한 요소들을 점검하였다. 그는 통일서사 구축에 필요한 요소들 가운데 하나는 '상대

4. 통합서사를 통한 분단서사의 극복

평상시에는 북한의 존재에 대해 잊고 지내다가도 뉴스를 통해 북한의 도발을 접하기라도 하면 북한에 대한 강한 적대감을 표현하기 마련이다. 북한에 대한 적대적 분위기가 확산되면, 북한과 관련된 사람, 북한에 대해 우호적인 말을 하는 사람은 모두 '배신자' 취급을 받으면서 똑같이 공격의 대상이 되기 쉽다. 이렇게 우리 사회는 언제든 기회만 주어지면 북한에 대해 분노할 준비가 되어 있다. 평상시에는 잠재되어 있어서 겉으로 드러나지 않을 뿐이지, 북한에 대해 적대감을 표현하거나 분노할 준비는 항시 되어 있는 것이다.

이러한 우리 사회의 잠재된 분노는 단지 남북한의 관계에만 적용되지 않는다. 분단서사가 우리 안에 체화된, 잠재된 서사라면 우리 일상 전반에 걸쳐 영향력을 행사할 수밖에 없다. 분단서사가 내내 잠재되어 있다가 남북관계 관련된 문제에만 영향력을 행사할 수는 없는 것이다. 우리의 일상적 삶에 깊이 침투되어 있는 분단서사는 그 상대가 직접적으로

방의 과거를 인정하고 포용하는 것'이라고 하면서 상대방의 과거를 인정하고 포용하는 서사로 〈처용가〉, 〈도량넓은 남편〉, 〈첫날밤에 아이 낳은 신부〉 등을 예로 들었다. 또한 통일서사 구축에 필요한 두 번째 요소로 '현 체제에 안주하지 않고 새로운 이상세계를 건설하는 것'을 꼽으면서, 〈단군신화〉, 〈주몽신화〉, 〈홍길동전〉, 〈허생전〉 등을 예로 들었다. (정운채, 「우리 민족의 정체성과 통일서사」, 『인문학논총』 47, 건국대학교 인문학연구원, 2009.) 다음으로 「정몽주의 암살과 복권에 대한 서사적 이해-분단서사와 통일서사의 역사적 실체 규명을 위하여-」에서는 정몽주의 복권에 대한 『조선왕조실록』의 기사들이 설화 〈역적 누명과 회초리〉, 〈옛 지아비가 황천에서 운다〉, 〈호랑이 눈썹〉 등과 서사적으로 유사한 측면이 있음을 논하고, 이러한 작품들에서 자신을 거부하거나 자신이 의도적으로 물리친 상대방을 미워하거나 배척하지 않고 그 덕을 기리고 화합하는 모습이 공통적으로 나타남을 분석하였다. 그리고 이러한 특징을 갖고 있는 서사를 '통일서사'라고 명명해도 좋을 것이라고 논하였다(정운채, 「정몽주의 암살과 복권에 대한 서사적 이해」, 『통일인문학논총』 53, 건국대학교 인문학연구원, 2012).

북한과 관련되어 있지 않더라도 영향력을 행사할 수 있다. 평상시 우리가 일상적으로 맺고 있는 관계 속에서도 '배신자 낙인'에 대한 두려움이 작용하고 있으며, 이로 인한 '배타적 관계 맺기'가 빈번히 이루어지고 있다.

분단서사를 넘어선 통합서사가 우리 삶에 구현되어야만 하는 것은, 단지 통일을 준비하기 위해서만이 아니다. 보다 근본적으로는 우리 삶의 질을 높이기 위해서이다. 우리가 더 건강한 삶, 수준 높은 삶을 살기 위해서 필요한 것이다. 그리고 우리 삶에서 통합서사가 구현되기 위해서는 통합서사의 구체적인 실체가 드러나야 한다. 그 실체가 애매모호하다면, 통합서사는 우리 삶에서 실질적인 힘을 발휘하기가 어려울 것이다.

이 글은 이러한 문제의식을 기반으로 하여, 영화 〈의형제〉를 통해 분단서사와 통합서사의 실체를 구체적으로 드러내 보고자 한 시도였다. 그 결과 분단서사는 '기존 관계를 벗어난 새로운 관계가 기존 관계보다 더 나은 점이 있더라도 그것을 인정하지 않으려고 하는 특징'을 갖는다는 것을 분석하였고, 통합서사는 '현 체제에 안주하려고 하는 배제와 배타의 논리를 벗어나 상대방의 부정적인 모습을 배척하지 않고 포용할 수 있는 특징'을 지니고 있음을 분석하였다. 앞으로는 통합서사의 개발뿐만 아니라 통합서사가 우리 사회와 나 자신의 내면에 깊이 자리 잡을 수 있는 방안을 함께 고민해야 할 것이다.

제5장 기억과 망각의 정치, 고통의 연대적 공감

전상국의 소설 〈아베의 가족〉, 〈남이섬〉, 〈지뢰밭〉을 통해 본 통합서사

김종곤*

1. 횡단적 문학과 분단문학

"문학은 우리가 체험하는 세계를 넘어서는 여행이고, 끊임없이 경계를 넘어서는 '너머의 삶'이다." 이는 우리가 경험하는 세계와는 완전히 '다른' 어떤 세계를 공상적으로 그리는 것이 문학이라고 말하고 있는 것이 아니다. 여기서 말하는 문학은 "수평적으로 삶의 표면을 구획하고 있는 경계를 가로지르고 넘어" 다른 종류의 삶을 표현하고 또 그를 통해 "부재하는 삶의 방식을 만드는 것", 그래서 "기존의 삶과 부재하는 삶 사이"에 위치하는 "횡단적 문학"을 의미한다.[1] 따라서 우리가 문학을 너머의 삶으로 정의하는 한 그 문학은 서사적 공간을 배경으로 하지만 과거와 현재 그리고 미래를 지금의 우리 삶에 비추어 새로운 삶의 공간으로

---

* 건국대 통일인문학연구단 HK연구교수.

1) 이진경, 「문학-기계와 횡단적 문학 : 기하학적 형식으로 증명된 문학-기계의 이론」, 『들뢰즈와 문학-기계』, 소명, 2002, 18~33쪽.

재구성(창출)하는 것이라고 하겠다. 그런데 우리는 어찌하여 그러한 "사이의 삶"이 펼쳐지는 세계를 허구적 장치를 통하여 상상적으로 구성하려고 하는가?

그것은 우리가 '지금'의 경험적 세계에 만족하지 않는다는 것이다. 그러나 만족이라는 것이 반드시 어떤 것에다 무엇을 보태어 충만함을 추구한다는 것은 아니다. 오히려 그것은 삶을 구획하는 경계가 욕망의 흐름을 차단하고 포획하려는 시도 속에서 남겨지는 흔적들과 관련된다. 경계는 질서를 따라 '의미'를 생산하고 '유형'을 만든다. 이는 동시에 경계가 '분류'와 '분할'을 수행한다는 의미이기도하다. 그러한 점에서 경계가 남기는 것은 '생산물'뿐만 아니라 질서에 편입되지 못하고 떨어져나가는 비의미, 비유형, 한마디로 무질서라고 할 수 있는 '비생산물들'을 남긴다. 그것은 경계 안의 삶에서는 무가치한 것으로 질서를 위태롭게 하는 것, 위험한 것으로 간주된다. 하지만 경계가 어떠한 벽으로 가로막혀 있다고 할지라도 작은 창과 문이 없는 벽은 있을 수 없으며 설령 그렇다고 할지라도 미세한 균열이 있을 수밖에 없기에 경계의 안과 밖은 통할 수밖에 없다. 그것은 외부로 밀려나 있는 '위험성'은 언제든지 내부로 침투할 가능성을 가졌다는 것이다.[2]

그렇다면 경험세계는 안전하게 완전히 차단된 어떤 세계가 아니다. 그것은 늘 상 구획되어 차이를 지니는 것들로부터 도전을 받고 있는 각축의 장이 된다. '사이의 삶'으로서 문학은 그로부터 출발하는 것이고, 비록 조용하게 보일지 모르나 그러한 도전과 저항을 포착하고 구획된 욕망을 펼쳐가는 방법, 과정 그리고 그 결과에 대한 예측을 표현하는 것이 아닐까? 그래서 횡단적 문학은 지금과 다른 차이를 생산하는 기계가

---

[2] 지그문트 바우만, 조은평·강지은 역, 『고독을 잃어버린 시간』, 동녘, 2012, 351~360쪽 참조.

될 수 있으며, 그러한 점에서 우리가 말하는 문학은 언제나 정치적일 수밖에 없는 것이 아닐까?[3] 그렇다고 해서 오직 문학만이 횡단적이고 정치적이라고 말하려는 것은 아니다. 다만 문학이 "다른 사람의 구체적인 삶을 통해, 지금의 우리들의 삶을 확장하거나 되돌아보게 하는 문학 고유의 기능"[4]을 가지고 있으며, "추상적 이념보다는 일상의 실제적 국면들에 주목"[5]하는 것이라고 한다면 문학은 세계의 언어로 포획되지 않는 몸짓, 언어(Logos)가 아닌 소리(Phone)[6], 인간과 인간 그리고 인간과 세계로부터 출발하지만 설명 불가능한 그 어떤 현상과 분위기 등을 정서적으로 교감할 수 있게 한다는 점에서 시대적 문제에 '앎'이 아닌 '신체'의 차원에서 대면과 응답의 주체가 될 것을 요구한다. 그렇기에 문학은 언어화되지 못하고 될 수 없었던 '역사의 여백'을 그것도 정치적으로 사유하고 실천할 수 있는 방법론을 축출하기 위한 '텍스트'가 될 수 있는 것이다.

우리가 분단문학을 생산하고 읽는 것은 이러한 점과 상통한다. 분단이라는 엄연한 현실은 우리의 삶의 가치가 규정되고 또 때로는 실제적인 불안과 공포를 안겨주고 있으며, 분단체제가 형성하고 있는 억압의

---

3) 이진경, 「문학-기계와 횡단적 문학 : 기하학적 형식으로 증명된 문학-기계의 이론」, 『들뢰즈와 문학-기계』, 소명, 2002, 27~28쪽 참조. 이진경은 문학이 정치적이라는 의미를 그것이 정치적 소재를 다룬다는 것이 아니라 '정치적 효과'의 창출에서 찾는다.

4) 엄현섭, 「한국전쟁의 표상과 지역문학의 재인식 : 전상국의 『동행』을 중심으로」, 『국제어문』 제60집, 국제어문학회, 2014, 504쪽.

5) 강진호, 『탈분단 시대의 문학논리』, 새미, 2008, 90쪽.

6) 예를 들어 다음의 시는 소리로 바다 속에서 돌아오지 않는 사랑하는 사람을 기다리는 애환과 아픔을 전달하고 있다. "아아아아아아아아아아아아아아아 아 아 아 악"(이진명, 〈비〉, 『우리 모두가 세월호였다.』, 실천문학사, 2014, 139쪽; 김형중, 「우리가 감당할 수 있을까? - 트라우마와 문학」, 『문학과 사회』 제27권 제3호, 문학과 지성사, 2014, 260쪽 재인용.)

구조는 반세기 민주화의 성과들을 후퇴시키는 좋은 무기로 사용되고 있다. 그렇기에 분단극복과 통일은 시대적 과제라고 할 수 있는데, 그럼에도 불구하고 그것은 고리타분한 발상으로 또 지나간 세대들이 놓지 못하는 미련 따위 등으로 치부되고 있다. 하지만 '소리 없는 전쟁', '끝나지 않은 전쟁'이라고 표현될 만큼 우리의 현실과 우리의 정신은 매일 전쟁을 치르고 있는 실정이다. 그렇기에 회피, 부정한다고 해서 없어지는 것이 아니라 오히려 지연되면서 우리의 삶을 더 질곡으로 빠뜨려가고 있다.

그러한 점에서 한국의 문학사에 있어 분단문학은 문학적 언어를 통해 분단의 현실을 고민하고 분단의 현실에서 다른 세계를 창출하고자 하였던 '정치적 활동'이라고 할 수 있다. 물론 모든 '분단문학'이 앞서 말한바 데로 정치적이거나 횡단적인 성질을 지녔다고 말할 수는 없다. 특히 엄혹했던 50, 60년대에는 국가 이데올로기를 선전하는 관변문학이 꽤나 힘을 발휘하기도 하였다. 그래서 이러한 성질의 문학작품들과 차별점을 두려는 의도에서 역사인식의 강조 혹은 전환을 요구하면서 분단문학 그 자체에 대한 정의는 다양하게 이루어져 왔다. 또 몇몇 학자들은 분단문학이라는 용어가 분단극복이라는 과제의 의미를 담아내지 못한다는 점에서 통일문학, 분단극복문학으로 불리어야 한다고 주장하기도 한다.[7]

주목할 점은 4·19 혁명(1960)을 경유하고 7·4 남북공동성명(1972)이 채택되고 남북관계가 이전과 비교하여 해빙기에 접어들면서 분단문학

---

7) 강진호는 "분단문학이란 분단이 시작된 시점으로부터 분단체제가 해체되는 미래의 어느 시점까지의 문학으로 정의해도 무방"하지만 "이 용어가 단순한 분류의 차원에서 벗어나 민족문학의 맥락에서 수용되기 위해서는 분단의 원인에 대한 천착과 그 극복의지가 작품 속에 구체적으로 내재되어 있어야 한다"고 말한다(강진호, 『탈분단 시대의 문학논리』, 새미, 2008, 107쪽). 또 김승환은 "분단문학이란 분단에 대한 역사적인 인식을 가지고 창작된 작품이거나 그렇지 않다 하더라도 분단의 상황이 잘 드러나 있는 분단시대 남한에서 생산된 분단주제의 문학작품"으로 정의하기도 한다(김승환, 「분단문학과 분단시대」, 김승환·신범순 엮음, 『분단 문학 비평』, 청하, 1987, 21쪽).

의 성질이 점차 바뀌어갔다는 것이다.[8] 60년대까지의 분단문학은 대체적으로 허무주의가 지배적이었지만[9] 70년 중후반부터는 "전후의 허무주의와 모멸의 감정에서 벗어나 분단 현실을 자신의 문제로 수용하고 역사적으로 조망하여 해결의 실마리를 모색"하기 시작하였고 평가되어진다. 이 시기부터 분단문학은 "과거와 현재를 계기적으로 이해하고 현재의 관점에서 적극적으로 수용"하면서 "과거사를 객관화"하고 "고통의 상처를 어떤 형태로든 정리하고 치료하려는 의도"를 보인다.[10] 즉, "과거사를 조망하기만 하는 것이 아니라 그것을 현재화하고 치유의 가능성을 찾는 보다 적극적인 모색"을 하기 시작하였다는 것이다. 그것은 강진호가 말하듯 우리의 "무의식 속에 완강한 구조로 자리 잡고 있는" 분단체제의 해체를 위해서는 "우리를 사로잡고 있는 망령"으로서 냉전 이데올로기의 뇌관을 해체하는 것이 무엇보다 중요한 과제라는 인식에서부터 출발하는 것이다.[11] "과거사란 외면하거나 부정함으로써 치유되는 것이 아니라, 바르게 보고 객관화함으로써 극복될 수 있다는 생각"[12]인 것이다.

---

8) 1970년대 분단문학 작가들이 대거 등장한 이유로는 ① "이승만 정권이래 경직된 반공주의가 1972년 7·4 남북공동성명 발표를 계기로 점차 해빙의 분위기", ② "당시 본격적으로 발굴·채록된 증언과 수기 등의 영향"을 들 수 있으며, 또 ③ "무엇보다 중요한 것은 70년대 들어서 소년시절에 전쟁을 체험한 세대들이 작품활동을 본격적으로 시작했다는데 있다."(강진호, 『탈분단 시대의 문학논리』, 새미, 2008, 109쪽).
9) 장석주, 「6·25의 문학적 형상화-전상국·유재용·이문열」, 김승환·신범순 엮음, 『분단 문학 비평』, 청하, 1987, 310쪽.
10) 또 하나의 특징으로는 "분단 상황에 대해 비판적 인식을 가지고 텍스트화하며 혈연성을 바탕으로 분단 이데올로기를 넘어서서 훼손된 민족 정체성과 동질성을 회복"하려는 의도가 강했다는 점을 지적할 수 있다(전영의, 「역사적 트라우마 치유를 위한 문학생산론 : 조정래의 『태백산맥』을 중심으로」, 『한어문교육』 제27집, 한국언어문학교육학회, 2012, 254쪽).
11) 강진호, 위의 책, 88~89쪽.
12) 강진호, 위의 책, 110~112쪽.

하지만 문학은 역사학이 아니라는 점에서 그러한 객관화는 실증적 '사실'(fact)을 중심으로 이루어지는 것이 아니다. 그렇다고 해서 문학이 허무맹랑한 '거짓'으로 꾸며지지는 않는다. 문학은 "인간의 사회·역사적 환경세계의 대상들과의 생동하는 상호작용"을 바탕으로 형성화되는 "객체의 총체성"(die Totalität der Objekte)[13]을 가진다는 점에서, "역사가 빠뜨리고 건너뛴 지난 시간의 여백에서 문학은 실종된 개개인의 작은 삶과 행적들을 있음직한 가상의 사실로 새롭게 복원하는 것"[14]이라고 할 수 있다. 그렇기에 분단문학이 수행하고자 했던 '치유'는 니체의 구분을 빌려와 말하자면 '기념비적 역사' 혹은 '골동품적 역사'가 아니라 "고통을 느끼고 해방이 필요한 사람들에게 필요한" '비판적 역사'(die kritische Historie) 쓰기라고 할 수 있다. 그것은 단지 과거를 파괴하고 해체하는 것을 의미하는 것이 아니다. 그것은 무엇보다 현재에서 "미래를 창출하려는 열정과 사랑"을 바탕으로 한다. 그리고 역사가 삶에 봉사하게끔 과거의 역사를 다시 비판적으로 읽는 것을 말한다.[15]

따라서 분단문학을 읽는다는 것은 역사를 왜곡하여 허구적으로 창조하는 것이 아니라 분단체제를 극복하고 지금과 다른 미래를 기획하고자 하는 현재적 욕망으로부터 출발하며, 삭제되고 억압된 역사를 '기억'하는 것이라고 할 수 있다. 또 그러한 점에서 분단문학의 기억하기는 '망각'의 명령에 맞선 저항이라고 할 수 있다. 이에 이 글의 목적은 70년대 이후부터 그러한 작업을 진행해온 작가들 중 전상국[16]의 소설 〈아베의

---

13) 게오르그 루카치, 이영욱 역, 『역사소설론』, 거름, 1987, 111쪽.
14) 엄현섭, 「한국전쟁의 표상과 지역문학의 재인식 : 전상국의 『동행』을 중심으로」, 『국제어문』 제60집, 국제어문학회, 2014, 505쪽.
15) 김정현, 『니체, 생명과 치유의 철학』, 책세상, 2010, 161~164쪽.
16) 전상국은 1963년 조선일보 신춘문예에 〈동행〉이라는 작품으로 등단한다. 그렇지만 그 이후 10여년동안 이렇다 할 작품활동이 없다가 1979년 〈아베의 가족〉으로 시작으로 다시 작품활동을 이어오고 있다. 전상국 외 이 시기부터

가족〉, 〈남이섬〉, 〈지뢰밭〉을 중심으로 작품 속에서 '기억과 망각의 정치'가 어떻게 이루어져왔는가를 살피는 것에 있다. 분단의 역사에서 무엇을 어떻게 기억하고 망각하고 있는지를 작가의 입을 통해 들으면서 독자의 입장에서 해석하고자 하는 것이다. 하지만 그것은 어디까지나 분단서사의 극복과 통합서사의 구축이라는 관점에서 이루어진다. 그렇기에 이 논문이 가진 또 하나의 목적은 분단서사를 넘어서기 위한 통합서사가 어떠한 성격의 것이 되어야하는지를 논의하는 것에 있다.

2. 생명력의 생성으로서 기억과 공감의 서사

기억이라는 것은 "작화(作話, confabulation)", "출처 혼동(source confusion)", "상상 팽창(imagination inflation)"되는 "구성적 능력"[17)]이라는 점에 비추어 보자면 기억은 항상 경험적 사실을 그대로 기록하지 못하며 그래서 언제나 왜곡과 아울러 망각의 가능성을 지니고 있다. 그렇기에 기억은 실증주의적 관점에서 보았을 때 사실(fact)로서의 역사와 항상 일치하지 않는다. 다시 말해 기억은 역사의 타자 혹은 안티테제가 될 수 있다는 것이다. 그렇다면 분단의 역사에서 기억과 망각은 어떠하였는가?

간략히 정리하자면 그것은 첫째, 분단의 역사에서 망각은 역사와 기억의 대립항 속에서 서로의 존재성을 민족의 역사에서 부정하는 차원에서 이루어져 왔다. 분단 이후 남과 북은 체제경쟁을 과열화하면서 스스로 민족의 정통성을 계승하는 적자임을 자처하게 된다. 이 과정에서 오

두각을 드러낸 대표적인 작가들로는 김원일, 박완서, 황석영, 조정래, 현기영 등이 있다.

17) 진은영, 「기억과 망각의 아고니즘」, 『시대와 철학』 제21권 1호, 한국철학사상 연구회, 2010, 163쪽.

직 자신만이 '민족'으로서 순수성을 지니며, 반면 상대는 그러한 민족의 순결성을 훼손시키는 비순결성으로서 제거되어야 하는 절멸의 대상이 되었다. 민족적 유대감은 단절되고 '민족'이라는 상상적 공동체는 파괴되어 갔다. 이제 '민족'은 분단국가주의 논리에 따라 전유되면서 그 결과 남과 북은 민족의 역사에서 서로의 역사를 '삭제'하기에 이른다. 예를 들어 남은 일제해방투쟁사에서 김일성을 비롯한 사회주의와 아나키즘 진영의 활동을, 북은 오로지 김일성의 항일무장투쟁을 근대화의 시작으로 보면서 나머지를 삭제하였다. 하지만 이러한 설명은 분단과 6 · 25전쟁이라는 특수한 역사적 상황으로 인한 역사적 트라우마(historical trauma)와의 관련성을 적극적으로 고려하고 있지 못하는 한계를 지니고 있다.

일반적인 트라우마가 외상 기억에 대한 회피, 부정, 억압의 결과로서 "과거의 연속성을 파괴하는 기억의 지연과 분열"[18]을 야기하듯이 한반도의 비극적 역사가 낳은 트라우마는 집단적 차원에서 "분단 극복이라는 원초적인 동일성을 회복하고자 하는 욕망으로, 다른 한편으로 그 욕망이 생산한 동족상잔의 '원죄적 무의식'을 감추고, 그 원죄적 무의식을 초자아(국가)가 요구하는 양심의 가책과 윤리의 내면화를 통해서 민족을 국민으로 전화시키는 억압적 코드로 변환시"켜왔다. 다시 말해 동족을 살해하였다는 가해자로서의 죄의식은 분단국가에서는 금기(taboo)로 작동하였고, 역설적이게도 그것은 민족을 국가의 감시와 통제 그리고 처벌의 기제로 사용되어져 왔다는 것이다. 그 결과 둘째, "초자아로서 민족 없는 국민국가는 '국민'을 생산하기 위해서 트라우마를 이용했으며 트라우마를 타나토스적 적대의식과 기억의 왜곡-재편의 중핵으로 변환시"[19]면서 한반도의 비극의 역사를 피해자의 논리 속에서 가해자에 대

---

18) 도미니크 라카프라, 김태균 역, 「역사와 기억 : 홀로코스트의 그늘에서」, 육영수 엮음, 『치유의 역사학으로 : 라카프라의 정신분석학적 역사학』, 푸른역사, 2008, 66쪽.

한 원한과 적대의 감정이 이입된 기억으로 구성하여 왔다.

전상국은 소설이란 "사람들의 기억 속에 거의 잊혀져가는 어떤 사건을 선택한 다음, 비록 어제의 것이지만 이것만은 결코 잊어서는 안 된다고 다소 과장된 방법으로 뭔가를 환기시켜 주는 것"[20]이라고 하면서 그의 소설에서 죄의식과 기억의 문제를 줄곧 다루어 왔다. 그는 이러한 문제에 접근하기 위한 방법으로 인물들 대부분을 전쟁과 폭력으로 인한 트라우마를 가진 사람들로 형상화된다. 1979년 작품인 〈아베의 가족〉을 보게 되면 아베의 계부인 김상만과 아베의 형인 '나'는 각각 살해와 성폭행의 가해자로 등장한다. 반면 아베의 어머니 주경희와 누이 동생인 정희는 각각 미국군인과 미국인에게 성폭행을 당하는 피해자로 등장한다. 이 작품이 70년대 말이라는 점에서 전상국의 역사인식은 분단과 전쟁의 문제를 외세의 개입으로 보고 민족적 주체성을 강조하는 맥락을 지니고 있다고 할 수 있다. 그렇기에 여성들의 수난은 남성성으로 표상되는 "하나의 세계에 질서를 부여하는 힘"[21](국가)이 부재한 상황에서 발생하는 폭력의 상징으로 해석되기도 한다.

하지만 그보다 우선 여기에서 주목하고자 하는 것은 아베의 계부 김상만은 살인과 성폭력의 가해자였지만 "죄책감으로 말미암아 또 다른 피해자로 살아가는 특징"[22]을 보인다는 점이다. 그를 피해자로 살아가

---

19) 김성민·박영균, 「분단 트라우마에 관한 시론적 성찰」, 『시대와 철학』 제21권 2호, 한국철학사상연구회, 2010, 32쪽.

20) 전상국, 『소설 창작 강의』, 문학사상사, 2010, 15쪽; 양선민, 창작방법 연구, 2102, 133쪽 재인용.

21) 전상국, 「아버지, 그에 연관된 귀소의지의 천착」, 『열 한 권의 창작 노트』, 창, 1991, 84쪽; 조동숙, 「구원으로서의 귀향과 부권 회복의 의미」, 『한국문학논총』 제21집, 한국문학회, 1997, 262쪽 재인용.

22) 정재림, 「전상국 소설에 나타난 추방자 형상 연구 - 「아베의 가족」, 「지빠귀 둥지 속의 뻐꾸기」를 중심으로」, 『한국문학이론과 비평』 55, 한국문학이론과 비평학회, 2012, 231쪽.

게 하는 것은 바로 '죄의식'이다. 김상만은 자신이 죽인 3명의 아군 병사 중 "한 사람이 일어나 한쪽 무릎을 땅에 끌며 움직이"23)는 모습을 잊지 못한다. 그것은 프로이트가 「쾌락원칙을 넘어서」에서 분석했던 1차 세계대전 참전병사처럼 악몽으로 반복해서 되살아난다. 김상만이 아베를 친아들처럼 '사랑'하고자 한 것은 "일종의 속죄 행위"로 "죄의식의 맥락에서 이해"될 수 있다.24) 그러나 결국에는 무기력한 삶을 살던 김상만은 아베를 버리고 미국으로 이민을 가면서 그러한 속죄 행위를 통해서도 죄의식으로부터 벗어날 수 없다는 것을 전상국은 보여준다. "아베는 6·25가 이 가족집단에게 남기고 간 상처의 구체적 표상"25)이라고 했을 때 김상만에게 "아베는 전쟁의 상처를 다시 떠올리게 하는 존재였을 뿐"26)이었다는 것이다. 오히려 여기에서 전상국이 말하고자 하는 것은 아베와 같이 뒤틀리고 기괴한 상처의 기억은 버리려고 한다고 해서 버릴 수 있는 것이 아니며 그 어떤 다른 대상으로 대체한다고 해서 대체될 수 있는 것이 아니라는 것이다. "기억의 일시적 망각 속에서 부인되고 억압된 것은 사라지지 않으며, 단지 변형되거나 위장된 모습으로 되돌아"27)뿐이다.

이는 전쟁의 피해자인 아베의 어머니 주경희도 마찬가지이다. 그녀의

23) 전상국, 〈아베의 가족〉, 『우상의 눈물』, 사피엔스, 2012, 164쪽(이하 '〈아베의 가족〉, 쪽수'로 표기).
24) 정재림, 「전상국 소설에 나타난 추방자 형상 연구 -「아베의 가족」, 「지빠귀 둥지 속의 뻐꾸기」를 중심으로」, 『한국문학이론과 비평』 55, 한국문학이론과 비평학회, 2012, 229쪽.
25) 장석주, 「6·25의 문학적 형상화 -전상국·유재용·이문열」, 김승환·신범순 엮음, 『분단 문학 비평』, 청하, 1987, 313쪽.
26) 〈아베의 가족〉, 223쪽.
27) 도미니크 라카프라, 김태균 역, 「역사와 기억 : 홀로코스트의 그늘에서」, 육영수 엮음, 『치유의 역사학으로 : 라카프라의 정신분석학적 역사학』, 푸른역사, 2008, 69쪽.

전남편은 전쟁의 소용돌이 속에서 생사를 알 수 없게 되었고, 급기야는 1·4후퇴 때 퇴각하는 미군병사들에게 시어머니와 동시에 임신한 상태에서 강간을 당한다. 그리고 그 충격으로 인해 산달을 다 채우지 못하고 장애를 가진 아베를 출산하게 된다. 성폭행의 피해자로서 그는 증오와 원한의 감정으로 가해자들을 죽이고 싶다는 충동을 느낀다. 하지만 시간이 지나면서 그러한 감정은 누그러진다. 김상만이 "아베 엄마, 당신 지금도 그 사람들을 미워하고 있소?'라는 물음에 그녀는 "그럼 제가 그 사람들을 사랑해야 되겠어요? 난 이제 아무도 미워하지 않아요. 미운 건 오직 내가 왜 이렇게 끈질기게 살아야 하는가 하는 그 의문이에요. 나는 이 의문이 머릿속에 떠오를 때마다 두려워서 견딜 수가 없어요."[28]라고 답한다. 그녀 역시 상처의 기억으로부터 자유롭지 못하면서 죽음충동을 지속적이고 반복적으로 느끼고 있는 것이다.

그렇다면 전상국은 분단과 전쟁의 역사에 있어서 '모두가 아픔을 겪고 있는 피해자'임을 말하고 있는 것이다. 그렇지만 여기에서 제기될 수 있는 문제는 "가해자의 트라우마는 비록 증상은 피해자와 비슷하지만 윤리적 정치적으로 확연히 다르다"[29]는 점에서 가해자와 피해자를 단순히 비식별역으로 몰아넣고 우리 모두가 피해자라는 식으로 이해되면서, 자칫 〈폐촌〉에서 한승원이 말하듯 분단의 비극을 "잘못 만난 시국 탓"이니 "그렁께 우리 일단 이 자리서 과거지사를 쏵 쓸어다가 잊어뿝시다."[30]라는 식으로 말하면서 비극의 역사를 희석시키려고 하는 것이 아닌가라는 의문이다.

---

28) 〈아베의 가족〉, 161쪽.
29) 도미니크 라카프라, 김태균 역, 「역사와 기억 : 홀로코스트의 그늘에서」, 육영수 엮음, 『치유의 역사학으로 : 라카프라의 정신분석학적 역사학』, 푸른역사, 2008, 112쪽.
30) 강진호, 『탈분단 시대의 문학논리』, 새미, 2008, 123쪽 재인용.

물론 전상국의 소설에서 그러한 혐의를 완전히 부정하기는 힘들어 보인다. 그래서 박수현은 전상국이 집단주의적 관점에서 "화해에 대한 강박"을 가지고 있다고 비판하기도 한다.[31] 하지만 김윤식은 엄숙주의를 "작가가 역사에의 책임을 나누어갖는 소명의식의 계보"[32]라고 말하면서 전상국은 그러한 엄숙주의적 입장에서 "세계를 비극적으로 인식"하고 "전쟁에 의해 연쇄되는 폭력과 교육에 의한 동일화의 현상, 그리고 자본주의에 매몰된 개인들이 보이는 이기주의에 의해 세계가 더욱 비극적으로 치닫는" 것으로 본다고 말한다. 이렇게 본다면 전상국이 단지 가해자와 피해자를 사회의 화합이라는 집단중심주의적 사고에서 화해를 이야기하고 있는 것으로 읽는 것은 무리가 있는 듯하다.

더구나 〈아베의 가족〉을 맥락적으로 읽는다면 그것은 더욱더 오해에 가까운 것이라는 알 수 있다. 김상만이 미국에 이민을 가기 전까지 무기력하게 살았다는 점, 그리고 아베를 버리고 이민을 간 후 주경희가 우울증적 증세를 보인다는 점, 그리고 아베를 버리고 새로운 삶을 찾아 떠난 이민 생활이 정희의 성폭행 등으로 얼룩지면서 결코 행복한 선택이 아니었다는 점에서 작가는 가해자와 피해자를 희석시키기 보다는, 그리고 무조건적이 화해를 요청하기 보다는 그것의 선행조건으로 상처의 역사를 적극적으로 '기억하기'를 주문하고 있는 것으로 해석되어야 한다. 그렇기에 이 소설의 끝은 미국으로 이민을 간 '나'가 다시 한국으로 돌아와

---

31) 박수현, 「1970년대 전상국 소설에 나타난 집단주의」, 『국제어문』 제61집, 국제어문학회, 2014, 227쪽. 또한 박수현은 전상국이 "개인 차원의 비극이 아니라 '우리 모두'의 비극이라는 점을 애써 강조"한다는 점에서 "비극을 사회적 · 집단적 차원에서 사유하고자 하는 강박을 보여준다"고 말한다. 이 역시 "집단주의의 사고방식"이라는 것이다(박수현, 같은 글, 234쪽). 그런데 오히려 이러한 해석과 비판이 이해가 안 된다. 분단과 전쟁이 어떻게 개인적인 차원에서 이야기될 수 있는 비극일 수 있는가?

32) 양선미, 「전상국의 소설 창작방법 연구」, 『한국문예창작』 제11권 제1호, 한국문예창작학회, 2012, 135쪽.

가족들이 버리고 갔던 아베의 행방을 찾아나서는 것으로 구성된다.

그런데 여기에서 또 하나 중요한 것은 '나'라는 인물이 과거의 삶이 기록된 어머니의 일기를 읽고 나서 비로소 아베를 형으로 인정하고 찾아 나서기 시작하였다는 것이다. 그 이전까지 아베는 자신의 집을 가난하고 불행하게 만드는 원흉으로 여겨졌었다. 하지만 어머니의 일기를 통해 가족이 연결되고 유지되었던 고리는 그 상처의 기억이었다는 것을 알게 된다. 이것은 비로소 '나'가 가족의 고통을 실존적인 차원에서 '공감'하고 끌어안기 시작하였다는 것을 의미한다. 결국 상처의 기억은 부정과 회피가 아니라 오히려 자신의 역사로 인정하고 자기 삶의 일부로 받아들일 때 비로소 어떤 치유의 실마리를 찾을 수 있다는 것이다.

하지만 "누가 우리 아버지의 자책으로 인한 그 거짓의 삶에 일깨움을 주어 병든 영혼이 구원받을 수 있는 길을 열어 줄 것인가."[33]라는 독백에서도 보듯이 그러한 공감이 고통의 완전한 동일시를 의미하는 것은 아니다. 그것은 '나'와 친구 석필의 대화에서 나타나듯이 '과거'에 갇히지 않으면서 '미래'를 향해 있다. '나'는 넋두리를 하듯이 석필을 향해 "미래? 누구, 누구의 미래냐? 뿌리가 없는데 어떻게 꽃이 피겠냐?"라고 말한다. 그리고 뒤이어진 독백에서 "어머니, 그래 어머니만이 우리 모두에게 사랑과 호된 채찍을 휘둘러 그 드넓은 땅 메마른 흙 속에 뿌리를 내리게 할 수 있었다."라고 말한다. 결국 상처를 기억하면서 고통에 대해 공감하는 것은 현재에서 과거로 돌아가 그곳에 갇히는 것이 아니라 오히려 미래에서 도래하지 않은 현재를 추동하고 '생명력'으로 만들어가는 것으로 이해되어야 하는 것이다.

---

33) 〈아베의 가족〉, 190쪽.

3. 고통의 연대적 공감과 애도의 주체되기 서사

〈아베의 가족〉에서 전상국이 제시하고 있는 것은 상처의 역사를 '기억하기'였다. 그리고 그 방법으로 그는 그 상처로 인해 실존적인 무게에 짓눌려 질식되어 가는 사람들에 대한 '공감'을 제시하고 있다. 하지만 그것이 어떤 연민이나 동정으로 출발하는 것은 아니다. 그것은 시대적 연대감에 대한 요청에 더 가까운 것이었다. 비록 과거의 사건에서 발생하였고 나와는 상관이 없는 듯 보이지만 결국 그 문제는 나의 의지와는 상관없이 사회존재론적으로 '나와 그', '나와 그녀'의 관계 속에서 그래서 '우리'의 문제가 되고 있기 때문이다. 그래서 전상국은 앞서 말한 것처럼 분단과 전쟁을 직접 겪은 세대들에서부터 그들의 자식들 까지 모두가 분단과 전쟁이 낳은 상처의 무게를 짊어지고 살아가는 사람들로 그리고 있는 것이다. 물론 그렇다고 해서 이것이 동일한 상처를 안고 살아간다는 의미는 아니다. 예를 들어 〈아베의 가족〉에서 '나'의 친구 석필의 형은 운동권 출신이었는데 경찰에 연행되었다가 동료들을 "배신"하였다는 죄책감을 안고 살아간다. 하지만 또 한편으로 이는 1970년대가 통일에 대한 민족적 열망을 이용하여 수립된 유신체제에 대한 반대운동이 한창이었다는 점에서 분단이 낳은 상처는 국가폭력에 의해 '다르게 반복'되고 있었다는 것을 의미한다.

따라서 전상국이 요구하는 공감은 과거와 무관한 듯 단절하고 현재를 살아가는 자신을 '과거-현재'라는 연속적 시간성의 발현 속으로 이동시키고 있는 것이다. 그럼으로 해서 현재 뿐만 아니라 과거 또한 결코 자신의 삶과 무관하지 않다는 실존적 자각을 요구하는 것이다. 또한 그러면서도 공감은 "동일시, 이차적 트라우마화, 대리희생"의 요구로부터 출발하는 것이 아니다. 오히려 그것은 도미니크 라카프라가 말하는 "공감적 불안정"(empathic unsettlement)[34]에 가까운 것이다. 라카프라는 "공감을 무감각에 맞서는 힘"이면서도 "무분별한 일체감, 대리 경험, 대리 희생과 같은 것으로 취급해서는 안 되는 것"이라고 말한다. 그래서 "공감은 카이야 실버맨이 이종요법적 동일시라고 부른 것-타자를 존중하지만, 타자의 경험은 내 자신의 경험이 아니라는 것을 인식하면서 찾아오는 감정적 반응과 관련이 있는 것으로, 대리적이지 않은 실제적인 경험의 한 형태"이다.[35] 이는 실천의 문제와 맞닿아 있는 것이다. 단지 타인의 고통에 대한 완전한 합일화를 한다면 고통의 늪에 함께 빠지고 말며, 또 거리두기만을 한다면 그 고통을 (재)생산하는 요인에 눈감고 치유를 위한 어떠한 노력도 요원해질 수밖에 없다. 필요한 것은 늪에 빠지기 않는 상태에서 그 고통에 손을 내미는 것이다.

이러한 문제의식은 〈아베의 가족〉에서 〈남이섬〉과 〈지뢰밭〉으로도 이어지고 있다. 이 둘 간에는 30여 년의 터울이 있지만 전상국은 여전히 가해자와 피해자 그리고 죄의식과 기억이라는 핵심적인 모티브를 놓지 않는다. 그러나 후자의 작품이 전자의 작품과 다른 점은 '공감'을 더 이상 가족적 범주에 두지 않는다는 것이다. 물론 앞서 말한 것처럼 작품 속에 나타나는 분단과 전쟁의 상처가 몇몇 개개인에 국한되는 것이 아니라는 인식은 이미 보여 왔다. 하지만 〈남이섬〉과 〈지뢰밭〉은 우리들에게 분단과 전쟁의 상처에 대한 공감을 더욱 적극적으로 사회적 차원으로 확장하여 고민하도록 하고 있다.

이를 위해 작가가 내세우는 핵심적인 테마는 바로 '죽음'이다. 그는 '생명'과 '죽음'의 경계, 만남을 통해 그것이 분리되고 닫혀 있는 것이 아

34) 도미니크 라카프라, 김태균 역, 「역사와 기억 : 홀로코스트의 그늘에서」, 육영수 엮음, 『치유의 역사학으로 : 라카프라의 정신분석학적 역사학』, 푸른역사, 2008, 227쪽.
35) 위의 책, 177쪽.

닌 투과성 여과망을 통해 연결되어 있고 열려있는 것으로 보고 있다. 그래서 두 소설에서 나타나는 생명과 죽음의 관계는 '생명→죽음'과 같이 일방향적이지 않다. 생명은 죽음으로 이어지는 것이지만 역으로 죽음은 다시 생명을 살리고 그 흐름이 원활하게 흐를 수 있도록 하는 계기 혹은 원천으로서 보고 있다. 예를 들어 〈남이섬〉에서 죽은 유령 혹은 귀신으로 등장하는 나미는, 사실 독자의 입장에서 나미는 소설이 끝날 때까지 어떠한 존재인지를 반복해서 물어야 하는 존재이지만, 배제하고 멀리해야 하는 공포의 대상이 아니다. 오히려 이상호(산악대원, 우), 김덕만(내무서원, 좌)가 욕망하는 성적 대상이면서, 또 죽어가는 이 둘을 살리고 보살피는 그런 대상이기도 하다. 그렇기에 나미는 전쟁시기 좌/우 진영에 서서 많은 사람들을 죽이기도 하고 또 죽음의 공포를 경험하였던 이들이 불러내는 "상처를 위무하는 치유의 환각제"[36]라고 할 수 있다.

하지만 나미가 이러한 의미만을 지닌 것은 아니다. 이상호와 김덕만이 마지막으로 만났던 나미는 평소와 다르게 '옷'을 입고 있었고, 이들은 똑같이 나미를 본 순간 도망을 쳤다. 그 일이 있은 후 입대한 상호는 자살과 탈영을 고민하면서 회한의 시간을 보낸다.[37] 상호의 도망은 남이섬에서 자신이 죽인 사람들에 대한 죄책감으로 부터 벗어나고자 하였던 것이다. 반면 덕만은 나미가 땅에서 옷가지를 파내어 잡는 순간 송장일 것이라고 직감하고 도망친 것으로 보아 그의 도망은 혼자 살아남았다는 죄책감으로부터 벗어나고자 한 시도이다. "귀신은 산 사람들의 어떤 기억이 만들어 내는 환영, 환청 현상"[38]이라는 '나'의 이야기를 통해 종합하자면 나미는 죄책감을 동반하는 상처의 기억이라는 또 하나의 의미를

---

36) 우찬제, 「마음의 감기와 은빛 상상력」, 『남이섬』, 민음사, 2011, 276쪽.
37) 전상국, 〈남이섬〉, 『남이섬』, 민음사, 2011, 83쪽(이하 '〈남이섬〉, 쪽수'로 표기).
38) 〈남이섬〉, 88쪽.

지니며, 이들의 도망은 그러한 기억으로부터 탈출시도이다.

〈남이섬〉에서 말하듯 "강은 생명"[39]이며 남이섬은 그러한 강의 흐름
이 에워싸고 흐르고 있기에 생명 흐름의 중심이다. 그렇기에 남이섬에
서의 나미와의 만남은 그 중심에 들어간다는 의미이기에 성적 충동 에
너지(Libido)의 자유로운 흐름이면서 생명이 복원되는 치유(Healing)였던
것이다. 또 한편으로는 그 남이섬은 나미 곧 죽음이 살아 있는 곳이기도
하다. 그렇기에 남이섬은 생명의 한가운데에 있으면서도 모순적이게도
죽음이 함께 공존하는 공간을 뜻하는 것이다.[40]

생명과 죽음의 공존, 그것은 곧 죽은 자에 대한 '애도'(Trauer)[41]의 문
제와 관련된다. 애도는 종국적으로 "죽은 자를 내 마음 안에 살게 하는
합체"[42], "나의 마음 한편에 그 대상이 지속적으로 살아갈 수 있는 어떤
공간을 내어주는 것"[43]이라 할 수 있는데, 애도작업이 원활하게 이루어
지게 되면 죽음은 생명과 함께 할 수 있는 것이다. 하지만 만약 그렇지
못하게 되면 멜랑꼴리(Melancholie)로 전개되어 자기 비하, 자기 파괴라
는 비극적인 상황을 초래하게 된다. 그렇기에 애도작업은 "애착 대상의
상실에 따르는 고통과 병리적 상태에 빠지지 않기 위한 자아의 실존적

39) 〈남이섬〉, 95쪽.
40) 〈남이섬〉은 '나'의 후배와 슬픔을 간직하고 살아가는 듯한 여인에 대한 이야
기가 중첩되어 전개되고 있다. 결국 그 여인은 생며을 의미하는 '강'에 몸을
던져 생을 마감한다. 이는 생명과 죽음을 연결하기 위한 문학적 메타포일 수
있으며, 또 한편으로는 치유되지 않은 삶이 지닌 실존적 무게감을 드러내기
위한 것일 수도 있다.
41) 프로이트의 자세한 논의는 윤희기 역, 「슬픔과 우울증」, 『정신분석학의 근본
개념』, 열린책들, 2012를 참조할 것.
42) 정원옥, 「국가폭력에 의한 의문사 사건과 애도의 정치」, 중앙대학교 박사학
위청구논문, 2014, 99쪽.
43) 김종곤, 「세월호 트라우마와 죽은 자와의 연대」, 『진보평론』, 제61호, 2014, 메
이데이, 85쪽.

몸부림"[44]으로 본래 산 자(생명)을 위한 것이다.

분단체제 하에서의 '적(敵)'의 죽음에 대한 애도는 금지되고 억압되며, '아(我)'의 죽음에 대한 애도는 숭고함으로 절취당한다. 전쟁 중 죽은 자들, 특히 인민군의 유해발굴을 모티브로 전개되고 있는 〈지뢰밭〉의 한 장면에서는 더욱 노골적으로 이러한 문제의식이 드러난다.[45] 전쟁 당시 중공군이 많이 죽은 솔치골에서 결혼을 사흘 앞두고 죽은 딸의 원혼을 달래기 위한 푸닥거리를 할 때 마을 사람들은 "무당 목구멍에서 슬피 울부짖는 수백의 총각 귀신의 울음소리"를 듣는다. 급기야 사람들은 "마을의 재앙을 막기 위해서는 씻김굿을 한판 크게 벌여야 그 원혼을 달랠 수 있다며 그 비용을 갹출하"였지만 "적군의 원혼을 달래는 그 굿판이 반공법에 걸릴 수도 있다는 학교 선생의 유권 해석"[46]이 있고 나서는 흐지부지된다.

죽음은 "남은 사람들에겐 시작"[47] 그렇지만 "돌이킬 수 없는 어떤 종언의 시작(a beginning of the end)"[48]이 된다. 그렇기에 인간은 타인의 죽음과 동시에 다시 살고 종국적으로 나의 죽음을 맞이하는 두 번의 죽음을 경험한다. 하지만 애도가 완성되지 못했다는 것은 죽음이 생명과

---

44) 김석, 「애도의 부재와 욕망의 좌절」, 『민주주의와 인권』 제12권 제1호, 2012, 61쪽.

45) 〈지뢰밭〉에서 용우성은 서북청년단 출신의 용재두의 아들이다. 하지만 친아들이 아닌 인민군 포로들 중 용우성이 살려 준 인물이다. 구사일생으로 생명을 건진 용우성은 남한에서 신분을 숨기고 용재두의 죽은 아들을 빌려 살아왔던 것이다. 52년이 지닌 후 그는 인민군 포로들이 죽어갔던 그 마을에 다시 나타나 당시 그 현장을 목격하였던 '나'를 찾아온다. 그리고 인민군들의 유해를 발굴할 것을 제안한다.

46) 전상국, 〈지뢰밭〉, 『남이섬』, 믿음사, 2011, 185-186쪽(이하 '〈지뢰밭〉, 쪽수'로 표기).

47) 〈남이섬〉, 94쪽.

48) 최 원, 「멈춰진 세월, 멈춰진 국가: 신자유주의적 통치성과 폭력의 새로운 형상」, 『진보평론』, 제61호, 2014, 메이데이, 70쪽.

'합체'하는 것을 방해하며 또 생명으로 하여금 죽음 이후의 시간을, 자신의 죽음을 향한 시간을 살아갈 수 없게 하면서 '멈춰진 세월의 시간'에 가두어지게 된다. 시간이 흐른다는 것은 곧 생명이 흐른다는 것과 같다. 그렇기에 시간에 가두어진다는 것을 더 정확하게, 능동형으로 말하자면 시간을 '붙잡는 것'(hold on)이며, 또 다른 의미로는 '기다림'(hold on)이다. 죽은 자가 기다리는 것이 아니라 산 자가 기다린다. 〈지뢰밭〉에서 용우성이 들고 다니는 스크랩북[49] 속, DMZ 국군 유해, 학살된 민간인 유해, 학도병 유해 그리고 용재두가 발굴하고자 하는 인민군 유해는 어느 부모와 형제자매 그리고 자식들이 다시 시간을 흘려보내기 위한 기다림의 기표들이다. 따라서 푸닥거리[50]는 닫혀 있는 시간의 문을 열어 그것이 다시 흐르게 하는 능동적인 '애도의 주체'가 되는 수행이라고 할 수 있다.

그렇다면 전상국의 소설을 통해 우리가 읽는 공감으로서의 기억하기는 '애도의 주체-되기'라고 할 수 있다. 그러지 않는 한 죽음이 배제된 생명에 대한 찬양만이 남아 생명은 죽은 것과 마찬가지로 박제되어 전시되고 소비와 향락에 '희망', '행복'을 찬탈당할 뿐이다. 전상국에게 있어 그러한 모습을 잘 보여주는 것이 바로 오늘날의 남이섬이다. "나미공화국은 오색 풍선을 탄 사람들이 붕붕 떠다니는 놀이터일 뿐 더 이상 원귀로 떠도는 영혼들이 머물 곳이 아니다. (…) 사람들은 죽은 이들의 무덤을 파헤치기보다 터미네이터의 괴력으로 슈퍼맨의 고향 크립톤 행성 여행만을 꿈꾸고 있다."[51]

---

49) 〈지뢰밭〉, 210~211쪽.
50) 데리다에 따르면 영혼을 불러내거나 악귀를 몰아내는 푸닥거리, 프랑스어로 "콩쥐라시옹"(conjuration)은 본질적으로 "맹세, 서약의 행위, 따라서 약속하고 결정하고 책임을 지는 행위, 요컨대 수행적인 방식으로 참여하는 행위이다." (자크 데리다, 진태원 역, 『마르크스의 유령들』, 그린비, 2014, 115쪽).

한반도라는 공간은 일제 강점기, 분단 그리고 전쟁을 경험한 상처의 땅이다. 하지만 일제 식민지 지배는 제대로 청산되지 않았으며, 분단과정과 전쟁 중 자행된 국가범죄로서의 제노사이드에 대한 진상규명도 아직 많이 미흡한 상태로 남아 있다. 역사적 정의는 묘연한 채 70여 년의 세월이 흐르면서 분단체제가 낳은 가치체계는 정치·사회·경제 전반을 관통하며 미시적인 일상생활로 깊숙이 침투하여 우리의 신체 자체를 장악하고, 또 그 신체를 통해 재생산되고 있다. 역사는 물론이고 함께 살아가는 타인 그리고 자신의 고통에 대해서도 무감각하게 만들었다. 그렇기에 작가는 나미공화국에 빗대어 그리고 지뢰밭이라는 은유를 통해 '유형(流刑)의 땅'인 한반도를 실존적 삶에 대한 반성과 고통에 대한 자각의 결여, 허구적 발전주의와 미래주의에 대한 맹목적인 신뢰 그리고 잉여-쥬이상스에 대해 시지푸스적 갈망을 반복하는 존재로 채워진 환상의 공간 나아가 "조직적이고 광범위한 정치적 폭력의 자행 과정에 발생한 다수 국민의 참여와 공모, 묵인의 존재"로 가득한 "책임성의 회색지대(the gray zone)"[52]처럼 보고 있다고 해도 과언은 아닐 것이다. 따라서 애도의 주체가 된다는 것은 단지 땅에 묻혀 있는 주검들을 발굴해 봉분을 세워주거나 진혼굿에서 합장하고 눈물을 흘리는 것이라고만 할 수 없다. 물론 이것은 필요한 작업이다. 다만 그것만으로는 현재와 미래의 아무것도 바꿀 수 없으며 다시 반복을 예정할 뿐이라는 것이다. 오히려

---

51) 〈남이섬〉, 98쪽. 〈남이섬〉에서 이상호와 김덕만은 나미를 1955년도까지 보고 그 이후로 보지 못했다고 말한다. 남이섬을 "일제 강점기 때 유명한 갑부였던 민영휘의 손자"이자 친일행적으로 민족문제연구소의 친일인명사전에 수록예정자였던 민병도가 인수하여 생태공원으로 개발하기 시작한 것이 1956년이다(위키백과, http://ko.wikipedia.org, 검색일: 2015년 2월 11일). 작가는 아마 이러한 점을 고려하였던 것 같다.

52) 김명희, 「한국전쟁이 남긴 상흔—전쟁 유가족의 가족 트라우마」, 『트라우마로 읽은 대한민국』, 역사비평사, 2014, 78쪽.

그것은 현재를 살아가지만 언제나 우리는 과거에 가두어버리는 분단체제의 '구조'를 변혁하고자 하는 실천적 맥락과 함께 이루어져야 한다.

4. 분단서사의 안티테제로서 통합서사

전상국의 소설 〈아베의 가족〉, 〈남이섬〉, 〈지뢰밭〉을 통해 분단서사에 대한 안티테제로서 우리가 읽은 서사는 수용자의 서사가 아니라 미래에 대한 지향성을 가지고 과거와 대면하면서 현재의 생명력을 만들어가는 주체이면서, 또 과거의 흔적이 빚어낸 현재에 대해 비판적 대안들을 창출하는 주체의 서사로 읽어내었다. 여기에는 '기억-공감-애도'라는 하나의 흐름이 관통하고 있는데, 그것은 곧 인간 신체의 총체적인 활동에 대한 '요구'를 가리키는 것이라고 할 수 있다. 그렇기에 통합서사는 낭만적 인류애를 강조하거나 무조건적인 용서와 화해를 요청하는 자유주의적인 휴머니즘, 기록된 데이터에 근거하여 양적수치만을 나열하면서 삶의 굴곡성을 배제하는 실증주의와도 결별하는 것이 되어야 한다.

그렇기에 첫째, 통합서사는 분단 역사에서 망각되었지만 흔적으로 남아 있는 것들에 대한 객관화를 통해 삶의 고통이 지닌 질감이 생생하게 드러나도록 하는 '복원의 서사'이다. 그것은 라카프라가 말하는 "성찰적 극복하기"(working-through)와 맞닿아 있다. 성찰적 극복하기는 상처의 기억과의 조우에서 회피하는 것이 아니라 정면으로 응시하고 대면함으로써 그것을 '객관화'하는 것이다. 하지만 이때의 '객관화'는 "타인의 경험이 가진 정서적 차원"을 배제하지 않는다. 물론 성찰적 극복하기는 역사학에서 제기되는 개념이라는 점에서 문학을 가지고 통합서사를 논의하는 데에는 정합성이 떨어질 수도 있다. 그렇지만 예를 들어 〈지뢰밭〉

에서 자칭 대한구국청년결사대의 총에 맞은 '내무서원' 윤재복이 터져
나온 창자를 움켜쥐고 자기 집으로 돌아가 죽어가면서 내지르는 비명소
리 그리고 그것을 지켜보면서 어서 죽으라고 욕을 퍼부어 대면서 악에
받친 울음소리를 내는 재복의 어머니의 모습은 기록된 역사는 아닐지
몰라도 시대적 상황에서 충분히 보편적 개연성을 가진다는 점에서53) 사
실이냐 아니냐의 수준을 떠나 우리의 '기억'을 성찰적으로 반성하게 하
며, 또 나아가 역사적 상처에 대한 "무감각에 맞서는 힘"54) 으로서 공감
의 가능성을 열어준다.

그러한 점에서 둘째, 통합서사는 '통합'이라는 단어에 매몰되지 않는
'반통합의 서사'이다. 그것은 재현된 기억이 완전성을 획득하는 것에 균
열을 만들어 내고 그것의 불완전성을 폭로한다는 것이다. 〈지뢰밭〉에서
용우성은 다음과 같이 따져 묻는다. "장 선생님, 왜 잘못하신 게 없다고
하십네까. ㅎㅎ 그 현장에 있었다는 것이 얼마나 큰 죄가 되는지 그걸
모르시는 거야요? (…) 문제는 지뢰가 있다는 것을 번연히 알면서도 겨
우 그 표시만 내걸 뿐 그것을 제거할 생각은 아예 하지도 않았다는 사실

---

53) 이 장면은 실제로 전상국이 여러 차례 전해 들었다고 진술하고 있다. "무슨
청년 연장이니 무슨, 저 그 여러 거 그 명칭이 많더라구. 그 사람들을 잡는데,
어느 골짜기에 인제 닭 잡았다고 해서 초청을 해 놓구, 그 거기 동막골이라는
데 거길 정해놓고, 인제 그 사람, 술 한 잔 얻어먹으러 인제 올라왔을 때 모
두, 뭐 낫을 뭐, 이런 거 하나 들고서 죽이구, 죽였는데 그 사람 이 죽이다가,
뭐 인민군들이 온다고 그러니까 죽이다가 그냥 간 거예요. 그러니까 이 사람
이 거기 그 장터마을까지가 한, 지금 다녀본다 그러면 1.5키로 정도 되는 거
예요. 자기네 집이 거기 있는데, 거기까지 기어 내려간 거예요, 인제. 창자를
끌어 끌어안고 뭐 그러면서 그러는데, 근데 나는 그때 그 소리를 듣지 못, 나
는 들었다고 느끼는데, 한 이웃이니까. 근게 그 윤 아무갠데, 그 어머니가,
〈이 노무 시끼 죽어라- 죽어라〉 밤새 그냥 〈아-, 아-!〉"(전상국 구술, 2013년
2월 17일, 강원도 춘천시 김유정 문학관, 신동흔 녹취).
54) 도미니크 라카프라, 김태균 역, 「역사와 기억 : 홀로코스트의 그늘에서」, 육영
수 엮음, 『치유의 역사학으로 : 라카프라의 정신분석학적 역사학』, 푸른역사,
2008, 176쪽.

이다. 이제 지뢰는 이 땅에서 어떤 금기를 위한 세뇌용 상징으로 존재한
다. 지뢰 표지 하나 걸어 놓고 수십 년간 이 땅을 으스스한 금기 구역으
로 갈라놓은 것이다."⁵⁵⁾ 이는 야스퍼스가 말하는 '형이상학적 죄'를 떠올
리게 한다. "형이상학적 죄는 인간으로서 타인과의 절대적 연대를 수립
하지 못했다는 점에서"⁵⁶⁾ 그래서 "타자의 고통에 대하여 감응하고 함께
울어야만 하는 인간존재의 중력을 부담할 때"⁵⁷⁾ 느껴지는 일종의 죄책
감이다. 중요한 것은 이러한 "형이상학적 죄의 대가는, 신 앞에서 생겨
나는 인간적 자의식의 대전환"⁵⁸⁾이라는 점이다. 그래서 타자의 고통에
대한 공감은 자기 내면에 균열을 발생시키고 성찰하게 하며 종국적으로
'인간과 인간'의 연대의 발판을 마련하게 된다. 이렇게 본다면 통합서사
는 '균열의 서사'이면서 '연대의 서사'라고 할 수 있다. 하지만 형이상학
적 죄의 개념은 이러저러한 논의를 차치하더라도 죽은 자들의 목소리를
복원하고 응답하게 하지만 한반도의 분단 상황과 같이 현재에도 지속적
인 고통을 양산하는 구조 속에 있는 자기 자신의 고통에는 크게 집중을
하지 않는 것 같다. 그렇기에 타인뿐만 아니라 자기 자신의 고통에 대해
서도 민감하게 반응할 수 있는 "고통의 감수성"⁵⁹⁾을 요구하는 것이 더
보완되어야 한다.

그것은 우리가 앞서 애도의 주체-되기를 이야기하였던 것처럼 현재적
삶의 문제로 인정하고 나아가 미래의 새로운 삶의 방식을 구상하고 정
치적으로 발언하는 주체가 될 것을 요구하는 것과 같다.⁶⁰⁾ 그렇기에 셋

---

55) 〈지뢰밭〉, 208~209쪽.
56) 이재승, 「국가범죄와 야스퍼스의 책임론」, 카를 야스퍼스, 이재승 역, 『죄의
    문제』, 앨피, 2015, 242쪽.
57) 이재승, 「형이상학적 죄로서 무병(巫病)」, 미발표문, 2015, 10쪽.
58) 카를 야스퍼스, 이재승 역, 『죄의 문제』, 앨피, 2015, 93쪽.
59) 이병수, 「휴머니즘의 측면에서 바라본 통일」, 건국대학교 통일인문학연구단
    엮음, 『소통·치유·통합의 통일인문학』, 선인, 2009, 30~33쪽 참조.

째, 통합서사는 E.H 카가 말하는 것처럼 과거와 현재 간의 대화 속에서 고통의 구조가 지속되는 한 펼쳐질 미래를 예언한 뒤 미래적 삶에 대한 재설계도를 마련하고 그것의 건축과정의 시점인 현재로 다시 돌아오는 '정치변혁의 서사'이다.

요컨대 통합서사는 경계 안으로 어떤 것을 끌고 들어와 한 자리에 모으는 공간이 아니다. 그것은 고통의 연대적 공감을 바탕으로 소통하고 상상력으로 미래를 발명할 수 있는 가능성을 모색해 가는 과정으로 열린 활동의 공간이어야 한다. 그러한 점에서 니체가 말하는 '망각'은 시사점이 크다. 니체는 '망각'을 "천박한 무리들이 생각하는 것과 같은, 단순한 타성력(惰性力)이 아니"라 "하나의 능동적인 엄밀한 의미에 있어서의 적극적인 저지 능력이며, 우리가 경험하고 섭취하는 것이 소화상태(이 과정을 〈정신적 동화〉라고 불러도 좋다)에 있을 동안은, 우리의 육체적 영양, 이른바 〈육체적 동화〉가 영위되는 수많은 과정과 마찬가지로 우리의 의식에 떠오르지 않'61)게 하는 것이라고 말한다. 이러한 니체의 정의를 단순히 읽으면 망각은 상처의 기억을 삭제하는 것이라는 일반적이고 나이브한 개념이라고 오해할 수 있다. 하지만 그가 말하는 망각은 '결과'가 아니라 치유 '과정'으로서의 '활동'이다. 다시 말해 망각은 수동적인 자세로 상처의 기억을 부정하거나 회피하는 것이 아닌 오히려 그것과 만남을 통한 적극적인 '저지활동'이라는 것이다.62)

그래서 주판치치는 니체적 망각의 중요한 특징을 다음과 같이 지적하고 있다. "우리가 어떤 것을 성취할 능력을 갖기 위해 먼저 한정된 지평

60) 이재승은 "구조의 전면적인 해체" 이재승, 「화해의 문법」, 『트라우마로 읽은 대한민국』, 역사비평사, 2014, 172쪽.
61) 프리드리히 니체, 김태현 역, 『도덕의 계보/이 사람을 보라』, 청하, 2011, 65쪽.
62) 진은영, 「기억과 망각의 아고니즘」, 『시대와 철학』 제21권 1호, 한국철학사상연구회, 2010, 172~173쪽 참조.

안으로 우리를 닫아야 하는 것이 아니다. 닫힘은 어떤 것("한 여자 또는 위대한 관념")을 향한 바로 그 ("열정적") 열림과 함께 발생한다. [···] 어떤 중요한 것이 우리에게 일어나고 우리의 열정을 자극할 때마다 우리는 우리가 이전에 길러왔을지 모를 악의와 원한을 잊고 떠나보내는 경향이 있다."[63] 그렇다면 통합서사는 다르게 기억하고 다르게 살기 위한 활동을 추동하고 방향성을 제시하는 '망각의 서사'가 되어야 한다.

---

63) 알렌카 주판치치, 『정오의 그림자』, 조창호 옮김, 도서출판b, 2005, 92~93쪽; 진은영, 「기억과 망각의 아고니즘」, 『시대와 철학』제21권 1호, 한국철학사상 연구회, 2010, 174쪽 재인용.

제6장 한국전쟁 체험담에 나타난 남편 잃은 여성들의 상처와 통합서사

박재인*

1. 치유적 관점으로 접근한 여성들의 한국전쟁 체험담

여성들의 살아온 이야기는 사회적 중심 담론에서 소외되기 쉬웠기에 구술담 연구가 특장을 발휘할 수 있는 영역이다. 남성 중심의 사회 구조에서 참는 자들의 목소리에 담긴 삶의 무게에 집중할 수 있으며, 살아낸다는 것에 대한 의미를 되새겨 볼 수 있는 질적 가치를 발견할 수 있다. 그렇기에 여성들이 털어 놓은 삶의 이야기에 대한 문학적 접근이 끊임없이 지속된 것은 자연스러운 일이다.[1]

---

* 건국대 통일인문학연구단 HK연구원.
1) 여성 생애담에 대한 연구는 지속적으로 시도되어 왔으며, 봉건에서 근대로 이어지는 사회 구조 속 여성의 수난에 대한 집중하였다. 천혜숙, 「여성생애담의 구술사례와 그 의미 분석」, 『구비문학연구』제4집, 한국구비문학회, 1997, 71~87쪽; 김성례, 「여성주의 구술사의 방법론적 성찰」, 『한국문화인류학』제35집 2호, 한국문화인류학회, 2002, 31~64쪽; 김정경, 「여성 생애담의 서사 구조와 의미화 방식 연구 : 『책 한권으로도 모자랄 여자이야기』를 중심으로」, 『한국고전여성문학연구』제17집, 한국고전여성문학회, 2008, 89~116쪽; 김예선, 「여성의 살아온 이야기에 담긴 파격의 상상력」, 『구비문학연구』제29집, 한국구비문학회, 2009, 115~138쪽; 신동흔, 「시집살이담의 담화적 특성과 의의: 가슴 저린 기억에서 만나는 문학과 역사」, 『구비문학연구』제32집, 한국

이 글에서는 여성들의 살아온 이야기에서 한국전쟁 속에 겪은 고난과
아픔에 주목하고자 한다. 그 가운데 결혼생활의 문제는 심상치 않다. 갖
가지 성적 피해를 모면하기 위해서나, 남자의 입영 문제로 혼사가 급격
히 이루어지는 경우도 허다하였으며, 전쟁 중에 남편을 잃고 미망인이
라는 멍에가 씌워지기도 하였다. 또한 살아내기 위한 방편으로 서둘러
재가하는 경우도 많았는데, 이는 또 다시 새로운 문제를 감당해야만 했
던 아픔이었다. 남편을 먼저 보내지 않았더라도 전쟁 중에 항상 남편의
자리는 비어 있었으며 홀로 가족을 건사하는 고통을 감수해야 했다. 이
러한 경험 역시 전쟁이라는 환경이 강요한 심각한 문제임에도 외면되기
쉬웠다.

전쟁이라는 역사가 어떠한 상처를 남겼는가를 말하려면 이러한 여성
들의 상처에까지 시선이 확장될 필요가 있다. 전쟁 중의 여성이 겪은 상
처는 젠더 의식 및 성적 피해에까지 전염되어 있기 때문에 역사적 상처
에 관한 경험담을 다루는 연구[2])에서 이미 면밀히 검토되어 왔다. 그리

구비문학회, 2011, 1~36쪽; 김종군, 「가족사 서사로서 시집살이담의 성격과 의
미: 박정애 화자를 중심으로」, 『구비문학연구』 제32집, 한국구비문학회, 2011,
215~253쪽; 박경열, 「시집살이담의 갈등양상과 갈등의 수용방식을 통해 본
시집살이의 의미」, 『구비문학연구』 제32집, 한국구비문학회, 2011, 105~144쪽.

2) 이령경, 『한국 전쟁 전후 좌익관련 여성유족의 경험 연구 : 여성주의 평화개
념에서』, 성공회대 석사학위논문, 2003, 1~116쪽; 이임하, 『여성, 전쟁을 넘어
일어서다』, 서해문집, 2004; 김현아, 『전쟁과 여성-한국전쟁과 베트남전쟁 속
의 여성, 기억, 재현』, 여름언덕, 2004; 안태윤, 「딸들의 한국전쟁-결혼과 섹슈
얼리티를 중심으로 본 미혼여성들의 한국전쟁체험」, 『여성과 역사』 제7집,
2007; 윤정란, 「한국전쟁과 장사에 나선 여성들의 삶」, 『여성과 역사』 제7집,
2007; 이임하, 『전쟁미망인, 한국현대사의 침묵을 깨다』, 책과함께, 2010; 김현
선, 「전쟁미망인의 빼앗긴 남편과 사랑, 결혼 이야기」, 『구술사연구』 제2집 1호,
한국구술사학회, 2011, 97~115쪽; 윤택림, 「분단과 여성의 다중적, 근대적 정
체성」, 『한국여성학』 제29집 1호, 한국여성학회, 2013, 127~162쪽; 김귀옥, 「한
국전쟁기 한국군에 의한 성폭력의 유형과 함의」, 『구술사연구』 제3집 2호, 한
국구술사학회, 2012, 7~37쪽; 김종군, 「구술을 통해 본 분단 트라우마의 실체」,
『통일인문학논총』 제51집, 건국대 인문학연구원, 2011, 37~65쪽.

고 그 속에서 치유의 힘을 발견해내는 성과로 이어지기도 하였다.[3] 치유적 안목의 연구들이 말한 그 가치는 전쟁으로 초토화된 생존 공간을 다시 구축한 '안의 전쟁'의 영웅담이자, 분열과 대립, 승패 보다는 화해와 포용의 이야기로 치유의 힘이 충만하다는 것이었다.

전쟁체험담과 같은 곡진한 삶의 이야기들은 자신의 이야기를 말하는 당사자에게도, 그 이야기를 접하는 우리에게도 치유의 힘을 발휘할 수 있다. 삶의 경험을 털어놓는다는 것은 자신의 삶에 대한 이해와 평가가 수반되어 자신을 납득시켜가는 행위이기에,[4] 과거의 역사에서 비롯된 심리적 내상을 어루만지는 계기를 마련해준다. 또한 듣는 이로 하여금 그 삶의 무게를 공감하고, 역사와 개인의 관계를 깨달으며, 전쟁 속에 버텨왔던 생의 힘을 전수받게 된다. 역사 속의 상처에 대한 치유의 방법은 그 상처를 털어놓는 구술 속에서 발견되고 구상될 수 있다는 것이다.

역사적 트라우마에 대한 인문학적 방법론들이 치유책으로 제시되는 가운데, 정운채는 삶과 서사, 문학의 관계를 논하는 문학치료학적 관점으로, 우리 사회의 분열과 대립을 조장하는 분단서사에 대한 극복방안으로 문학작품에서 발견한 '통일서사'[5]를 제안하며, 분단이라는 역사와 사회의 문제에 대해 문학의 본령을 확인하는 성과를 거듭했다. 정운채

---

3) 신동흔, 「한국전쟁 체험담을 통해 본 역사 속의 남성과 여성 -우리 안의 분단을 넘어서기 위하여」, 『국문학연구』 제26집, 국문학회, 2012, 277~312쪽; 박혜경, 「전후 경제개발의 영웅서사를 넘어서: 1935년 개성 출생 여성의 구술생애사 연구」, 『경제와 사회』 제100호, 비판사회학회, 2013, 374~406쪽; 박현숙, 「여성 전쟁체험담의 역사적 트라우마 양상과 대응방식」, 『통일인문학논총』 제57집, 건국대 인문학연구원, 2014, 91~123쪽.

4) 박경열, 「시집살이담의 갈등양상과 갈등의 수용방식을 통해 본 시집살이의 의미」, 『구비문학연구』 제32집, 한국구비문학회, 2011, 105~144쪽.

5) 정운채, 「우리 민족의 정체성과 통일서사」, 『통일인문학논총』 제47집, 건국대 인문학연구원, 2009, 5~28쪽; 정운채, 「정몽주의 암살과 복권에 대한 서사적 이해 : 분단서사와 통일서사의 역사적 실체 규명을 위하여」, 『통일인문학논총』 제53집, 건국대 인문학연구원, 2012, 371~403쪽.

는 민족적 정체성을 대표할 수 있는 고전에서 통일서사를 발견해내는가 하면, 분열의 역사 속에서 분단서사를 분석하고 그에 대한 통일서사를 설화에서 탐색하기도 하였다. 이 연구를 시작으로 분단서사와 통일서사를 문학작품이나 실제 사례에서 살펴보는 후속 논의들이 심화될 수 있었다.

문학치료를 염두에 두었을 때 살아온 이야기는 당사자의 과거와 현재의 자기가 함께 자리한 복합적 시점을 보유하고 있기 때문에, 과거의 상처를 어떻게 소화해왔나를 알 수 있는 자기서사의 실체에 가깝다. 그리고 살아온 이야기를 자기 삶에 대한 기억의 문학으로 보고 작품서사를 추출해 낸다면, 양질의 살아온 이야기는 문학치료 현장에서 치료제로 활용될 수 있다.

역사적 경험에 관해 자신의 이야기를 털어 놓는 구술행위 자체도 역사적 트라우마에 대한 치유책으로 주목되었고, 그 치유의 힘을 방법론으로 정립하고자 하는 시도가 이루어지기도 하였다. 역사적 트라우마 극복 방안을 '구술치유'[6]로 제안한 김종군은 "역사적 사건의 배후에 깔린 비인간성을 고발하면서도 분노와 원한보다는 온정과 화해로 이끌어내는 말하기 방식과 그 내용"[7]이라며 치유적 함의를 짚어내었다. 그리고 이를 사람 사이의 통합을 중점화한 개념인 '통합서사'로 지칭하였다.

이러한 논의들은 체제나 구조의 통일에 앞서 먼저 선결되어야 과제로 사람의 소통, 치유, 통합을 추구하는 인문학적 문제의식에서 출발되었다.[8] 식민과 분단, 전쟁의 역사로 인한 상처가 사람 간의 대립과 분열을

---

6) 김종군, 「전쟁 체험 재구성 방식과 구술 치유 문제」, 『통일인문학논총』 제56집, 건국대 인문학연구원, 2013, 35~61쪽; 김종군, 「구술생애담 담론화를 통한 구술 치유 방안: 『고난의 행군시기 탈북자 이야기』를 중심으로」, 『문학치료연구』 제26집, 한국문학치료학회, 2013, 107~134쪽.

7) 김종군, 「한국전쟁 체험담 구술에서 찾는 분단 트라우마 극복 방안」, 『문학치료연구』 제27집, 한국문학치료학회, 2013, 115~145쪽.

재생산한다는 전제로, 사람의 학문, 인문학을 통해 소통, 치유, 통합의 과정을 거쳐 실천적이며 미래지향적 역사를 만들어 가야한다는 문제의식이었다. 역사의 위기 속에서 상생하는 길을 제시한 사람의 이야기들이 지닌 효용성을 위와 같은 개념들로 제안하면서, 그 이야기들이 널리 확산되는 다양한 전략들로써 이 사회에 통일의 패러다임이 조성될 수 있다는 방안을 제시한 것이다.

이러한 문제의식을 기반으로, 통일서사와 통합서사의 제안들은 역사의 위기 속에서 상생하는 길을 제시한 사람의 이야기들이 지닌 효용성을 강조한다. 그리고 그러한 이야기들이 널리 확산되는 다양한 전략들로써 이 사회에 통일의 패러다임이 조성될 수 있다고 전망하며 치유의 방법론을 구안한 것이다.

이렇게 분단과 분열의 사회 문제에 대해 문학의 힘을 발휘하려는 큰 틀과 방향성이 제시된 기반 안에서, 이 글은 그러한 힘을 발휘할 수 있는 이야기를 발굴하는 것에 초점을 맞추었다. 이러한 인문학의 제안들이 현실화되기 위해서는 양질의 통합서사를 가능한 많이 발굴하는 작업이 선행되어야하기 때문이다. 양질의 통합서사를 채워간다는 의도로 이 글은 한국전쟁으로 인한 '남편의 빈자리'로 무겁게 상처받았으나 크게 주목되지 않았던 여성들의 '삶을 버텨온 힘'에 주목하고자 한다. 다소 거칠게 논한다는 점에서 아쉽지만, 많은 통합서사가 발굴됨에 따라 그 방법론의 구체성과 타당성 또한 함께 갖춰나갈 것으로 기대된다.

---

8) 김성민, 『소통 치유 통합의 통일인문학』, 선인, 2009, 1~191쪽.

2. 한국전쟁 속 '남편의 빈자리'에 대한 여성들의 기억과 상처

전쟁으로 인한 여성의 수난사에서 남성의 부재는 주요 특징이다.[9] 특히 가부장제 구조 속에서 기혼여성에게 남편의 부재는 삶의 안정을 강탈당한 위기였다. 홀로 남아 가족을 부양하는 일상 속의 전쟁[10]을 감당해야 했으며, 사별이라도 하게 되면 남편의 빈자리는 전 생애에 걸쳐 지속적으로 박탈감을 주었다.

전쟁으로 인해 남편과 결혼생활을 빼앗겼던 여성들의 아픔을 구술사로 풀어낸 연구[11]의 자료에서는 남편을 앗아간 전쟁의 상처가 현재에도 슬픔으로 남겨진 흔적이 발견된다. 김현선은 전쟁 중에 남편을 잃은 세 여성의 삶의 궤적을 짚어보며, 전쟁이 남긴 참상을 논하였다. 3명의 제보자가 풀어낸 이야기들에서 처녀들의 갖가지 위험에서 탈출하고자 결혼하게 된 상황, 징집으로 인해 너무도 짧게 신혼 생활을 보내고 남편과 이별하였던 바, 그리고 이후 '전쟁과부'로 살아온 삶의 아픔을 고발하며, 이를 역사적이고 국가 사회적인 문제로 되새겨 보아야 한다고 주장하였다.

먼저 이○○(여, 1934년생)는 전쟁통에 재빨리 시집을 갔다가, 아주 짧은 신혼 생활을 보내고 남편을 전장으로 보냈다. 어린 아들과 함께 시댁에 남아 남편의 생사도 모른 채 살아 버티다가,[12] 그대로 그 생활에 정착하게 되었다. 그리고 평생을 독신으로 시부모와 시동생들을 도우며

---

9) 이임하는 전쟁에 대한 여성의 경험이 지닌 주요 특징을 '남성 부재의 현실'이라고 하였다(이임하, 『여성, 전쟁을 넘어 일어서다』, 서해문집, 2004. 참조).

10) 김현선, 「전쟁미망인의 빼앗긴 남편과 사랑, 결혼 이야기」, 『구술사연구』 제2집 1호, 한국구술사학회, 2011, 111쪽.

11) 김현선, 위의 책, 97~115쪽.

12) 이씨는 10년 뒤에 남편의 전사 확인을 하게 되었다고 한다.

죽은 남편의 집안사람으로 살았다.[13]

이씨는 특별히 남편과 이별했던 장면을 상세히 기억하고 있었다.

> 그래가지고 인제 가을쯤 됐을 거야, 추웠어. 그러니까는 인제 군복을
> 입고, 저 경찰서가 저긴데 그 담에서 인제 걸어 나와, 나를 보러. 이래 보
> 러 나오면서 단 인솔을 하러 인솔을 해서 가니까는, 걸어가는데, 나를 또
> 보고- 뒤돌아보고, 또 돌아보고- 인제 영감이. 그 인제 가면서, 그기 측은
> 하고, 인제 그기 그렇게 안 좋았던가 봐. 그래 가면서, 그래 가면서. 먼
> 데서 보니 우는 건지- 뭐 그런 거는 모르고, 나만 우두커니 쳐다보고 이러
> 고 섰어. 그 모습이 지금도 항상 찡해. (2008년 경북 김천에서 조사)[14]

이씨의 남편은 추운 가을날 한국전쟁에 징집되었다. 남편이 이씨를
돌아보고, 또 돌아보았고, 이씨 역시 떠나는 남편을 바라보고 있었다고
구연하였다. 이씨는 남편이 '우는 건지' 어쩐지 알아보기도 힘들만큼 멀
어질 때까지 떠나는 모습을 지켜본 것이다. '나만 우두커니 쳐다보니 이
러고 섰'다는 표현에서, 남편을 떠나보내고 홀로 남겨진 이씨가 당시 어
떠한 심경이었는지 짐작할 수 있다.

여기에서 문제는 남편을 잃은 위기가 전쟁의 시점에서만 멈춰져 있지
않다는 것이다. 이후의 삶마저도 감당할 무게가 컸다. 이씨의 경우처럼
남편이 부재한 시집살이 속에서 남편의 빈자리는 계속해서 상기되는 아
픔일 수 있다. 이는 2008년 조사 당시 77세인 이씨가 짧은 결혼생활을

---

13) 김현선은 전쟁과부들의 전후 삶에 대한 이야기에는 남편의 이야기는 사라지
고 대체로 시집에서 살아간 전쟁 같은 일상의 이야기로 전개된다면서, 이들
의 사후적 2차 피해에 대해서 짚어내고 있다. 김현선, 「전쟁미망인의 빼앗긴
남편과 사랑, 결혼 이야기」, 『구술사연구』 제2집 1호, 한국구술사학회, 2011,
111쪽.

14) 김현선, 「전쟁미망인의 빼앗긴 남편과 사랑, 결혼 이야기」, 『구술사연구』 제2
집 1호, 한국구술사학회, 2011, 109쪽.

함께 보낸 남편과 이별한 장면을 '그 모습이 지금도 항상 찡해.'라고 말
한 이유가 될 수 있다. 이별 당시와 이후의 삶에서 누적된 슬픔이 함께
점철된 표현이라는 것이다.

이에 더하여 건국대 인문학연구원 한국전쟁 체험담 조사연구팀의 자
료15)에서도 여성들이 느껴왔던 남편의 빈자리로 인한 박탈감의 다양한
양상을 발견할 수 있다. 이는 전쟁 중 여러 사연으로 남편과 분리되고,
홀로 가정을 지키고 살아오면서 여성들이 남편의 빈자리를 어떻게 인식
하고 있는가를 이해할 수 있게 한다.

먼저 윤○○(여, 1929년생)의 사연16)이다. 윤씨는 둘째를 임신한 상태
에서 한국전쟁을 겪었다. 황해도 연백군에 살다가 남편은 38선 이남에
서 경찰이 되었다는 이유로 잡혀 들어가 생사를 확인할 수 없었다. 둘째
해산 후 남편이 38선 이남의 연백군 청단에 있는 시아버지에게로 갔다
는 소식을 듣고, 두 아이를 데리고 남편을 찾아 나섰다. 친정이 황해도
해주를 거쳐 청단으로 왔다가 경상도 청도로, 다시 단양으로 남편의 소
식을 물어물어 찾아가 재회하였다. 종전 후 남편과 서울에 자리를 잡고
살아가기 시작하다가, 1957년 남편이 경찰 근무 중 순직하였고 이후 홀
로 세 자녀를 키우며 살아왔다.

윤씨는 한국전쟁 발발 당시 남편이 없는 상황에서 어찌 할 바를 몰랐
던 심경을 이야기하였다.

---

15) 건국대 인문학연구원의 한국전쟁 체험담 조사연구팀은 신동흔 교수(건국대
국어국문학과)의 주도로 "2012년도 한국학 분야 토대연구지원사업"을 3년간
진행하였다. 그간에 축적된 자료들이 전면적으로 공개되지 않은 상황에서 현
장 조사에 일부만 참여한 필자가 거칠게 자료를 다룬 점에 대해 사과드리며,
소중한 자료를 축적해온 조사연구팀과 구술 자료 활용을 허락하신 여러 관계
자분들께 감사의 마음을 전한다.
16) 한국전쟁체험담 조사팀(오정미·김효실·남경우), 2013년 6월 16일 경기도 남
양주시에서 조사.

[조사자 : 그러면 할머니 그 전쟁 중에 뭐 피난을 다니시거나 그런.] 아
니 한동안 다녔지, 이 사람아.

[조사자 : 그 얘기를 좀 해주세요.] 6.25때 들어가지고. 6.25때 들어가
지고선, 그 연백이라는 데 오연 파출소라는 데가 있었어요. 좌- 38선 바로
밑에. 거기 가서 살았는데. 거기서 6.25가 난거야. 새벽에 4시에 탕탕탕
탕 하면서 나간, 그랬는데 나간거야 파출소로. 오연 파출소라는 데를 나
갔어. 지서야, 지서. 그때는 파출소가 아니고. 그래 나갔는데, 나가고서는
소식을 모르지 뭐. 그때 난 애 셋 데리고 혼자 집에 있었지. 그러고 나서는
연락이 오기를, 어디어디로 피난을 갔다는 걸 알더라고 연락이 왔어 또.

[조사자 : 그때도 그럼 남편분이 먼저 그냥 피난을 가서서.] 아이 그럼
거기서 그럼 어떡해. 파출소를 막 폭격을 하고 난린데. 이북놈들이. 그러
니까 지서에 있는줄 나는 알았지 집에서 애들 데리고 있으니까. 그랬는
데, 그랬는데 총소리가 막 나고 그러더라고. 그때는 내가 둘째도 안났을
때네. 그때 뺐을 땐가보다 진짜. 걔가 50년생이니까. 뱃을 땐, 8월달에 났
으니까. 6.25가 6월달에나 났지. 그래. 그러고서 나가서 소식을 모르는데
이제 연락을, 연락이 받기도 전에. 피난을 다 가라고 그러는데 신랑은 없
어졌는데 어디로 가야돼 글쎄. [조사자 : 그러게.] 그랬는데. 어어어 어디
가 와있다고 또 연락이 오더라고. 황해도 연백 청단이라는 데가. 거기 그
짝으로 와 있었어 신랑이. 그때 그짝 찾아 쫓아 넘어왔지. [조사자 : 큰애
데리고.] 그럼.

이남에서 경찰 근무를 하였다는 이유로 잡혀간 남편이 탈옥하여 시아
버지가 계신 지역으로 피신하였는데, 당시 한국전쟁이 발발하면서 윤씨
는 남편의 행방을 알 길이 없는 상태에서 둘째를 해산하였다.

[조사자 : 그럼 할머니 전쟁 중에 둘째를 낳으신 거에요 할머니?] 50년
도니까. 8월 이십, 8월 며칠날이니까. 전쟁 중에 났지. 전란 중에 났는데,
첫국밥 해먹을라고. 아이고 나도 싱거운 사람이야. 시누하고 같이 살았는
데 시누가 있으니까. 옛날에는 한 집에서 둘을 낳으면 안좋다고 그랬어

요. 누구든지 하나가 안 좋다고 그랬는데. 우리 큰아들허고 우리 시누허고 큰아들, 큰아들 뱄어 또 나하고 똑같이. 그때 똑같이 났는데. 그 집에 딸을 났는데, 걔가 또 죽었어요. 그러니까 둘째 날때는 같이 못 낳겠다는 거야. 긍께 날보고 나가 나라는거야. 시누네집에 같이 사는데.

[조사자 : 아이고.] 그니까 방을 얻었지 딴데. 어떡해. 언제 애는 언제 나올지 모르니까. 방을 하나 얻어놓고 있다가 배가 아프니까 그 집엘 갔어. 허는데 그냥 6.25때 막 폭격하고 그럴때잖아. 불도 못, 첫국밥을 해줄 라고 불을 떼는데 그 막 폭격을 하니까. 그래 38선 바로 밑에니까. 불도 떼다가 막 그양 물을 끼얹고 막 그랬어. 불을 못떼고. 밥도, 첫국밥도 제 대로 못 은어먹고. 그 고생 참 많이 했어. 인제 말이지만.

[조사자 : 그럼 애는 누가 받아준 거에요, 할머니?] 내가 다 혼자 허는 거지. 뭐 시누하고 같이 살았으니까 또 그러고. [조사자 : 방을 따로 얻어 서.] 그렇지. 따로여. 시누네 집에서 살다가 애를 낳을 때 그렇게 났다고. [조사자 : 그럼 그때 애 날 때 옆에서 누가 도와주시는 분이.] 시누가 있으 니까 시누. [조사자 : 아.] 에이 더워라. 나 골치 아파 못살겠네. 이런 얘 기도 이 사람들 몰라. 처음 하니까. [조사자 : 그렇죠.]

전쟁 당시 남편 없이 해산을 하였는데, 시댁에서 시누이도 해산을 하 였다고 했다. 그녀는 한 집안에 아이 둘을 낳으면 좋지 않다고 해서 방 을 따로 얻어 홀로 몸조리를 했던 기억을 떠올렸다. 그러면서 골치가 아 프다고 하며 힘들어 하였다.

세 살 된 큰아들과 백일이 된 둘째를 데리고 피난가기가 어려웠던 윤 씨는 큰아이를 한 명 구해서 함께 피난길을 떠났다. 세 살 된 큰아들과 갓 태어난 둘째를 데리고 피난을 가야되는 상황에서 윤씨가 선택한 길 은 남편이 간 곳을 찾아나서는 것이었다.

윤씨가 남편이 있다는 연백군 청단에 찾아가자, 남편은 경상도 청도 로 떠나고 없었다. 경상도 청도로 따라가니, 또 남편은 단양으로 가 있 다는 소식을 전해 듣게 되었다.

[조사자 : 그러면 그때 전쟁 소리 듣고 할머니 남편분은 피난을 어디로 갔단 얘기.] 그렇지 청도까지 갔었잖어. [조사자 : 어 청도갔고.] 그짝으로 또 쫓아갔지 또. 갔더니 또 거기가 청도에 청도, 청도 온천이라는 데를 쫓아갔더니 경찰, 거기도 경찰이었웅까. 청도 온천이라는데 경찰 가족들이 모이라고 그러고 있었는데. 또 단양 어딘가? 거기가 나가있어. 그러게 가족들은 인제 그리 온천으로 모이라 그래가지고는.

거기 가 있다가 나중에 살다가 수복이 되면 올라와서 인천도 와가지고 인천, 동인천 경찰서에 수사계에 있었지. 그러다가 어떻게 어떻게 또 그러다가 있다 인제 길음 파출소로 왔지. 성북동. 57년도 10월 18일날인가 그랬을걸. 내가 57년도 혼자됐다 그랬지? [조사자 : 네네.]

57년도 7월 17일날인가, 18인가. 순직할적에. 경찰장으로 하여튼 치뤘지. 요새야 연금이 쪼끔씩 나오지 그때는 연금이라는 게 없었어. 그니까 형편없었지. 뭐 사는 거 막. 나 이런 얘기 왜 하냐?

위의 자료와 같이 윤씨는 전쟁 통에 두 어린아이를 데리고 '남편이 어디 있다고 그러면 거기 쫓아가'는 고생을 감당했다. 전쟁 통에 이제 막해산한 윤씨가 홀로 두 어린아이와 남겨지면서 피난길을 떠나야 할 때, 윤씨가 당면한 비극은 '남편의 빈자리'로 집합된다. 남편이 있다는 곳으로 무작정 길을 떠났다는 윤씨는 갈 곳 모르는 막막함과 남편의 빈자리를 메우려는 갈망이 결합되면서 그 지난한 피난길을 이어갔던 것이다. 행방조차 묘연한 남편에 대한 원망보다 삶에 대한 두려움이 컸던 당시의 아픔이 고스란히 전해진다.

윤씨는 전쟁 체험을 기억해내는 작업을 힘들어 했던 것으로 보인다.

[조사자 : 할머니 거 그 피난 가시던, 그 피난가시면서 있었던 일들 좀.] 잊었던 얘기를 어떻게 허냐 그걸? [조사자 : 기억 안 나세요? 왜 기억 안나?]

위와 같이 조사자가 두 아이를 데리고 피난 간 자세한 사연을 듣고자 청하자, 당시를 '잊었던 얘기'라고 칭하면서 잊은 이야기를 어떻게 하느냐고 반문하였다. 그리고 남편이 사라진 당시에 대한 기억을 더듬을 때에도 "내 얘기가 허게 되면 안 되는데.", "나 이거 안 해야 되는데. 골 아파 죽겠네, 나."라며 어려움을 표했다. 남편을 앗아간 전쟁에 대한 기억이 현재에도 고통을 주고 있는 표현들로 해석된다.

윤씨가 이야기를 털어놓기 어려워했던 까닭은 '눈물 나서'였다.

> [조사자 : 그러니까 그 친정인 황해도 해주에 있으시다가 남편이 거기 있다는 연락받고.] 어 그럼 연락받고 그리 돌아서 이짝으로 남편을 쫓아 나왔어. [조사자 : 아, 그 바로 만나셨어요? 거기 가서.] 그렇지. 시집을 왔으니까. 내가 시집을 왔으니까 만났지.
> [조사자 : 그러면 거기서 남편분하고 만나서 얼마나 몇 년 동안을 거기서 사신 거에요, 할머니?] 사팔. 사십. 57년도에 돌아가셨응게. 6.25가 50년도에 났죠? [조사자 : 네네네.] 그러니까 57년도에 돌아가셨어. [조사자 : 왜 돌아가셨어요?] 아들 셋 낳고. [조사자 : 아들 셋 낳고?] 숙직실에서 돌아가셨다니깐 파출소. 순직이야 그러니게. 심장마비. [조사자 : 심장마비로.] 죽었다고 그래서 나가보니깐 돌아가셨더라고. 그때만 해도 아들이 셋이야.
> [조사자 : 어떡해.] 말이 많아. 눈물 나서 얘기 안 할라고 그랬는데 자꾸 말이 나오네. (웃음)

윤씨는 남편과 어렵게 재회하였다가 몇 년 못 살고 남편을 떠나보낸 이야기를 하며 "말이 많아. 눈물 나서 얘기 안 할라고 그랬는데 자꾸 말이 나오네."라고 하였다. 이십대 초반에 겪은 아픔이 여든이 넘은 현재에도 눈물을 자아내고 있는 것이다.

이렇게 전쟁 중 남편 없이 홀로 남겨진 막막함과 남편을 찾아 떠난 피난의 고통, 게다가 결국엔 혼자 남게 된 상처는 60여 년이 지난 현재에도 아픔이었다.

"그러고선 메칠(며칠) 걸어서 청돌(청도로) 내려갔지. 그랬다가 또 인제 거기서 하다가 올라와서 얼마 살지도 못하고. 스물아홉에 돌아가시고 난 스물일곱에 혼자되고."

위와 같이 윤씨의 구술에서는 피난길에 고생한 한 사연이 전개되다가도, 곧장 종전 후 57년에 남편이 순직하고 혼자된 상황으로 이어지기는 특징이 있기도 했다. 전쟁 후 남편과 재회하였으나 이내 곧 남편과 사별하게 된 아픔이 그녀의 기억 속에 각인되어 있는 듯했다. 피난길의 고통스러움과 남편의 빈자리 중 윤씨에게 어떤 것이 더 큰 아픔이 되었냐는 가늠할 사항이 아니다. 두려움과 외로움이 복합되면서 하나의 큰 덩어리로 가슴에 남겨지지 않았을까 한다.

윤씨의 사연처럼 전쟁 중에 남편과 사별하지 않고서도 남편의 부재를 실감한 여성들의 사연은 차고 넘친다. 다음 사연은 징집된 남편이 살아 돌아왔음에도 과부처럼 살아온 여성의 살아온 이야기이다. 김ㅇㅇ(여, 1935년생)[17]은 열여섯 살에 시집왔다가 첫째를 임신한 상태에서 남편을 전장으로 보냈다. 전쟁 중에 함께 피난길을 떠났던 친정식구들을 잃었고, 종전하면서 하반신이 불구가 된 남편은 의가사제대하여 집으로 돌아왔다. 신체가 훼손된 남편은 나날을 술로 보냈고, 김씨1은 과부와 다름없는 삶을 살아왔다.

그녀는 남편이 전장에서 돌아온 장면을 다음과 같이 이야기하였다.

(첫아이를) 뱃속에 넣고 (남편이) 전쟁터에 가가지고 여기를 (하반신을 가리키며) 다 다쳤어. [조사자 : 할머니가?] [청중: 아저씨.] 우리 지 할아버지가. 그래가 가지고 저거로다가 제대를 했어. 의가사 제대로. 그때는

17) 한국전쟁체험담 조사팀(오정미·김효실·남경우), 2013년 6월 16일 경기도 남양주시에서 조사.

병원이 없으니까. 부대서 이병 부대로 가고, 저 부대로 가서 여그를 수류
탄에 맞아가지고. 양주서 싸우다가. 첫날이 여기가 다 헤져가지고 꼬맨
자국이 엄청나.
〈중략〉
강원도 거기서 무척 죽었어요 한국 군인들. 부대가 다 죽었는데. [조
사자 : 그렇다고 그러더라구요. 저희 춘천 여러번 갔는데, 예.] 다 죽었어
거기서. 그 부대가 몰살당했다니까. 근데 거기 우리 지 할아버지가 있었
어. [조사자 : 아, 남편분이.] 여기 다쳐가지고 뱅글뱅글 도는거야. 가서
부대가서. 6.25때니깐 막 그냥 꼬매가지고. 지금 같으면 고치지만 그때는
그냥 사람 목숨만 붙어있으면 그렇게 해서 제대해가지고 온거야.

김씨1은 기억에서 의가사제대를 한 남편은 신체가 '다 헤져가지고 꼬
맨 자국 엄청'난 상태였다. 당시 전쟁 중 군부대에서 급히 상처를 봉합
하여 남편의 몸은 '뱅글뱅글' 도는 상태였다고 기억하고 있다. 남편은
'그냥 사람 목숨만 붙어 있'는 상태에서 제대하였는데, 김씨1의 간호로
건강을 회복하였으나 남편은 성적 기능을 잃고 말았다.

김씨1은 불구가 된 남편의 괴로움과 함께 자신의 외로움을 동시에 감
당해야 했다.

[조사자 : 그러면 남편분이 제대하고 집으로 와서 얼마만에.] 그래도 오
래 살았지. 오래 살았어. 살기는 오래 살았지. 인제 간 지 30년 됐으니깐.
[조사자 : 그래도 거의 20년 함께 사신거네요. 거동하시거나 이런덴 불편
하신게.] 나? [조사자 : 아니, 할아버지. 그리고 오셔서.] 만날 술로 살지
아파서. 비만오면 아파서 이걸 못쓰, 남자 구실을 못허니까 더 죽겠지. 젊
은 부인 옆에 두고 가만 있으니. 그러고 갔지. 그러니까 누구한테 하소연
도 못하고. 지금 같으면 시집갔지. [조사자 : 할머니가 다 병간호 하시고.]
〈중략〉
뭐 놀래고 마나 젊어서야 뭐. 젊어서 그런 거 가려? 젊어서 그런 거 몰
라. 지금 사람들은 약아서 저러지만. 옛날엔 그저 병신이고 뭐고 살아야

하니깐. 사는 거지. [조사자 : 걷거나 그런 거는 하실 수 있는 거에요?]
응. 여기는 멀쩡해요 그게. 다쳐서 여기는 못 쓰지만. 근데 비가 올 적에
는 쑤셔서 못 댕겼지.

남편은 후유증으로 인한 신체적 고통과 정신적 고통을 술로 견뎌내었
다. 지금 같은 세상이면 재혼을 했을 것이라는 김씨1의 말에서 외로운
시간들의 고통을 알 수 있다. 당시 김씨1는 남편의 비극에 놀라워할 겨
를도 없이 '옛날엔 그저 병신이고 뭐고 살아야 하니까' 하며 남편 곁을
지켜냈다.

그렇게 살아오면서 김씨1에게 남편의 빈자리는 지속된 것과 다르지
않았으며, 그 박탈감도 희미해지지 않았던 것으로 보인다. 이러한 해석
은 김씨1의 구술 방식에서 발견되는 다음과 같은 특징들로 이해된다.

김씨1은 전쟁 때 이야기를 하면, 몇 년 전 그나마 하나 있던 아들이
자신보다 먼저 갔다는 이야기로 직결되는 특징을 보인다.

> [조사자 : 그래? 그럼 우선 이야기. 전쟁 때 대충 몇, 6.25 전쟁 때만
> 얘기를 해주세요. 그때 대충 몇 살 정도 됐던 거에요, 할머니?] 열 여섯
> 살. [조사자 : 아, 6.25전쟁 때? 그럼 아직 결혼하기 전?] 우리 영감 만내
> 고 우리 아들 낳고 우리 아들 뱃속에 넣고 전쟁 나가서 <u>세상 떴다니까 이
> 씨!</u> [조사자 : 열여섯 살에 결혼해서 벌써 애를 낳으셨어요, 할머니? 그
> 렇게 일찍 낳으셨어요?] <u>세상 떴어 우리 아들.</u>
> 〈전략〉
> 그래 남자 구실 못 허고 그러고 죽은 거야. 그러니 아들 하나 났지. 그
> 리곤 없어. <u>그거 하나 났다가 우리 아들 가고 나 혼자 살아.</u>
> 〈전략〉
> [조사자 : 그럼 할머니 그 막 애기들 버리고 가는 거 보셨잖아요.] 그럼
> 많이 봤지. 많이 봤지. 그때 6.25때 난 우리 아들 지금 육십 하나. 그거
> 죽었어, 4년 전에. 그러고 나 혼자 있어. [조사자 : 아이고 어떡해.] <u>일단</u>

은 자식이 내가 지금 몇일런지 모르지, 이런 걸 누가 알아. 동네서도 몰
라. (소리를 줄이며) 남들이 알면 나를 건들라고 뎀비거든, 옛날에는. 그
러니 남편 멀쩡하다고 했지. 쏙여 살아왔지. 내 처녀나 마찬가지야. 말도
못해.

김씨1은 전쟁의 고통을 기억하는 와중에 늘 4년 전에 죽은 아들을 떠
올렸다. 전쟁은 남편을 더 이상 남편으로 존재하지 못하게 하여 '처녀나
마찬가지'로 살게 하였고, '(전쟁만 아니었으면) 자식이 내가 지금 몇일
런지 모'르는 아쉬움을 남겼다. 전쟁이 남긴 신체적·정신적 외로움은
아들에 대한 애착으로 이어졌고, 김씨1에게 하나밖에 없는 아들을 먼저
보낸 상처는 전쟁이 준 고통과 섞여 버린 듯했다. 이렇게 과거의 전쟁은
최근에 아들을 먼저 보낸 상처를 가중시키고 있었다.
  그녀의 구술 상에서 발견된 두 번째 특징은 나라의 보상 문제이다.

  [조사자 : 아 그래서 휴전 무렵에 남편분이 오셨구. 그래서 남편분이
오셔서 인제 이야기를 해주신 거예요? 내가 이렇게 다쳤다.] 다친 거 봐도
아는 걸 뭐. 얘기하나 마나지. 딴 건 소용없어. 우리 지 할아버지 저거만
해줘. 난 그것만 나오면 딴 건 다 안 바래. [조사자 : 그래서 나오셔서 할
아버지도 계속 술만 드시고. 괴로우니까 술만 먹다 세상 떴어. 고 얘긴
고만해. 나 머리 아파.
  〈중략〉
  결혼하고 전쟁터에 가서 그렇게 되고, 그러니깐 남자가 아니지. 여길
다 다쳤으니깐. 그렇게 하다 세상 떴어. 그런데 그거를 연금을 받을라고
아무리 신청을 해도 안 돼. 무슨 증인이 없다고. 저 할아버지가 죽고 없
으니깐. 그걸 어떻게 보상을 받나 난 자꾸 그거야. 딴 건 없어. 〈중략〉
  [조사자 : 할머니가 다 (남편을) 병간호 하시고.] 그래서 모범 상장으로 군
수 상장 탔어 나는. 노동 상장도 타다 논거 지금 있어. 그런데 저 연금은
안준다 이거야. 그것만 타게 해달라는 거지 나는 딴 건 필요 없어. 〈중

략) 그런데 난 내가 (대통령을) 만나면 얘기해서 내가 그거나 달라 그래
야지 우리 지 할아버지 연금.

위와 같이 김씨1은 지난날의 아픔을 기억해내는 과정에서 반복적으
로 '나라의 보상'을 자주 언급하였다. 위의 자료에서도 김씨1은 불구가
되어 돌아온 남편을 기억하면서 '술만 먹다가 세상을 떴'다고 이야기하
고, '딴 건 안 바'란다며 전쟁유공자 보상에 대한 바람을 털어 놓았다. 김
씨1은 당시 남편이 몸담았던 부대가 몰살되어 자료가 남지 않아 보상을
받지 못했다고 했다.

제도적 보상이 제대로 실행되지 못한 상황에 대해 서운함을 표하는
발언들에서는 남편의 빈자리로 인한 자신의 고통에 대해도 보상받고 싶
은 심정이 결부된 것으로 보인다. 전쟁의 여파로 자신은 남편의 빈자리
를 지속적으로 감당하여야 했고, 이제는 하나 있는 아들마저 떠나갔기
에 자신의 외로운 삶에 대한 보상을 갈구하는 것이다.

이렇게 전쟁 중 남편의 빈자리에 대한 여성들의 이야기에는 그 아픔
이 현재까지도 이어지는 구구절절한 내용과 표현들이 담겨져 있다. 살
아온 이야기를 털어 놓는 일을 '사실에 입각한 문학적 창조행위'[18]로 전
제하고 보면, 전쟁은 '사실'이며 그에 대한 아픔의 생생함은 과거를 바라
보는 현재의 정서를 담아낸 '창조행위'일 것이다. 그렇다면 여전히 아프
게 구술할 수 있는 문학적 창조행위는 현재까지 아픔이 지속되고 있다
는 증거가 될 수 있다. 과거에 대한 기억에 현재 자신의 내면을 담아낸
흔적이 생생하면 생생할수록 그 상처가 아물지 못했다는 징후로 판단할
수 있을 것이다.

이 여성들에게 아직도 상처가 지속되는 까닭은 과거의 사회문화적 배

---

18) 신동흔, 「경험담의 문학적 성격에 대한 고찰 : 현지조사 자료를 중심으로」,『구
비문학연구』제7집, 한국구비문학회, 1997, 163~164쪽.

경 속에서 기혼여성이 남편을 잃는다는 것은 삶의 방향을 잃어버린 일이 될 정도로 큰 충격이었기 때문이다. 김현선은 전쟁 과부의 상처를 "당시 학력과 직업기술이 없이 자녀가 있는 사별 여성이 남편 사후에 선택할 수 있는 삶의 전략은 제한적이었고, 따라서 역사 사회적인 외적요인으로 인해 초래된 과부의 이름은 개인의 전 생애를 규정하는 결과로 이어졌다"[19]고 보았다. '과부'가 되어버린 상황에 대한 전 생애적 상처는 단지 생계 유지의 고통만을 의미하지는 않을 것이다.

그리고 한국전쟁 당시 성폭력의 아픔을 구술사로 전한 김귀옥은 폭력성에 대해 "식민지 유제와 반공주의 이데올로기, 가부장 문화가 복합적으로 작용하면서 여성과 민중에게 깊은 상처를 남겼다"[20]고 밝혔다. 그 여성들에게 처녀성을 앗아간 폭력과 더불어, 사후 처녀가 아니라는 멍에를 씌우는 사회구조 속에서 2차 상처를 남겼기에, 이를 두고 김귀옥은 가부장 문화로 인한 상처가 덧붙여졌다고 분석한 것이다. 전쟁 과부나, 재가한 여성들에 대한 사회적 상처도 가부장 문화로 인한 상처로 해석될 여지가 있다.

전쟁이 남편을 앗아갔다는 것은 단지 사랑하는 이를 잃었다는 고통에만 한정된 것이 아니라, 이후의 생을 홀로 버텨야 한다는 두려움을 포괄한 아픔이었던 것이다. 게다가 이 여성들처럼 남편의 빈자리에 홀로 서 있어야만 했던 외로운 환경 속에서는 그 박탈감이 지속적으로 강화될 수밖에 없다.

이렇게 전쟁 중 남편과 분리된 비극의 기억은 희석화 되지 않은 채 계속될 수밖에 없는 것일까. 그러면 전쟁 중에 남편을 잃은 여성들은 평

---

19) 김현선, 「전쟁미망인의 빼앗긴 남편과 사랑, 결혼 이야기」, 『구술사연구』 제2집 1호, 한국구술사학회, 2011, 97~115쪽.
20) 김귀옥, 「한국전쟁기 한국군에 의한 성폭력의 유형과 함의」, 『구술사연구』 제 3집 2호, 한국구술사학회, 2012, 7~37쪽.

생을 이러한 괴로운 과거에서 벗어나지 못한 삶을 살아야 하는 것일까. 현재의 삶에서도 지속되는 두려움과 외로움을 전쟁이 남긴 트라우마로 본다면, 그 극복의 길은 묘연한 것인지 아쉬움이 든다. 이에 다음 장에서는 유사한 상황에 대해 다른 양상으로 구연하는 여성들의 사연을 살펴보아, 남편의 빈자리로 강화되는 전쟁 트라우마의 극복지점을 탐색해보고자 한다.

3. 여성의 구술에서 발견된 상호적 연민의 힘

앞서 말한 바와 같이 한국전쟁 체험담 속 기혼여성의 수난은 전쟁 당시에서 이후의 삶에 걸쳐 지속된다는 특징이 있다. 특히 남편의 빈자리가 채워지지 않은 여건에서 홀로 살아낸 두려움과 외로움은 오랜 세월이 흘러도 과거의 전쟁이 준 박탈감에서 벗어나지 못하게 하였다. 그 두려움과 외로움의 이야기 중에는 남은 자들 간에 연민이 교감되었던 일을 세세하게 기억하는 경우도 있다. 다음의 두 여성의 이야기가 그러하다.

차ㅇㅇ(여, 1929년생)[21]는 스무 살에 시집을 가서 첫애를 낳고 열 달이 못되어 전쟁이 났다고 하였다. 차씨는 당시 남편은 경찰로 근무하다가 관둔지 2개월 만에 전쟁이 났는데, 인민군들 손에 잡혀가서 다시는 만날 수 없었다고 말했다. 그 뒤로 시집과 친정을 오고가며 살다가 아들과 서울로 이사하였고, 스물두 살부터 평생을 홀로 지냈다. 차씨는 남편과 이별한 전시 상황을 다음과 같이 기억했다.

---

21) 한국전쟁체험담 조사팀(오정미 · 김효실 · 남경우), 2013년 6월 16일 경기도 남양주시에서 조사.

[조사자 : 아, 그러면 할머니, 전쟁이 나자마자 할아버지께서 돌아가신 거네요?] 그치. 그, 간 거니까. 납치돼간 거니까. [조사자 : 아.] 경찰이었었거든? 우리두. 경찰이었었는데, 50년 4월 19일자에 사표를 냈어. 그랬는데, 6월 25일 날 난리가 났잖아. 그러니까, 두 달 만에 난리가 난거야. 그래서 나는 미망인도 못돼. 억울한 과부야.

〈중략〉

[조사자 : 그래도, 남편 분이 끌려갔다는 이야기를 누군가가 전달해 주는 순간 할머니 심장이 내려 앉으셨을 것 아니예요.] 아이, 거, 깜깜해서 아무 것도 안 보이더라고. [조사자 : 그렇죠. 그랬을 거 같아요.] 근데 그게 바로 누구냐면 우리 동챙(동창)이야. 국민학교 동챙. 동창. 국민학교 동창 남자가 그 경찰서에 급사 노릇을 했어. [조사자 : 아.] 그 아이가 오드라구. 저기서. 우리 친정에 가 있는데. 오드니 날 보구 그러는 거야. '신랑이 붙잽혀 갔소.' 그래. 그래서 '뭐?' 그랬더니 '신랑이 붙잽혀 갔어. 빨갱이덜 헌테.' 그 소리 두 마디 하고서는 그냥 달아나더라구, 저두. 그 알려줘도 혼나잖아. 그러니까. 첨에 내가 '신랑 붙잽혀 갔어.' 그래서, '뭐?' 그랬더니 못 알아 들은 줄 알고 또 한 번 그래드라구. '신랑 경찰서에 붙잽혀 갔대니깐.' 그러고는 기냥 달아나. 누가 보면 저 혼나니까.

[조사자 : 그러면 할머니, 이야기는 들었지만 그것을 내가 직접 확인하려고, 어떻게 해 보시지 않으셨어요?] 확인도 못 해. 인민군들이 하도 날치고, 저기하고, 그냥 저기하면 쏴죽일 판이고 그러니깐, 확인도 못 해.

차씨는 남편이 전쟁이 터지기 두 달 전에 남한에서의 경찰직을 관두었다는 사실을 강조하면서, 이민군들에게 잡혀간 억울함과 전쟁 유공자 보상에서 밀려난 안타까움의 모순적 상황을 설명하였다. 그러면서도 '아이, 거, 깜깜해서 아무 것도 안 보이더라고.'라며 당시 남편이 끌려갔다는 상황에서 느낀 막막함을 드러내었다. 이후 차씨는 홀로 남아 어린 아들과 생을 버렸다. 혼자된 두려움과 외로움이 차씨에게도 주어진 것이다.

그렇게 목숨을 부지하는 가운데 피난을 떠났다가 차씨는 값없이 김치를 주고, 빨갱이의 위협에서도 벗어나게 한 처녀의 도움을 받는다.

아-만한 독에서 냄비에다 김치를 하나 줘. 그러면서 가지고 가시래. 내가 돈을 주니까 안받아요. 이러더니, 우리 아빠가 빨갱이래. 우리 아버지가 빨갱이가 돼서, 빨갱이들이 모여서 회의하는거래, 사랑방에, 그 신발 주-욱 있는 게. 그러니까 경찰 가족이라고 그러면 해꼬지 할 지 모르니까 빨리 가시라는 거야. 종지무간 날 살려라하고 기냥 막, 그거 무거운지 가벼운지도 모르고 그냥 들고 왔어. 애 업고. [조사자 : 김치를 들고?] 응. 그래서 이제 집으로 왔어. 집으로 와서 그런 얘기를 했어. 우리 여동생 보고, 야, 너 때문에 나 죽을 뻔 했다. 왜 그러네. 야, 빨갱이들 굴에 들어갔다 나왔다. 거기서 까딱하면 너도 못 보고 죽을 뻔 했다, 야. 너 그러니까 김치 먹고 싶대는 소리 하지마. (웃음)

〈중략〉

'우리 아빠가 빨갱이가 돼서요, 지금 회의하는 거예요. 그러니까 빨리 가세요.' 그 아가씨 아주 고마워.

[조사자 : 그러게.] 지끔 겉으면 다 저기를 적어서 (빨갱이 명단을 적어서) 연락도 해보고 그랬을 건데, 그때는 뭐- 겁이 나가지구, 적구 말구가 어디 있어. (웃음) 내가 그때 스물두 살이니까 그 아가씨도 열여덟, 아홉 됐갔어. 나이 먹은 처녀야 그때 보니까. 그랬는데, (이제) 거진 내 나이 됐을 것 아닌가? 여든 살은 넘었을 거야. 죽지 않았으면 여든 몇 살 됐을 거 같애. 그 아버지는 어떻게 됐나. 어머니는 돌아가고 없대.

그 처녀는 차씨에게 김치를 공짜를 내어주고, 당시 이남에서 경찰직을 한 남편을 둔 차씨의 상황을 알고선, 빨갱이가 된 자기 아버지에게 피해를 당할까 얼른 도망가라고 일러주기도 하였다. 차씨는 그 처녀에 대한 고마움을 잊지 못하고 지금도 만나보고 싶다고 했다. 그러면서 당시 그 처녀의 어머니가 돌아가시고 없다는 상황을 기억하면서, 위협적 존재인 그 아버지의 안부마저 궁금해 했다.

위기의 순간에 구원의 손길을 내민 처녀를 잊지 못하는 차씨의 구연에서는 서로의 처지를 안타깝게 여기는 교감의 진함이 느껴진다. 전시에 잠시 만난 처녀가 현재 어떤 모습일까 상상하는 차씨의 발언에서 전쟁의 비극을 감내했던 서로에 대한 연민의 교감이 얼마나 깊었던가를 이해할 수 있다.

그러한 온정의 기억은 가족들 간의 관계에서도 이어져있다. 차씨의 구술에서 남편의 빈자리로 인한 박탈감이 크게 느껴지지 않는데, "그냥, 남편 하나 없는 그것만 저기지, 다른 고생은 안 해봤어. 입때까지."라고 말하며, 친정의 재산으로 그렇게 심하게 고생하지는 않았다고 했다. 그렇다고 그 삶이 마냥 평탄했다고는 할 수 없다. 생계의 위기는 모면하였으나, 남편의 빈자리는 실제였기 때문이다.

차씨는 "'아유, 저……, 간첩. 간첩이 되서라도 좀 오면 좋겠다. 간첩이 되서라도 좀 오믄.' 간첩이 무섭잖아. 그러니까 큰 일 나지. 그런데도 우리 엄마는 그래. '아유, 간첩이 되서라도 좀 넘어오면 좋겠다. 그러면 내가 자수 시킬 건데.' 밤낮 그러셨어."라며, 친정어머니가 혼자된 차씨의 옆자리에 대한 걱정을 많이 하셨다고 했다. 간첩이 되어서라도, 자수를 시키더라도 죽은 사위가 돌아와 당신 딸의 옆자리를 채워 주었으면 좋겠다는 어머니의 심정은 차씨의 처지를 대변한다.

친정어머니와 주변인들의 잦은 재가 권유에도 차씨는 재가하지 않고 살았다. "그래도 내가 그렇게 싫으니까. 나는 왜 그런지 시집가고 싶지도 않어. 그런 생각을 해 본 적이 없어, 지금꺼지. 젊어서버텀 이날 입때까지."라며 재가를 생각해 본적 없다고 하고, 바로 아들의 이야기를 꺼내었다. 서너 살의 어린 아들은 어머니가 재가할까봐, 자주 '우리 아빠 올 건데.'라고 말하며 얼굴도 기억하지 못한 아버지를 언급하였다고 한다.

그리고 차씨는 아들이 가족사진 속에 아빠를 짚어내는 재롱을 피웠던 사연을 이야기하기도 했다.

> [조사자 : 사실 아빠 제대로 본 기억도 없는데.] 몰라. 열 달이 뭘 알아. 그른데두, 이렇게 사진첩을 놓고 이렇게 보면 '아빠, 아빠.' 이러면서 아부지 얼굴만 콕, 콕, 찌르더라구. 어떻게 아는지 몰라. 그 천륜이 그렇게 시키는 건지 어쨌든, 아빠 얼굴 몰르지. 열 달만에 뭘 알아. [조사자 : 그러니까.] 그러는데두 사진을 보면 그렇게 콕, 콕, 콕 찌르면서 '아빠, 아빠.' 그르드라구. (좌중 웃음)
>
> 몰라 하이튼 애비 얼굴을. 잘 몰를 꺼야. 그때 열 달인데 뭘 알았어. 돌이나 지났어야 알지. 나온지 열 달 됐는데. 지금은 돌 지나면 아마 알 거야. 그지? 근데, 그때 돌도 안되고. [조사자 : 돌 지나도 몰라요, 할머니. 그래도 두 돌은 지나야 어렴풋이.] 서너 살 돼야 알지. 그때는 나온지 열 달이야. 그런데두 그렇게 사진만 보면 아빠를 불르는거야. 콕 찍고, 콕 찍고. 즈의 삼춘들하고 같이 찍은 것도 즈의 애비 얼굴만 콕, 콕, 찍드라구. 삼춘들도 비슷하게 생겼잖아. [조사자 : 예.] 이거 아빠지. 그렇다고.
>
> (동네) 할머니들이 그걸 볼려구 동네 할머니들이 그냥 날마다 그 사진첩을 내놓고 괜히 뒤적거리시는 거야. 아이 보는데. 그러면 '아빠.'

아빠를 찾는 아들에게서 차씨는 남편의 빈자리에 대한 아픔을 위로받았을지 모른다. 위와 같이 차씨가 기억하는 아들의 모습은 자신에게 주어진 '남편의 빈자리'와 아들이 무의식적으로 감지한 '아버지의 빈자리'가 교감된 상황들이었다. 차씨는 얼굴도 모르는 아버지를 그리는 아들의 모습에서 '천륜'이라는 가치를 떠올리며, 그 그리움에 공감하며 남편의 빈자리를 메웠던 것은 아닐까 한다. 차씨에게 가족사진 속 아비를 찾아내는 아들의 재롱을 기특해하고 귀여워한 이웃 할머니들의 모습도 잔잔히 기억되는 까닭도 그러한 연민의 교감이 다수로 번져간 당시의 분위기가 각인되어 있기 때문일 것이다.

차씨에게서 어둠보다 밝음이 부각된 현상을 두고 빈곤하지 않았던 상황으로 이해할 수도 있으나, 다수의 관계 속에서 상호적 연민이 특별했다는 점 또한 그 근거로 꼽힐 수 있다. 그것이 부각된 지점은 시댁식구들과의 관계이다. 차씨는 남편을 잃고 종전 후 친정의 보호를 받으면서 시집살이로부터 자유로웠는데, 여기에서 중요한 것은 시댁과 교류를 지속하며 살았다는 것이다. 이 점이 다른 여성들의 살아온 이야기가 다른 형태를 보인 지점이기도 하다.

고된 시집살이로 남편의 빈자리가 더욱 자극되었을 삶의 이야기와는 달리, 차씨는 외려 시댁식구들의 사랑을 받은 기억을 떠올린다.

> [조사자 : 남편 분이 첫째 아들 이셨어요?] 둘째. 우리 큰 동세(동서)님도 계셔. 우리 큰 동세님은 또, 왜정 때, 대동아전쟁 때 미망인이야. [조사자 : 아.] 우리 큰 동세님이. 대동아전쟁 때 미망인이야. 그래서 나를 무척 아주 그냥 사랑하셨어. 당신이 그렇게 됐으니깐 그런가봐.

차씨의 시댁에는 형님도 있었는데, 그 형님은 왜정 때 아주버님을 잃었다. 차씨는 그 형님이 자신을 매우 사랑하셨다고 하며, '당신이 그렇게 됐으니까 그런가봐'라고 그 애정을 해석하였다. 그리고 시아버지의 각별한 사랑도 떠올렸다.

> 그래서 나는 큰 동세 시집살이도 안 해보고, 우리 아버님이 무척 이뻐하시고. 어머니는 안 계셔도. 그러니까 아버님 돌아가셔서도 그냥 '이뻐한 며느리 와서 절 허라구.' [조사자 : 아.] (웃음) 생여(상여)가 안 가. 안 가면 그냥 내가 나가서 절 또 하구, 내가 나가서 절 해야 한 발구, 어이구. 산이 가까우니까, 그냥 잘 안 간는 거야, 이 사람들이. 안 가고 그냥 '어서 둘째 며느리 나와서 절 허라구.' 그러다가 내가 '아이구, 인제 다리 아프고 허리 아파서 못해. 너가 가서 해라.' 우리 아들 보구. 니가 나가서

할아버지한테 절 좀 해라 그러니 싫대, 안 된대. (웃음) 아이고, 며느리
이뻐했으니깐 매느리(며느리)가 해야 한대, 매느리 절만 받고 가야 한대.
우리 할아버지 돌아가신지도 꽤 오래 됐어.

위의 인용자료와 같이 그녀의 기억 속에 시아버지의 사랑은 움직이지
않은 상여가 '자기로 인해' 움직였던 장면으로 자리 잡혀 있었다. 그 사
랑은 그녀의 아들도 '며느리 이뻐했으니까 며느리가 해야 한'다며 가장
가까운 대상이 공인한 사랑이었다.

잠시의 결혼생활을 보낸 남편도 잊지 못하는 다른 여성들과 비교되는
차씨의 특이점은 여러 가지가 있다. 경제적 안정감 또한 무시할 수 없지
만, 차씨는 잠시 머물렀던 친정살이를 접고 서울로 독립하여 아들과 생
활을 일궈갔다. 남편의 빈자리와 분리되는 차씨의 독립은 생활적인 면
에서도 드러나지만, 정신적인 면에서도 부각된다.

[조사자 : 지금도 혹시 남편 분 기억이 나세요?] 지금 보면 얼굴도 몰를
것 같애. [조사자 : 아. 젊었을 때 얼굴도 기억이 안 나세요?] 잘 기억이
안 나. 지끔은. 그래, 어떤 때는 아들을 보면, 그때 아주 아빠하고 똑같
이 채미(참외)쪽 같이 닮았다고 그랬거던? [조사자 : 참외 쪽. (웃음)] 어.
그랬는데, 지금은 날 닮았어. (청중을 보며) 그래, 우리 아들 날 닮았지?
나만 보고 자라서 그런지. (좌중 웃음) 나만 보고 자라서. 지금은 날 닮은
거 같애. 우리 아들이. 어릴 때는 누구든지 보기만 하면 애비 닮았다, 애
비 닮았다고들 그러시더라고. 그러면 그냥 시댁 식구들은 좋아 죽어. 애
비 닮았다고. [조사자 : 그렇죠, 원래 그래요. (웃음)] 그렇게들 좋아하시
고 그러드니, 근데, 신랑하고 나하고 좀 비슷하게 생겼어. 그래서 지금도
보면은 날 닮았다고 그래도, 그래도 애비.

조사자가 남편을 기억하느냐고 묻자, 차씨는 지금은 얼굴도 모를 것
같다고 말했다. 그러면서 아들을 언급하며, 과거에 아들이 아비와 똑 닮

았다고 했지만 '나만 보고 자라서. 지금은 날 닮은 거 같애.'라고 하였다. 아들이 아비를 닮았다고 하면 시댁식구들이 아주 좋아하시지만, 지금 보면 자길 닮았고, 어쩌면 자기와 남편이 닮았을 수도 있다고 했다.

홀로 된 몸으로 아들을 키워오며 고생했다는 차씨는 남편의 빈자리만큼 아들에 대한 애착도 커졌을 것이다. 위 구술에 따르면 차씨는 고난의 나날을 보내오며 아들에게서 남편을 찾기 보다는 자신을 찾아내었다고 볼 수 있다. '나만 보고 자라서'라는 말에서 남편의 빈자리로 인한 상처가 아예 발견되지 않는다고 할 순 없지만, 죽은 남편으로부터의 심리적 독립이 이뤄진 상태라는 판단은 가능할 것이다. 즉 차씨는 아들과의 관계에서 남편의 빈자리를 그대로 남겨두지 않았다는 것이다.

차씨의 살아온 이야기에서 발견되는 독특함은 전쟁으로 인한 고통 속에서 상호적 연민을 지속적으로 보충 받았다는 것이며, 전쟁이 만들어낸 결핍에 쉽사리 서로를 원망하며 미워할 수 있는 관계에서도 그 빈자리를 사랑으로 메우며 살아왔다는 점에 있다. 차씨가 아들과 함께 시댁도 친정도 아닌 새로운 공간에서 삶을 시작하고, 남편의 빈자리로 인한 상처에 매몰되지 않은 상태를 지속시킬 수 있었던 까닭도 그 때문일 것이다. 전쟁이 앗아간 남편의 빈자리가 이후의 삶마저 망쳐버리지 않았던 힘은 복합적이겠으나, 주변과의 관계를 사랑으로 기억하는 힘은 차씨만의 특장이라고 할 수 있다.

차씨의 경우는 대체적인 여건이 긍정적이었던 경우였다면, 다음 사례는 그렇지 않은 주인공의 이야기이다. 김○○(여, 1924년생)[22]은 열다섯 살에 시집을 와서 전쟁 중 스물아홉 살에 남편을 잃고, 시어머니와 떠난 피난길에서 아홉 살과 네 살의 두 자녀를 한꺼번에 잃었다. 이후 피난길

[22) 한국전쟁체험담 조사팀(오정미·김효실·남경우), 2013년 5월 13일 강원도 인제군에서 조사.

에 만난 아내와 자녀를 잃은 남자와 재혼하여 두 딸을 낳고 살았다.

김씨2는 남편과의 이별을 전쟁이 터지자 강습(혹은 훈련)을 갔다가 헤어진 것으로 기억했다. 그리고 두 자녀들은 피난길에서 얻은 병으로 같은 날 죽었는데, 김씨2는 "'엄마, 집이(집에) 가서 꿀 먹으면 산대.' 꿀 먹으면 산다는 게 집을 몇 십리 앞두고 죽는 거야."라고 아픈 기억을 이야기하기도 했다.

[조사자 : 할머니 아이들이 큰애가 먼저 죽었어요?] 아니 그걸 어떻게 알겠수, 큰애 둘은 난리 전에 젖먹다가 죽구, 질(제일) 많이 큰 게 일곱살 먹구. 피난 갔다가 죽은 게 질 큰 건데.

[조사자 : 피난을 가다가 어떻게? 보니까 등에 업혀있는 애기가 죽어 있었어요?] 아이고. 피난을 가니 그 추운데가 자고 병이 들리니 뭐 약이 있어야 살지. 그러니까 다 죽은 거야. 둘 데리고 갔다가.

[청중 : 피난 때는 홍역이란 병이 있었어. 홍역만 걸리면 다 죽었어.] 홍역은 안 했어. 홍역은 안 했는데, 딴 병이 들어서 그렇게. 싸구. 싸는 병인데 약이 있어야 살지. 그렇게 해서 다 죽었어.

[조사자 : 그러면 할머니가 묻어 주셨어요?] 우리가 묻어야지 누가 묻어. 쪼끄만 거는 업고 오다가 등어리서 죽으니 저 산 아래다 그냥, 뭐 있어야 파묻지. 고 밑에 가니깐 집이 하나 있더라구. 그 전에는 벽창호라고 있잖아. 그걸 시어머니가 얻어 와서 파구선, 이걸 어떻게 파는지 알아? 작은 구뎅이 파고서는 거기다 이렇게 (다리를 접으며) 발을 디밀고 이렇게 해서 그러고 나온거야.

사람을 어떻게 묻는지 알았어야지. 그러구 예중에(나중에) 모두 산들(무덤들) 쓰는 거 보니깐 쭉 펴서 그렇게 질게(길게) 파고 묻더라고. 나는 요렇게 파고 갖다 놨어. (웃음) 생각하믄 참 이상허지.

위와 같이 김씨2는 전쟁 중에 죽은 자녀들을 직접 파묻는 일까지 감당했다. 작은 아이는 김씨의 등에 업힌 채로 죽었고, 시어머니와 함께 아이를 묻는데 어떻게 묻는지 몰라서 작게 구덩이를 냈다가 아이의 발이 나와 제 손으로 죽은 자식의 다리를 접어준 장면을 이야기했다. 어떻게 할지도 모르는 상황에서 가족들의 죽음은 계속되었는데, 친정부모님들의 시신은 채 거두지 못하고 나중에 죽었다는 소식만 전해 들었고, 다만 동생의 시신은 무덤을 만들어주었다고 했다. 김씨2는 가족의 죽음을 목격한 비극과 더불어 제 손으로 무덤을 만들어 봉해주는 일까지 감당했던 것이다.

차씨는 이후 "제수씨, 재혼해야 살지, 혼자서는 못 살아요."라고 한 외사촌시아주버님의 권유로 같은 처지의 두 번째 남편과 혼인을 하게 되었다. 같이 피난길을 온 전남편의 어머니와 일 년여를 함께 살다가, 재혼이 이루어지면서 분가하였다. 시간이 지난 후에 시어머니가 아프다고 하여 다시 함께 살다가 몇 개월 후 시어머니가 돌아가셨다. 전시의 고통을 함께 나누었던 전남편 어머니와의 관계가 지속되면서도 그 삶이 분리되었던 점은 차씨의 상황과 유사하다.

김씨2의 살아온 이야기의 특이점은 그녀의 기억에 전남편과 두 번째 남편에 대한 존재감이 공존하고 있으며, 두 번째 남편도 그것을 허용하였다는 점이다.

> [조사자 : 이제, 할 수 없이, 먹고 사시려고 결혼을 새로 하셨잖아요? 그런데, 전 남편 분이 혹시라도 찾아오면 어떡하나 그런 생각 안 해보셨어요?] 찾아오면 어떡할거야. 첨엔 그것도 의심이 들더라구. 만날 꿈에는 와. 꿈이면 와. 와서 섰어. '야, 저렇게 이제 찾아오면 어떡하나. 에이구, 찾아오면 또 가지 뭐, 쫓아가지.

재혼을 한 후에도 김씨2는 전남편 꿈을 꾸며 살았다. 인터뷰가 마친 후에도 김씨2가 전남편이 나오는 꿈에 대한 이야기를 장황하게 했다는 덧붙인 설명이 자료에 있었는데, 전남편이 꿈에 나오는 상황은 김씨2에게 중요한 의미로 다가왔던 모양이다. 그 꿈들로 김씨2는 전남편이 다시 올까하는 의심이 들었고, 그때는 '찾아오면 또 가지 뭐, 쫓아가지'라며 재결합의 의지를 품었다.

김씨2의 또 다른 특이점은 재가 후 출산한 자녀들이 그녀의 호적에 있지 않다는 점이다. 이 사연을 두고 청중이 옆에서 설명을 도왔다.

[청중 : 그 얘기도 했어, 할머니? 다시 만나면 살라고 혼인신고도 안했다고.] 거기서 왜 혼인신고를 안 해. [청중 : 아니, 여기 할아버지 만나가지고.] 만나서 어디, 그걸 해올 데가 있어야 혼인신고를 하지.

청중은 김씨2가 다시 전남편을 만나면 재결합을 하려고 두 번째 남편과 혼인신고도 올리지 않았다고 말했다. 이에 김씨2는 전남편과의 호적을 정리'해올 데가 있어야 (새로) 혼인신고를 하지'라며 전쟁에 다 없어진 호적을 탓했다. 무엇이 진실인지는 알 길이 없으나 전남편과 미진한 관계가 두 번째 남편과의 갈등을 야기하지는 않았을까 하는 우려가 드는 것도 사실이다.

김씨2는 곧이어 두 번째 남편과의 관계를 이야기하기도 했다.

그래서 만날(매일) 쌈(싸움)을 하면 가서 (두 번째 남편이) 호적을 해오래. 어디가 해와.
〈중략〉
그래 이제, 서로 억다구니를 하더라구. 가서, 어디 가서 수양이라도 해서 호적을 해오면 내가 해준대. 그담부터는 말도 안하는 거야. (웃음) [조사자 : 그래서 할아버지가 막 구박 하셨어요?] 아니, 구박은 안하구.

두 번째 남편과 서로 악다구니를 쓰며 부부싸움을 할 때마다 남편이

'호적을 해오'라며 심술을 부렸던 것이다. 조사자가 두 번째 남편이 구박하셨냐고 물으니, 김씨2는 '아니, 구박은 안하구.'라고 답했다. 이것은 일상적인 부부싸움에서 벌어진 언쟁으로 보이며, 전남편에 대한 애잔함이 두 번째 남편과 관계를 불화로 이끄는 원인은 아니었을 것으로 이해된다.

그렇게 볼 수 있었던 까닭은 다음 자료 때문이었다.

> (김씨2가 두 번째 남편이 전쟁 중 전부인, 두 자녀와 이별한 상황을 털어놓은 후)
> [조사자 : 그러면 할아버지하고 그런 이야기 나눠 보셨어요?] 나눠보지 뭐, 나눠보면 뭐라겠어. 우린 이렇게 살다가 서로 오면 따라가야 돼. [조사자 : 아, 그런 이야기도 나누셨어요?] 그럼, 그럼. 그렇구 살았지. 이 영감은 애덜 둘하고 마누라하고 있으니깐, 그 마누라하고 살 꺼고, 난 또, 내 영감 오면 글루 따라갈라구. 그렇게 살았어.
> [조사자 : 서로 그런 이야기를 나누시고?] 그럼, 그럼. 그렇게 살았는데 못 만내잖아. 이젠 뭐 만내지도 못하고, 죽었지, 여태 살았겠나? [조사자 : 마음 한 편으로는 걱정도 되셨겠어요?] 걱정은 뭘, 될 것도 없어. [조사자 : 전에 마누라가 찾아오면 어떡하나.] 찾아오면 내버리고 아무데나 가면 되지. 사니까 그까짓노무거. 그렇게 사는 거지 뭐.
> (재가하였다가 전남편이 죽지 않고 살아와서 다시 전남편에게 돌아갔다는 다른 여성의 이야기를 한 후) 찾아 오니까 글루 따라 가는 거야, 애 데리구. [조사자 : 그렇지, 애가 있으니까.] 그래, 따라가더라구. 그래. 우리도 그렇더라구. 저렇게 찾아오는 사람들은 좋은데, 우리 같은 이는 찾아오지도 못 한다. 우리 산 생각을 하면, 아유, 아유. 그래서 안 죽는 가봐. [청중 : 그 명을 다 이어 살아서 그래.] 친정부모네 다 먼저 죽었지, 시부모네 그랬지, 신랑꺼정 다 죽었지. (나는) 왜 안 죽어. [청중 : 그렇하면 거 누구 가잖아.] (웃음)

두 번째 남편 역시 전부인과 원하지 않게 이별하였다. 피난길에서 전부인이 두 자녀들을 데리고 북쪽으로 건너가 버린 것이었다. 같은 처지

의 두 사람은 살아남기 위해 함께 살면서 전 배우자가 오면 서로 보내주
자고 약속하며 살았던 것이다. 조사자가 한편으로는 전부인이 찾아오면
어쩌나 하고 걱정이 되기도 하였겠다고 하자, 김씨2는 '걱정은 뭘, 될 것
도 없어. 찾아오면 내버리고 아무데나 가면 되지. 사니까 그까짓노무거.
그렇게 사는 거지 뭐.'라고 답했다. 두 사람에게 재혼은 생을 위한 선택
이었으며, 전쟁을 겪고 삶을 지속한다는 것 이외에 다른 요인들은 논외
가 되어버렸다는 의미였다. 그런 와중에도 전 배우자와의 재회를 기대
하는 것이 끊임없는 갈망이었다는 점이 인상 깊다.

　김씨2의 경우에서는 남편의 빈자리는 두 번째 남편과의 재혼으로 더
이상 크게 박탈감을 자극시키진 않았던 것으로 보인다. 그러나 전남편
에 대한 그리움은 오랜 시간이 지나서도 꿈에 나타날 만한 크기였다. 이
를 두고 몸은 여기에 있고, 마음은 다른 곳에 있는 부부관계를 떠올릴
수도 있으나, 두 번째 남편 역시 김씨2를 가부장적인 힘으로 가두려고
하지 않았다는 점에서 이들의 관계는 공존에 가깝지 않았나 한다. 김씨2
가 수양이라도 해서 얻어오겠다는 호령에 호적을 해오라는 핀잔도 멈추
었고, 구박도 하지 않았다는 기억의 진술들을 보면 두 번째 남편과 불화
가 심각했다는 짐작은 어려웠다.

　이처럼 전쟁의 비극을 온 몸으로 맞서서 살아온 김씨2의 살아온 이야
기에서 두 남편에 대한 애정과 연민이 공존해 있었다. 그녀는 그 연민으
로 질투와 시기, 또 다시 혼자 될 수 있다는 불안감을 넘어서고 있던 것
으로 판단된다. 두 번째 남편 역시 그러했다. 이들이 전 배우자가 돌아
오면 서로 보내주자며 약속하고 부부로 살아온 바탕에는 상호적 연민이
강하게 자리했기 때문으로 보인다.

4. 한국전쟁 체험담의 통합서사적 의미

불교의 인과론에서 업(業)은 우리의 눈앞에 펼쳐진 현실을 이해하는
수단이다. 행동하고, 말하고, 생각하는 것에까지 과거의 우리는 현재를
만들어 내었다는 것인데, 이렇게 볼 때 현재의 분단 상태를 이해하기 위
해서는 역사의 업을 발견하여 인과로 분석해야 한다.

통일인문학에서는 서로를 미워하고 갈라내는 집단 리비도의 흐름
을 통합의 민족적 역량으로 전환하여 '통일의 사회적 신체'를 만들어
내는 인문학적 작업이 수행되어야 한다고 했다. 그 전환의 힘은 소통
(communication)·치유(healing)·통합(integration)23)에 대한 인문학적 사
유에서 마련될 수 있다. 이는 과거의 악업(惡業)을 선업(善業)으로 교차
해가며, 우리의 운명을 선업의 결과로 이어지게 하는 인문학적 과업으
로 이해된다.

역사 속에서 행동하고, 말하고, 생각해온 사람의 업(業)은 사람의 이
야기, 문학 속에서 발견될 수 있다. 그 가운데 전쟁에 대한 사람들의 기
억은 사실을 기반하고, 그 정서가 전시에서 현재까지 관통하고 있기에,
역사 속 사람의 업을 잘 드러낼 것이다. 이 글이 한국전쟁 체험담에서
통합서사를 발굴하려는 까닭은 바로 이 때문이다. 우리의 현재는 식민,
분단, 전쟁의 과거 역사와 전혀 무관하지 않으며, 그 역사에 대응해온
우리의 행동, 말, 생각들이 한편으로는 행복을 불러 들었거나, 한편으로
는 불행을 야기했을 것이다. 그 인과를 잘 이해하게 되면 우리는 행복한
미래를 위한 행동과 말과 생각이 무엇인지 확신하게 될 수 있다.

이 글은 분단과 분열의 현재라는 결과에 원인이 되는 악업의 하나로

---

23) 김성민, 박영균, 「인문학적 통일담론과 통일인문학: 통일패러다임에 관한 시
론적 모색」, 『철학연구』 제92집, 철학연구회, 2011, 143~172쪽.

치유되지 못한 상처에 주목하였다. 전쟁을 경험한 여성들이 털어 놓은 '남편의 빈자리'에 대한 이야기에는 당시의 두려움과 현재까지 이어지는 외로움이 발견되었으니, 업의 크기가 작다고는 할 수 없겠다. 위의 사연들은 전쟁이 남편을 앗아가 홀로 된 몸으로 어떤 상처 감당해내었는가를 절절히 담고 있어서, 민간의 세밀한 곳까지 침범한 전쟁의 파괴력에 절감하게 하여 "역사적 사건의 배후에 깔린 비인간성을 고발"[24]하는 서사적 가치를 지닌다고 볼 수 있다.

　이 글은 전쟁 중에 여성들의 사랑을 잃은 애달픔에만 주목하지 않았다. 전시, 전후에 걸쳐 계속되는 남편의 빈자리가 가중한 박탈감에 더 치중되어 있다고도 할 수 있다. 특히 2장의 사례는 남편의 빈자리가 지속적으로 박탈감을 자극할 수밖에 없었던 까닭을 이해할 수 있게 한다. 세 여성 모두 전쟁의 폐허 속에서도 남편의 빈자리를 유지한 채 기존 생의 원칙을 지속했기 때문이다. 이씨는 남편 없이 시집살이를 지속했으며, 윤씨는 혼자 피신한 남편을 제자리로 돌려놓기 위해 발버둥을 쳤었고, 김씨1은 성불구가 된 남편의 옆을 지켰다. 이들이 감당한 삶의 무게는 영웅에 비견되지만, 남편의 빈자리에 대한 기억이 두려움과 외로움의 표현으로 절절했던 것으로 볼 때 이는 현재까지 생생하게 지속되는 상처로 해석될 수 있다.

　역사적 트라우마는 그 아픔에 대한 자극이 지속되는 구조 안에서는 지속적으로 확대, 재생산될 수밖에 없는 특성을 지니고 있다. 그 역사를 직접 경험하지 않은 사람도 아플 수 있는 역사적 트라우마의 전이적 성격 때문에, 치유의 과정이 생략된 채 상처 받은 사람들이 입 다물기만을 바라는 구조 속에서는 그 상처가 확대, 재생산될 가능성이 있다.[25] 위와

---

24) 김종군, 「한국전쟁 체험담 구술에서 찾는 분단 트라우마 극복 방안」, 『문학치료연구』 제27집, 한국문학치료학회, 2013, 115~145쪽.

같은 여성들의 상처는 전쟁 당시에만 머물러 있는 것이 아니라, 생애 전반을 걸쳐 아픔과 상처가 지속적으로 자극된 전형적인 사례로, 역사적 트라우마의 한 단면으로 이해할 수 있다.

3장에서는 남편의 빈자리를 파놓은 전쟁의 횡포 속에서도 남은 자들끼리의 상호적 연민을 경험했던 살아온 이야기들을 제시하였다. 이 두 여성에게도 역시 남편의 빈자리로 인한 두려움과 외로움이 발견되었으나, 앞의 여성들과 다른 차별점이 발견되기도 했다.

우선 차씨와 김씨2는 모두 남편의 빈자리를 자극받는 환경에서 벗어나 있었다. 남편 없이 시집살이를 지속하지도 않았고, 시댁식구와 관계를 단절하지도 않았다. 죽은 남편의 빈자리가 가득한 시댁과 삶을 물리적으로 분리하면서도, 관계는 지속시켜왔다는 것이다. 이 점은 2장의 여성들이 기존 생(生) 원칙을 지속한 방법과는 달랐다.

또 다른 특징은 남편의 빈자리를 어떻게 다루어 왔느냐는 것이다. 차씨의 경우는 아들에 대한 애착으로 채웠던 것으로 보이며, 그 점은 2장의 김씨1과 유사하다. 그러나 전남편과의 관계를 이어주는 아들에게서 전쟁 때 잃은 남편을 찾지 않고 자신을 발견하고 있었다는 차이를 보이기도 한다. 아들을 먼저 보낸 최근과 전쟁 중 성불구가 된 남편의 빈자리를 지켜온 상황을 결합시켜 말하고 있는 김씨1과 다르다. 김씨1은 아들과의 관계에서 남편의 빈자리를 포함하여 기억하고 있었고, 차씨는 그 관계에서 오롯이 아들과 자신만 존재하게 했기 때문에 애착의 성격이 다르다는 것이다. 차씨의 경우는 남편과 아버지의 자리가 채워져 있어야 한다는 기존 생의 원칙을 변형시켰다고도 볼 수 있다.

자식과 모든 가족을 잃은 김씨2의 경우는 남편의 빈자리를 두 번째

25) 우리 사회에 만연한 역사적 트라우마에 대한 통일인문학적 관점은 김성민 외,『코리언의 역사적 트라우마』(선인, 2012)에 상세히 제시되어 있다.

남편으로 채웠다. 그러고는 그 자리에 전남편과 두 번째 남편에 대한 연민과 애정을 공존하게 했다. 계속해서 전남편과의 재결합을 희구하였고, 두 번째 남편에게도 그것을 허용하였다. 전쟁 중에 잃었던 전 배우자가 다시 나타나면, 서로를 보내주자는 이들의 약속은 서로의 빈자리에 전 배우자에 대한 애정도 허용한다는 약속이었다. 이 역시 절대로 변형될 수 없는 원칙으로 관계를 묶어버리는 일이 아니었다.

문제는 유사한 사연이 다소 발견된다는 점에 이다. 김씨2와 다른 제보자는 전쟁 중에 부부가 이별하였다가 여자가 혼자 살 수 없어 재가하였는데, 전남편이 돌아와서 재결합한 사례가 있었다고 말한다. 그만큼 당시에 전쟁 때문에 배우자를 잃은 사람들이 생활고에 재혼을 선택하면서도 전배우자와의 재회를 소망하였다는 경우가 많았다는 것이다.

그 과정은 마치 구비설화 〈전쟁귀 잡는 굿에서 재회한 부부〉와도 같은 형상이다.

　　한 집안에서 아들을 전쟁에 보냈는데 전사했다고 유골이 왔다. 그래서 아들의 장사를 치루고 며느리는 개가를 시켰다. 그런데 죽었다는 아들이 살아 돌아왔다. 놀란 가족들이 어찌된 일이냐고 물으니 포로로 잡혔다가 풀려났다고 하였다. 아들은 자기 아내는 어디에 있느냐고 물으니 가족들은 개가시켰다며 그 아내는 잊고 새장가나 들라고 하였다. 아들은 자기 아내의 얼굴이나 보고 오겠다고 하였다.
　　아들이 개가한 아내의 집에 찾아가니 그 집에서 굿을 하고 있었다. 이웃에게 무슨 일이냐고 물으니 새로 시집온 새댁의 전 남편이 전쟁에서 죽어서 전쟁귀 잡는 굿을 하는 중이라고 하였다. 굿이 끝나고 아내가 직접 귀신통을 묻어야 한다고 하니 아내가 혼자 귀신통을 끌어안고 나갔다.
　　남편은 아내를 만나보기 위해서 아내의 뒤를 따라갔다. 아내는 혼자 산속으로 들어가 남편의 귀신통을 묻으려다가 갑자기 귀신통을 엎어버리고, 전쟁귀로 죽은 것도 억울할 텐데 답답하게 땅 속에 묻힐 수는 없다며 훨훨 날아다니며 세상구경이라도 하라고 혼잣말을 했다.

이 말을 듣고 있던 남편은 갑자기 아내 앞에 나타나서 손목을 잡고 자기는 아직 살아 있다며 집으로 돌아가자고 하였다. 집으로 돌아온 두 사람은 행복하게 잘 살았다.26)

김씨2의 부부가 서로의 옆자리에 전배우자의 자리도 허용해주며 부부관계를 지속해 온 힘은 이 설화에서 보이는 부부관계의 배타성을 극복하는 서사와 유사하다. 정운채는 문학치료학에서 인생살이에서 필수적으로 작동되는 서사의 연역적 구조로 '자녀·남녀·부부·부모서사'로 제시하였다. 그리고 각각의 영역에서 그 서사의 주안점을 제시하였는데, 부부서사의 경우는 관계를 '지속'하는 문제라고 하였다. 부부서사는 상대방과 관계를 어떤 방식으로 지속할 것인가가 화두가 되는 것이다. 그리고 무엇보다 상대의 소망을 중심에 두고 관계를 지속하는 것이 건강한 관계맺기 방식인데, 이는 배우자에 대한 진정한 이해심을 바탕으로 자신의 소망을 누르고 예를 다하는 극기복례(克己復禮)에 가까운 철학이라고 말할 수 있다.27)

이러한 부부서사가 운영되는 핵심으로 관계의 배타성을 극복하는 것이다. 정운채는 이를 두고, "관계의 배타성에서 그 지속을 보장할 수 없으며, 오히려 배타성을 무너뜨릴 때, 다른 사람들을 받아들이고 포용하면서 서로를 새롭게 이해하게 될 때 두 사람의 관계는 끊임없이 새로워지고, 그 끊임없이 새로워지는 것이 바로 관계를 지속할 수 있는 힘의 원천이 되는 것이다."28)라고 설명하였다. 김씨2의 부부가 바로 배타성을

---

26) 설화 〈전쟁귀 잡는 굿에서 재회한 부부〉는 『한국구비문학대계』에 3편 가량 수록되어 있으며, 그 줄거리는 정운채 외, 『문학치료 서사사전』 제3권, 문학과치료, 2009, 2716~2717쪽에서 인용하였다.

27) 정운채, 「부부서사진단도구를 위한 구비설화와 부부서사의 진단 요소」, 『고전문학과 교육』 제15집, 2008, 191~243쪽.

28) 정운채, 「문학치료학의 서사이론」, 『문학치료연구』 제9집, 한국문학치료학회,

극복하고 있는 관계를 지속하였다고 볼 수 있다. 김씨의 사례는 전쟁이라는 극한 상황에서 발현된, 배우자에 대한 깊은 이해의 부부서사로 문학치료적으로 활용될 가능성이 있다.

2장의 여성들과 구별되는 3장 여성들의 독특함은 바로 가족들과의 관계에서 기존 생의 원칙을 고수하지 않고, 새로운 관계를 지향했다는 것이다. 특히 죽은 남편과 직결된 가족관계들 속에서 그 유연성이 발휘되었다. 오랜 세월 우리 사회를 지배해온 남성 중심의 가부장제를 염두에 두면, 이러한 관계 형성은 금기를 뛰어넘고 있다고 할 수 있다. 기존 가치와 규범을 뛰어 넘었기에, 죽은 남편과 직결된 사람들과 관계를 지속하면서도 남편의 빈자리로부터 분리된 삶을 살 수 있었던 것은 아닐까.

기존의 가치 내지 규범을 뛰어넘어선 것은 다만 화자들만이 아니라, 그 관계 맺은 사람들도 그러했다. 무엇이 그들을 초극하게 하였는가를 말하자면, 필자는 전쟁에 상처받은 자들 간의 상호적 연민으로 가능했다고 하고 싶다. 전쟁 속에 가족을 잃었다는 상처를 누구보다도 잘 이해하기에, 그로 인해 각자에게 형성된 상처의 세상을 보호해주며, 그것을 위협하거나, 한쪽으로 소속시키지 않는 형태로 공존하는 방식을 새롭게 만들어 가며 살아낸 것이다.

며느리의 의무만 강요하지 않고 그 분리된 삶을 허용한 시댁식구나, 전 배우자가 돌아오면 보내 주자고 약속한 부부는 가족을 잃은 전쟁 트라우마를 소화하는 시간을 서로에게 주었던 '상호적 연민'이 아닐까 한다. 그러한 치유의 허용이 있었기 때문에, 그들은 서로를 흡수시키거나, 밀어내지 않고도 공존할 수 있었던 것이다.

이러한 통합서사적 가치는 정운채의 논의에서도 언급된 바이다.

2008, 247~278쪽.

통일서사 구축에 필요한 요소들 가운데 하나는 상대방의 과거를 인정하고 포용하는 것이다. 상대방의 과거를 인정하고 포용하지 못할 적에는 아무리 물리적인 통합을 했더라도 언제든지 갈등이 재연되고 원망과 불신과 미움이 증폭되어 다시 갈라설 수밖에 없다.

〈중략〉

통일서사 구축에 필요한 또 하나의 요소는 현 체제에 안주하지 않고 새로운 이상세계를 건설하는 것이다. 현 체재에 안주하려고 하는 한 배제와 배타의 논리가 작동할 수밖에 없으며 대립과 적대관계를 벗어나기가 어렵다.29)

이를 보면 역사적 상처를 안고 살아온 사람들이 서로를 밀어내지 않고 공존할 수 있으려면, 반드시 치유의 단계가 수반되어야 한다. 상대방의 과거를 인정하고 포용하는 힘은 바로 서로의 상처를 치유하는 과정을 의미하는 것이며, 새로운 이상세계를 건설하는 것은 그 인정과 포용의 힘으로 새로운 공존의 규칙을 함께 창출해내는 것이다.

이는 통일인문학이 견지해온 그 관점에 맞닿아 있기도 하다. 김성민은 "분단과 통일을 사유하는 인문학은 무엇보다도 먼저 '타자'를 사유해야 한다"고 하였으며, '원초적인 고향으로의 복귀라는 과거형이 아니라, 새로운 통일공동체의 건설이라는 미래형'이라고 하며, 그 과정에서는 반드시 역사적 상처를 추적하고 치유하는 단계를 거쳐야 한다고 지적하였다.30)

본고는 역사적 상처를 공유한 사람들 간의 상호적 연민이 전쟁체험담에서 발견한 통합서사의 가치라고 본다. 이러한 이야기들과 비극의 역

---

29) 정운채, 「우리 민족의 정체성과 통일서사」, 『통일인문학논총』 제47집, 건국대 인문학연구원, 2009, 5~28쪽.

30) 김성민, 「분단의 통일, 그리고 한국의 인문학」, 『대동철학』 제53집, 대동철학회, 2010, 451~470쪽.

사 속에서 사람이 버텨온 힘을 전수하는 한국전쟁 체험담은 '상처받은 치유자(Wounded Haeler)'로서 통합서사적 가치를 보유하고 있다고 할 수 있다.

Ⅲ부

코리언 디아스포라의
통합서사 탐색

제7장 "6.25"전쟁과 남북분단에 대한 성찰과 문학적 서사

중국문학과 조선족문학을 중심으로

김호웅*

1. "6.25"전쟁과 중국문학

1950년 "6.25"전쟁[1]이 일어나자 중국은 조선의 입장을 지지하는 성명을 발표하며 마침내 "항미원조, 보가위국(抗美援助, 保家衛國)"이라는 결단을 내리고 10월 19일 "6.25"전쟁에 참전한다. 3년간의 "6.25"전쟁 동안 중국은 연인수로 240만 명의 군대를 파견해 36만 명의 사상자를 냈다. 중국조선족사회 역시 2만여 명의 젊은이들을 한국전쟁에 파견해 7천여 명의 희생을 치렀다.[2]

---

* 중국 연변대학교 교수.
1) 이 전쟁을 남한에서는 "한국전쟁" 또는 "6.25"전쟁, 북한에서는 "조국해방전쟁"이라 하고 중국에서는 "조선전쟁" 또는 "항미원조전쟁"이라고 한다.
2) 『중국조선민족발자취총서 6 창업』, 민족출판사, 1994, 77쪽.

3년 동안의 "6.25"전쟁 시기는 물론이요, 오늘에 이르기까지 "6.25"전쟁과 분단의 비극을 다룬 문학작품들이 꾸준히 창작되고 있다. 이 글에서는 "6.25"전쟁에 대한 중국 측의 평가와 최근 열띤 논쟁을 벌이고 있는 민간의 사정을 소개하고 "6.25"전쟁과 관련되는 중국문학의 전개양상과 아울러 중점적으로 "6.25" 전쟁과 남북분단의 비극을 다룬 중국소설들과 조선족소설들을 살펴보고자 한다.

2. "6.25"전쟁에 대한 회고와 평가

"6.25"전쟁이 발발한지 60년, 휴전이 된지 57년이 되었지만 참전의 당위성에 대한 중국정부의 기본 견해에는 거의 변함이 없다. 올해 10월 25일 "항미원조전쟁" 60주년에 즈음하여 중화인민공화국 부주석 습근평(习近平, 1953~)은 다음과 같이 말한 바 있다.

> 평화를 사랑하는 것은 중화민족의 우수한 전통이다. 근대에 들어선 이래, 제국주의 열강(列强)의 침략과 유린(蹂躪)을 받을 대로 받은 중국인민들은 침략전쟁의 야만성과 평화의 귀중함을 더욱 깊이 깨닫게 되었다. 60년 전에 일어난 그 번 전쟁은 제국주의 침략자들이 중국인민에게 들씌운 것이었다. 조선에서 내전이 폭발하자 미국의 트루만 정부는 제멋대로 군사를 파견해 무장간섭을 했고 조선에 대한 전면적인 전쟁을 발동했다. 뿐만 아니라 중국정부의 여러 차례에 걸치는 경고도 아랑곳 하지 않고 38선을 넘어왔고 중조 변경인 압록강과 두만강까지 밀고 올라왔다. 그들은 비행기를 날려 우리나라 동북의 변경 도시와 향촌들을 폭격하였다. 마침내 전쟁의 불길은 신생한 중화인민공화국의 국토에까지 퍼졌다.
> 이 위급한 고비에 조선의 당과 정부의 청구에 응해 중공중앙과 모택동 동지는 원견성 있게 정세를 정확하게 판단하고 항미원조, 보가위국의 역

사적인 결책을 단호하게 내렸고 두려움을 모르는 영웅적 기개로 평화를
수호하는 역사적 사명을 대담하게 짊어졌다. 1950년 10월 19일, 우리 영
웅적인 중국인민지원군 장령과 전사들은 사령원이며 정치위원인 팽덕회
(彭德怀)동지의 통솔 하에 민족의 기대를 가슴에 안고 평화를 지키기 위
한 반침략의 기치를 높이 들고 힘찬 기세로 압록강을 뛰어넘어 조선의 인
민과 군대와 함께 2년 9개월 동안 피를 흘려가며 영용무쌍하게 싸움으로
써 항미원조전쟁의 위대한 승리를 거두었다. 이는 중조 양국 인민과 군대
가 철통같이 뭉쳐 싸워서 이룩한 위대한 승리이며 세계의 평화와 인류의
진보적인 사업에 기여한 위대한 승리이다.3)

하지만 근년에 이러한 중국 측의 정통적인 평가는 도전을 받아왔음을
묵과할 수 없다. 이 전쟁의 발발 직후, 중국인민지원군의 참전을 두고
모택동을 중심으로 하는 중국 수뇌부가 심각한 고민을 했고 어려운 결
단을 내렸음은 주지의 사실이다. 최근 인터넷문화의 발전, 시민의식의
성장, 구소련과 미국의 "6.25"전쟁 관련 문서의 공개, 그리고 미국 등 국
가에 가서 외교정치학을 공부하고 돌아온 젊은 세대 엘리트들이 개입됨
으로 하여 "항미원조전쟁"과 중국인민지원군의 참전을 두고 열띤 논쟁
이 일고 있다. 원희(袁晞)라는 필명으로 발표한 「진상(眞相)」4)이라는 글
에서는 "항미원조전쟁"의 필요성, 득과 실 등에 대해 회의(懷疑)를 표시
하고 있으며 이른바 반전주의자들의 의견을 묵살하고 참전결정을 내린
모택동을 거세게 비난하고 있다. 하지만 이러한 견해는 중국 경내에서
는 아직도 주도적인 여론으로 되지 못하고 있으며 정통세력에 의해 가
차 없이 매도되고 있다. 저간의 사정을 "항미원조문학"의 대부(大父) 격
인 작가 위외(魏巍, 1920~2008)의 발언에서 볼 수 있다.

---

3) 「不讓戰爭的代價白白付出 -在紀念抗美援朝60周年座談會上講話」, 新華网, 2010.10.25.
4) 『隨筆』雜誌, 1999. 第6期.

…상술한 항미원조전쟁의 위대한 역사적 의의는 본래 중국인민이 공인하는 것이다. 하지만 목전 그것을 번안(翻案)하는 검은 바람이 일면서 일부 사람들이 일어나 번안하고 있다. 이를테면 수필을 싣고 있는 광동의 잡지들에서는 아래와 같은 관점들을 펴고 있다.

"미국정부는 본래 중국과 큰 전쟁을 할 생각이 없었으며 더욱이 대만을 점령할 생각이 없었다. 조선전쟁에는 황급하게 뛰어들었을 뿐이다. 모택동은 입술이 없으면 이가 시리다(脣亡齒寒)고 생각했을 뿐인데 스탈린이 성화같이 독촉하고 무상으로 무기를 제공하는 바람에 참전 결심을 굳히게 되었다. 전쟁의 불똥이 발등에 떨어진 것도 아니었고 워낙 싸워서는 아니 되었다. 하지만 3년이나 싸웠고 중국은 많은 피를 흘렸으며 많은 재산을 잃었다. 뿐만 아니라 중미관계, 국제관계를 비틀어지게 하였고 중국은 유엔에 참가할 수 없게 되었으며 중국의 사회, 경제의 진보는 큰 지장을 받게 되었다. 중국은 대만을 통일하는 목표를 무기한으로 뒤로 미룰 수밖에 없었고 북조선 역시 남조선과의 대치상황을 고착시킬 수밖에 없었다. 더욱이 조선에서 죽은 수십만 명의 중국인들은 진상도 모르고 죽었다. 그들이야말로 원귀(寃鬼)들이다. 이러한 원귀들에 대해 깊은 비애를 느끼며 이 전쟁에 대해 중국인들은 다시 생각해 보아야 한다."

나는 항미원조전쟁이 끝난 지 50년이 된 오늘, 이러한 글들을 읽고 이러한 글을 쓴 작자들보다 더욱 큰 비애를 느낀다. 물론 열사들을 두고 비애를 느끼는 것이 아니라 50년 후에 중화민족 가운데 이러한 미친 소리를 하는 불효자식들이 생긴 것으로 하여 비애를 느낀다. 불효자식이라고 한다면 너무 가볍다. 누군가 탄식을 했지만 한간(漢奸)들의 콤플렉스라고 해야 하겠다. 이러한 놈들은 오늘날의 진회(秦檜)요, 왕정위(汪精衛)라고 해야 하겠다. 아니면 서양의 앞잡이, 서양에서 길러낸 가짜서양인이라 해야 하겠다."[5]

---

5) 魏巍, 「輝煌的紀念碑—紀念偉大的抗美援朝戰爭五十周年」(www.cnki.net 참조).

3. "6.25"전쟁 관련 중국문학의 전개양상

"6.25"전쟁이 발발하자 중국은 1950년 10월 19일 ≪인민중국≫의 특파원으로 서지(徐遲, 1914~1996)를 파견한데 이어 파금(巴金, 1904~2005)을 단장으로 하는 방문단을 조선에 파견하기도 했다. "6.25"전쟁 체험을 쌓은 이들이 이 전쟁 관련 작품을 꾸준히 창작했을 뿐만 아니라 후방의 작가들도 이에 가세했다. "6.25"전쟁 관련 작품들을 중국에서는 "항미원조문학"이라고 하는데 이러한 작품들은 가사, 시, 산문, 소설, 희곡, 시나리오 등 거의 모든 장르에 거쳐 창작되었다.

1) "6.25"전쟁 관련 시와 산문

"6.25"전쟁은 새로운 중국시사(中國詩史)의 첫 고조를 불러일으켰다. 중국시인들은 "평화의 가장 강한 목소리"를 냄으로써 전반 중국시사에서 미증유의 애국주의 악장을 펼쳐 보였다. 곽말약(郭沫若), 애청(艾青), 장극가(張克家) 등이 평화의 주제를 다룬 정치서정시를 창작했고 미앙(未央), 호정(胡征), 호소(胡昭), 이영(李瑛) 등이 보통 병사들의 목소리를 대변한 『전지영웅곡(戰地英雄曲)』을 창작했으며 전간(田間), 엄진(嚴辰), 가원(柯原) 등이 조선인민을 노래한 국제주의시편들을 창작했고 원수백(袁水白), 양강(楊剛) 등이 제국주의 침략자를 풍자하는 정치풍자시를 창작했다. 중국 조선족시인 임효원(任曉遠)도 이 시기 「내 손에 총을 주소」라는 유명한 서정시를 창작했다.

"항미원조운동"은 산문과 보고문학에도 신비로운 날개를 달아주었다. 이 운동가운데서 나온 일부 산문과 실화들은 전국 독자들에게 널리 읽혀졌는데 그것들은 중국 당대문학의 명작으로 기록된다. 파금(巴金)이

「영웅들 속에서(生活在英雄們中間)」(1952), 「평화를 지키는 사람들(保衛和
平的人們)」(1954)이라는 2부의 산문통신집을 내놓았고 양삭(楊朔)이 「압
록강남북」과 「만고청춘」이라는 전지통신보고를 내놓았으며 그 외에 「우
리는 팽덕회사령관을 만나뵈었네」, 『지원군의 하루』(1956), 「지원군영웅
전」(1956), 「지원군의 여군인」(1995) 등이 나왔다.

　"항미원조운동"을 다룬 보고문학의 백미는 위외의 「누가 가장 사랑스
러운 사람인가」이다. 1951년 4월 11일 《인민중국》는 첫 면에 위외의
보고문학 「누가 가장 사랑스러운 사람인가」를 발표함과 아울러 모택동
주석의 "인쇄해서 전군이 보게 하라(印發全軍)"는 비준 지시를 덧붙였다.
이리하여 온 나라가, 전선과 후방에서 모두 경건한 마음으로 이 시대가
창조한 신조어 가운데서 가장 아름다운 낱말—"가장 사랑스러운 사람"
을 입에 올리게 되었다. 아무튼 위외의 보고문학 「누가 가장 사랑스러
운 사람인가」는 50여 년 동안 해마다 중학교 어문교과서의 과목으로 올
랐으며 중국인이라면 누구나 다 아는 작품으로 되었다. 2000년 10월 21
일 북경의 서단도서청사(西單圖書大廈)에서 거행한 《중국인민지원군 항
미원조출국작전 50주년 기념 선전주》에 팔순 고령의 작가 위외가 단상
에 앉아 그를 둘러싼 독자들에게 일일이 사인을 해주었다.

　이 작품은 위외가 "6.25"전쟁에 종군기자로 나갔을 때 얻은 체험을 쓴
것이다. 1950년 중국인민해방군 총정치부에 와서 근무하게 된 위외는
하비약(夏庇若, 신화사 고문), 진룡(陳龍, 신화사 처장)과 함께 미군포로
에 대한 정치사상사업을 조사하라는 임무를 받고 전쟁터에 나간다. 그
는 벽동포로영(碧潼捕虜營)을 돌아보고 나서 직접 전선에 나가 시찰한다.
그는 3개월간 수많은 지원군 장병들과 만나며 그들의 영웅적인 모습에
커다란 감동을 받는다. 그는 침략자들을 저격하는 지원군의 영웅적 사
적을 조국의 여러 민족 인민들에게 알려야 할 신성한 책임감을 느낀다.

1951년 2월 ≪해방군문예≫에 전근해 부주필(副主筆)을 맡게 된 위외는 짬을 타서 조선에서의 견문과 감수를 글로 남기니, 그게 바로 「누가 가장 사랑스러운 사람인가」라는 보고문학작품이다.

이 작품은 작가가 조선에서 보고 들은 20여 가지의 이야기들 가운데서 가장 전형적인 세 가지 사실─송골봉 전투, 불 속에서 조선의 어린이를 구한 일, 갱도 앞에서 지원군전사와 나눈 담화만을 다루고 있다. 이러한 사실들은 독립성을 가지면서도 서로 연관되어 있는데 모두 "누가 가장 사랑스러운 사람인가" 라는 주제를 표현하고 있다.

2) 예술영화 『상감령(上甘嶺)』과 『영웅 아들딸(英雄兒女)』

"6.25"전쟁 관련 중국영화는 이 전쟁이 결속될 무렵부터 나오기 시작했다. 이 때 나온 대형기록영화 『항미원조』는 중국 경내 44개 도시에서 상연되었고 ≪인민중국≫는 "인민영화의 역사에서 휘황한 자리를 차지하고 있다"고 절찬을 아끼지 않았다. 그 뒤로부터 예술영화들을 속속 내놓았는데 1956년 장춘영화촬영소에서 『상감령』을 내놓은 후 1999년 "8·1"영화촬영소에서 『북위38도선』을 내놓기까지 무려 30여 부의 "6.25" 전쟁 관련 영화들을 내놓았다.[6] 그 중 가장 큰 환영을 받은 역작은 『삼감령』과 『영웅 아들딸』(1964)이다.

『상감령』은 "6.25"전쟁에 직접 참가한 적 없는 작가 장숭산(張嵩山)의 손에서 나왔다. 장순산은 「결전-상감령전투(攤牌-爭奪上甘嶺紀實)」를 창작하게 된 과정을 다음과 같이 말한다. "나는 한 낙하산부대에서 6년 동안 군복무를 했다. 이 부대의 전신은 상감령에서 피어린 전투를 했던 중

---

6) 申志遠,「抗美援朝紀念征文─回眸銀幕上的支援軍英雄」≪할빈일보≫ (http://www.sina.com.cn 2000年 11月 2日 19:06).

국인민지원군 제15군이다. 하지만 1970년대 초 내가 입대했을 때 그 전통은 많이 잊어지고 있었으며 여단(團) 이하의 간부들은 거의 그 전투의 구체적인 상황을 알지 못하고 있었다. 그 후 나는 편집부의 원고 청탁을 받고 떠난 지 여러 해 되는 옛 부대를 찾아가 취재했는데 뜻밖에 상감령 전역에 관한 일부 원시자료들을 접할 수 있었다. 그 원시자료들 속에 있는 한 단락의 글은 나를 전율케 하였다. "겨우 3.7㎢밖에 되지 않은 산마루에 적아 쌍방은 도합 10만 명의 병력을 투입했다." 이 한 단락의 문자를 본 후로부터 나의 마음은 하루도 진정할 수 없었다. 편집부의 원고 청탁을 받아 글을 쓸 때에도 내 마음은 그냥 폭탄이 작렬하고 불길이 치솟는 상감령에 가 있었고 10만 명이 뒤죽박죽이 되어 싸우는 비장한 장면을 상상하고 있었다. 우리는 반드시 참혹하고 가열한 전쟁장면을 회피하지 말아야 한다고 나는 생각했다. 초고를 완성하자 나는 길을 떠나 2개월 동안 답사와 취재를 하였다. 무더운 여름, 나는 남경에 돌아가 삼복염천의 무더위를 무릅쓰고 역사적인 전쟁의 불길을 온 몸으로 느끼며 세월에 의해 망각된 이 한 단락의 전투를 추가하고 복원했다. 서늘한 가을이 찾아올 무렵, 나는 500매에 달하는 원고를 써냄으로써 한차례 피어린 전투를 끝냈다. 이 책에는 상감령 영웅들을 추모하는 나의 마음이 담겨져 있으며 6년간 싸운 낙하산부대에 대한 나의 사랑이 담겨져 있다고 하겠다." 이 작품은 장춘영화촬영소에 의해 영화로 개편되었는데 중국 독자들을 크게 매료했다.

『영웅 아들딸』은 파금의 장편소설에 의해 영화로 개작된 것이다. 1950년 말 파금을 단장으로 하는 17명의 작가들이 조선에 파견된다. 그들은 군복을 갈아입고 산을 넘고 강을 건너 300여 일 동안 지원군전사들과 고락을 같이 했다. 1953년 휴전이 되자 파금은 다시 조선에 가서 생활체험을 하게 되는데 이 때 중, 장편소설을 구상한다. 그 후 7, 8년

동안의 구상을 거치는 가운데 1961년 ≪상해문학≫의 청탁을 받고 "6.25"
전쟁을 다룬 장편『단원(團圓)』을 펴낸다. 이 작품을 모순(茅盾), 하연(夏
衍), 황매(荒煤) 등 동료 작가들의 절찬을 받았고 당시 문화부 부부장으
로 있던 하연의 지시에 의해 장춘영화촬영소에서 영화로 개편되었다.

3) 위외의 장편소설『동방』

"6.25"전쟁이 일어난 후 많은 유능한 작가들이 현지에 가서 취재를 하
고 생활체험을 쌓으면서 많은 수작들을 내놓았다. 가장 이른 시기 "6.25"
전쟁 관련 소설을 쓴 작가는 이 전쟁 발발 직후 평양에서 북경에 와 살
게 된 조선족작가 김학철(金學鐵, 1916~2001)이 아닌가 한다. 그는 1952
년 5월『군공메달(軍功章)』이라는 단편집을 펴내는데 그 속에「군공메달」
과「송도」라는 단편소설이 들어있다.「군공메달」은 "6.25"전쟁 때의 어
느 한 차례 전투에서 서로 협력하여 적의 탱크를 까부신 중국인민지원
군 전사 호문평과 조선인민군 전사 양운봉이 서로 군공메달을 양보하는
이야기를 통하여 국제주의정신과 보통병사의 아름다운 품성을 노래한
작품이라면,「송도」는 중조 두 민족의 단결을 노래한 작품이다. 각기
부대를 거느리고 남으로 진격하던 조선인민군 연대장 보경과 중국인민
지원군 연대장 서생평은 송도라는 곳에 이른다. 송도는 보경이 나서 자
란 고향으로 채마농사를 하는 화교의 외아들 생평과 함께 봄이면 송화
를 털고 가을이면 송이버섯을 따던 정든 땅이다. 둘은 그 곳에 있는 소
나무에 "조중(朝中)"이라는 글자를 새기고 결의형제를 맺었다. 바로 그
뜻 깊은 노송나무를 찾아간 보경은 자기보다 한발 먼저 와서 송진에 뒤
덮인 나무줄기를 열심히 드려다 보고 문질러보고 있는 생평을 발견한
다. 물론 둘은 얼싸안고 상봉의 기쁨을 나눈다. "사상가란 혁명가를 일

컫는 말이다. 일본제국주의가 두 나라 백성을 반목시킬 목적에서 조·중 두 나라 인민의 가슴속에 각각 묻어놓은 증오의 씨는 싹이 트지 못하고 말았다. 도리어 그것을 밑거름으로 하고 단결의 싹이 트고 연합의 아지가 뻗었다." ―단편 「송도」에 나오는 구절인데 정치적 설교가 너무 짙은 따분한 구절이다.

"6.25"전쟁 관련 소설 가운데서 주목할 만한 소설은 다음과 같다. 가장 이른 시기에 나온 "6.25"전쟁 관련 장편소설은 양삭(楊朔, 1913년~1968)의 『삼천리강산』(1952)인데 이 작품이 발표되자 일부에서는 "새로운 수확"으로 평가하기도 했다.[7] 파금이 단편소설집 「영웅의 이야기」(1953), 「이대해(李大海)」(1961)를 발표했고 로사(老舍)가 중편소설 「무명고지에 이름이 생기다(無名高地有了名)」를 발표했다. 해묵(海黙)의 중편소설 「임진강돌파(突破臨津江)」(1954)는 새로운 군사문학의 역작으로 평가되고 있다. 박택(傅澤)이 단편소설 「어린 자매들(小姐妹們)」과 장편소설 「영하30도」(미완성고)를 창작했고 함자(菡子)도 항미원조전선에서 단편들을 창작했다. 최근 출판된 서공(徐孔)의 『조선전쟁』은 그가 "우파분자"로 몰려 노동개조를 당할 때, 즉 1950년대 후반에 창작한 작품인데 40여 년 후에야 햇빛을 볼 수 있었다. 이 작품은 정면으로 "지원군의 작전행동"과 "미제국주의 침략군을 물리친 전반 과정"을 그린 장편거작으로 평가된다.[8]

그 외에도 많은 작품들이 쏟아져 나왔지만 "6.25"전쟁 관련 소설의 백미(白眉)는 그래도 위외의 『동방』과 맹위재(孟偉哉)의 『어제날의 전쟁(昨日的戰爭)』이다.

위외의 『동방』은 1978년 "제1회 모순문학상"을 수상한 장편소설이다.

7) 趙大浩, 「楊朔의 韓國戰 參戰文學 硏究 -'三千里 江山'을 中心으로」(韓國中國小說學會編, 『中國小說論叢』 第15集, 2002.2, 參照).
8) 徐孔, 「朝鮮戰爭的風雲長卷」, 『文學理論與批評』, 2003, 第1期.

1959년 초에 집필하기 시작해 1978년 9월에 출판했다. 장장 70만 자에 달하는 이 소설은 지원군이 조선에 진출해 첫 싸움을 한 때로부터 제5차 전역을 거쳐 적군을 "38"선 이남으로 몰아내는 과정, 즉 유명한 갱도전(坑道戰)으로부터 중국인민지원군이 귀국하기까지 전쟁의 발생, 발전, 결속의 전반 과정을 예술적으로 재현했다. 이 작품은 등군(鄧軍)을 여단장(團長)으로, 주복(周僕)을 정치위원으로 하는 중국인민지원군의 한 개 여단의 전투상황과 곽상(郭祥)을 대표로 하는 영웅연대─홍삼련(紅三連)의 영웅적 업적을 통하여 이 전쟁의 성격, 규모, 굴곡적인 과정 및 승리의 원천과 그 심원한 의의를 제시했다. 따라서 이 작품은 "항미원조전쟁"을 다룬 작품들 가운데서 사시(史詩)적인 걸작으로 평가되고 있다.

소설은 이 전쟁의 전반 과정을, 지휘관들의 작전지휘과정이나 지원군들의 용감무쌍한 전투모습만을 다루는데 그치지 않았다. 선이 굵은 전투장면이나 신기한 이야기도 있지만 주로 이 시기의 시대정신과 생동하는 인간성격을 보여주고 있다. 작품은 전쟁과정과 인물의 운명을 긴밀하게 연계시키고 있으며 항미원조전쟁을 통하여 위대한 시대와 새로운 정신세계를 가지고 있는 일군(一群)의 "가장 사랑스러운 사람들"을 노래하고 있다. 작품은 전쟁장면과 기중(冀中)의 봉황보(鳳凰堡)라는 전형적인 농촌마을을 교차적으로 묘사함으로써 전쟁에 나간 지원군전사들에 대한 후방의 지원모습을 보여주었을 뿐만 아니라 지원군의 출국 작전은 국내 건설을 보장하는 일임을 제시하고 있다. 또한 곽양이라는 "강직하며 풍운을 휘어잡는 혁명적 무산자"의 형상은 바로 이 봉황보라는 비옥한 토양에서 자라난 것임을 보여줌으로써 작품의 사상내용을 풍부히 하고 생활적 기분과 시대감을 더해 주었다. 또한『동방』은 인물형상을 창조함에 있어서도 뛰어난 성과를 거두었으니, 곽양, 양설(楊雪), 류대(劉大), 등군, 교대달(喬大達), 왕대발(王大發), 그리고 "자제병(子弟兵)의 어머니"― 양어머니(楊媽媽) 등 10여 명의 생동한 인물형상을 창조함으로써 중국 농민과 군대의 숭고한 애국주의 정신과 국제주의의 정신을 노래했다는 평가를 받고 있다. 이 작품은 또 중국인민지원군 내부의 복잡한 사상투쟁도 은폐하지 않고 보여준다. 그것은 물론 무산계급의 사상정조와 착취계급의 부패한 사상의식의 대립으로 나타난다. 영장 류희영(陸希榮)은 전형적인 개인주의자이다. 그는 전쟁하는 마당에서나 연애하는 마당에서나 모두 권모술수를 쓰며 나중에 죽음이 두려워 전쟁마당에서 도망을 친다. 그는 자기를 뉘우칠 줄 모르며 끝끝내 스스로 자기에게 상처를 입히고 도망을 치는 수치스러운 인물이다.

이 작품에서 가장 잘 그린 인물은 곽양이다. 이 작품은 곽양의 용감무쌍한 전투모습이나 혁혁한 공훈을 그리고 있을 뿐만 아니라 애정생활에 있어서의 그의 성실성과 소박성, 순결성과 고상함을 시정(詩情)이 넘치게 그리고 있다. 곽양, 양설, 류희영 간의 애정 갈등에 대한 예술적 묘사는 이 작품에서 가장 잘 된 부분이다. 곽양과 양설은 봉황보에서 소꿉동무로 지냈고 부대에 들어온 후에도 그 아름다운 우정을 고스란히 간직해왔다. 하지만 곽양이 대담하게 자기의 연정을 고백하지 않았기에 그 사이에 류희영이 끼어든다. 그는 갖은 수단을 다 부린다. 결국 양설은 사랑하지 말아야 할 류희영을 사랑하게 된다. 사랑의 고배를 마신 곽양은 자기의 감정을 억제하며 어머니 앞에서도 내색을 내지 않는다. 그는 결연히 "6.25"전쟁에 나간다. 썩 후에야 양설은 류희영의 너절한 인간성을 간파하며 자신의 어리석음을 뉘우친다. 그녀는 곽양의 진정을 깨달으나 결국 전쟁터에서 쓰러진다. 조선의 해변에서 곽양이 양설의 죽음을 두고 슬피 통곡하는 장면은 한 영웅의 성격, 즉 강하면서도 부드러운 성격을 입체적으로 그려냈다고 하겠다.

4. "6.25"전쟁과 남북분단에 관한 새로운 탐구

1) 중국문학의 경우

물론 "6.25"전쟁 관련 중국문학은 이 전쟁의 정의성과 그 가운데서 표현한 중국 인민과 군대의 애국주의 정신과 국제주의 정신 및 무비의 영웅주의 정신을 표현하는데 치중했다. 그것은 "항미원조전쟁"에 무조건적으로 배합해야 하는 중국문학의 사명에서 비롯된 것이었다. 그렇지만 중국 작가들은 초기부터 전쟁과 평화에 대한 깊은 사고를 하고 전쟁이 인간의 운명을 어떻게 뒤바꾸어 놓으며 인간의 아름다운 모습들이 전쟁에 의해 얼마나 무참하게 이지러지고 있는가를 보여줌으로써 전쟁에 대한 증오와 평화에 대한 갈구를 대변하고 있다. 뿐만 아니라 일부 작품들은 냉전체재가 중화민족 또는 인류에게 덮어씌운 비극에까지 초점을 맞추고 있어 주목된다. 이러한 탐구를 보여준 작품들로는 로령(路翎)의 단편소설 「저지대에서의 '전역'(洼地上的戰役)」, 왕수증(王樹增)의 장편보고문학 『원동조선전쟁』, 맹위재(孟偉哉, 1933~)의 『어제날의 전쟁(昨日的戰爭)』 등을 들 수 있겠다.

로령(원명 徐嗣興, 1923~1994)은 이른바 "호풍반당집단"에 연루되어 20여 년간 무진 고생을 하다가 정신질환에 걸려 숨진 재능 있는 작가였다. 항미원조전쟁이 발발하자 로령은 중국작가협회의 조직 아래 조선에 가서 생활을 체험한다. 그는 지원군전사들의 천진무구한 미소, 착한 마음씨, 그리고 고생도 죽음도 두려워하지 않는 지원군전사들의 무비의 용감성과 헌신성에 깊이 감동된다. 하여 그는 「전사의 마음(戰士的心)」, 「초설(初雪)」, 「저지대에서의 '전역'」 등 단편소설들을 발표한다. 이러한 소설들은 독자들에게 커다란 반향을 불러 일으켰고 한 때 "로령열(路翎

熱)"이 일게 하였다. 하지만 급전직하로 상황이 바뀌어 1954년 5월부터
전국의 몇몇 큰 신문들에서는 지원군생활을 다룬 로령의 단편소설들을
비판하기 시작하며 일부에서는 로령에게 "반혁명"이라는 모자를 씌운
다. 로령은 반감과 격분을 느꼈고 1954년 8월 "항미원조전쟁"을 다룬 50
만 자에 달하는 장편소설『전쟁, 평화를 위하여(戰爭, 爲了和平)』를 창작
한다. 그러나 그 어디에도 발표할 수 없었다. 그 해 11월 로령은 일부 비
평가들이 "정치적인 결론과 정치적인 판결로 창작문제에 관한 논쟁을
대체"하는 작태에 대해 불만을 품고 「어찌하면 이러한 비평이 있을 수
있는가?」라는 3만여 자가 되는 글을 쓴다. 하지만 이 글의 연재가 끝나
는 1955년 6월, 로령은 "호풍반당집단"의 골간으로 몰려 가택수색을 당
하고 체포된다. 이 사건은 "항미원조전쟁"을 작가의 개성대로 자유롭게
표현하기가 얼마나 어려웠던가를 시사해준다.

　그렇다면 지원군의 전투생활을 반영한 로령의 단편소설들은 어떤 작
품들인가? 로령은 「초설」, 「저지대에서의 '전역'」 등 작품들에서 총탄이
빗발치고 포연이 자욱한 전투장면을 정면으로 묘사하지 않는다. 주로
지원군전사들과 조선인민, 말하자면 지원군 총각과 조선 아가씨의 이룰
수 없는 애틋한 사랑을 통하여 지원군전사들의 천진무구함과 조선인민
의 착하고 순결한 심성을 보여준다. 이 작품은 열아홉 살 먹은 애젊은
지원군전사 왕응홍(王應洪)과 조선 아가씨 김성희(金聖姬) 사이의 애틋한
사랑을 다루고 있다. 순진하고 씩씩하나 아직 세상 물정을 잘 모르는 왕
응홍은 정찰반장 왕순(王順)의 도움 밑에 용감한 전사로 자라난다. 그런
데 지원군부대가 묵고 있는 마을에 자색이 아름답고 춤 잘 추는 김성희
라는 조선 아가씨가 있다. 그녀는 남몰래 왕응홍을 사랑한다. 그녀는 정
성껏 수놓아 만든 보선을 왕응홍에게 선물하기도 하며 은근히 사랑을
기울인다. 하지만 아직 이성에 눈뜨지 못한 왕응홍은 오히려 당혹감을

느낀다. 왕응홍이 출전할 때 김성희는 남몰래 그의 군용배낭에 두 송이의 꽃을 수놓은 손수건을 넣어준다. 그것을 우연하게 발견한 왕응홍은 이름 못할 따스한 감정을 느끼나 이러한 연정이 지원군부대의 기율에 어긋남을 알기에 몹시 불안해한다. 결국 왕응홍은 저지대에서의 전투를 완수하고 장렬하게 희생된다. 반장 왕순이 피에 젖은 손수건을 김성희에게 전해주는 것으로 작품은 끝난다. 보다시피 이 작품은 잔혹한 전쟁에 의해 착하고 아름다운 것들이 얼마나 무참하게 짓밟히고 있는가를 보여줌으로써 전쟁을 저주하고 평화를 갈구하고 있다. 이 작품을 읽은 수많은 지원군전사들이 울었다고 하는데 그 당시로는 이러한 감상적인 정서가 "항미원조전쟁"에 불리하다고 보았던 것 같다. 그래서 로령의 작품들이 매도(罵倒)된 것이다.

1978년 이후 새로운 역사시기에 와서 "항미원조전쟁"에 단순 배합하고 애국주의와 국제주의를 찬미해야 하는 그러한 인위적인 틀에서 벗어나 전쟁과 평화에 대해 새롭게 사고하고 "항미원조전쟁"에 대해 새롭게 접근한 작품들이 나왔다. 이를테면 항미원조전쟁 50주년을 계기로 출판된 왕수증의 장편보고문학『원동조선전쟁』은 무려 10여만 부나 팔렸다. 왕수증은 전쟁과 평화에 대한 새로운 사고를 보여주고 있는데 그는 다음과 같이 말한다. ─고금중외에 전쟁에 관한 수많은 작품들이 나왔다. 왜 인류의 역사는 처참한 전쟁을 기록해야 하는가? 그것은 전쟁은 직접 무수한 생명을 수요하기 때문이다. 수많은 청춘과 생명이 소실되었으니 이를 기록해야 한다고 하면서 왕수증은 유명한 송골봉전투를 지휘한 적 있는 노병 범천은(範天恩)의 이야기를 꺼낸다. 범천은은 송골봉전투를 지휘한 명장이며 전후 일본에서 나온『조선전쟁명인록』에 오른 유일한 여단장 급 장령이다.

"조선전쟁에 대해 물으매 범천은은 '세월이 많이 흘렀어요. 하지만 한

젊은이만이 생각나는구만. 아마 성이 왕씨였지요. 소련홍군이 동북에 쳐들어왔을 때 요양(遼陽) 길가에서 만나 데려 왔답니다. 거지가 되어 떠돌고 있는 것을 보고 소련홍군이 불쌍하게 생각하고 거두어 주었지요. 하지만 소련홍군은 중국 동북을 떠날 때 그 젊은이를 데려 갈 수 없어 치치할 역에 그냥 남겨 두었어요. 우리 부대가 동북에 쳐들어갔을 때 역에서 이 젊은이를 만났어요. 역시 비렁뱅이로 살고 있더군요. 보기가 민망해서 우리 부대에서 받아주었어요. 헌데 이 젊은이가 참 총기가 좋고 팔팔해요. 후에는 내 경위원이 되었는데 우리 부대가 조선에 들어간 후에는 그림을 그리는 재간도 배웠어요. 제3차 전역이 끝난 후 사단과 여단장 급 간부들이 심양에 가서 집중훈련을 받게 되었는데 워낙 쇼왕(小王)을 데리고 가려고 했어요. 그런데 남의 눈치가 보여서 데리고 가지 못했지요. 일주일 후에 조선에 돌아가 보니 쇼왕이 죽었어요. 미군이 한강 남안을 폭격할 때 죽었다누만. 여단이나 영(營)의 간부들이 모두 그 젊은이를 좋아했어요. 그래서 조선노인을 불러 헌 궤짝을 뜯어서 관을 만들었어요.' 범천은은 여기까지 말하고 나서 고개를 숙이면서 말을 이었다. '그래도 관에 넣어 묻어주었으니 괜찮은 셈이지요. 좀 시간이 있을 때에는 돌을 쌓아 무덤을 만들어 주었는데 그것도 괜찮은 편이구요. 병사들이 죽어도 돌볼 새 없이 돌진해야 했거든요. 귀국한 후 요양시 정부에 편지를 띄웠고 내가 가지고 있던 그 젊은이의 유일한 사진 한 장도 부쳐 보냈어요. 하지만 소식이 없군요. 그 젊은이의 가족을 찾는다면 뭘 좀 도와주고 싶은데요. 이젠 많은 세월이 흘렀지만 그 젊은이만은 잊을 수 없어요.'"9)

사선을 넘으며 수많은 전투를 겪고 불멸의 공훈을 세운 지휘관, 만년에 이른 지휘관의 가슴속에는 한 보통 사병이 남아있을 뿐이다. 바꾸어

---

9) 王樹增, 「我寫遠東朝鮮戰爭」, 『時代潮』, 2000, 第11期.

말하면 왕수증은 『원동조선전쟁』에서 생명의 귀중함과 그러한 생명으로 바꾸어온 평화의 소중함을 이야기하고 있으며 무수한 보통병사의 인간성과 그들의 운명에 필묵을 집중하고 있다. 우수림(于水林)이라는 전사의 이야기 역시 그러하다. 횡성반격전(橫城反擊戰) 때 적군의 탱크가 무리를 지어 달려들 때 우수림은 빗발치는 총탄도 아랑곳하지 않고 작탄(手雷)을 들고 달려가 두 대의 탱크를 까부신다. 뿐만 아니라 몸에 여러 발의 총탄을 맞고 피 흘리면서도 멈추어선 탱크 안에서 나오는 미군을 쏘아 눕히고 8명의 미군을 생포한다. 하지만 우소림은 귀국한 후 종적을 감춘다. 그가 열하사람(熱河人)이라는 것은 아는지라 승덕(承德)에 사람을 띄워 보았으나 찾을 수 없었다. "문화대혁명" 때에야 우수림이 내몽골의 소우달맹(昭烏達盟)에 있는 한 빈곤한 마을에 살고 있음이 발견되었다. 그는 그 마을에서도 제일 가난했다. 부상을 입은 오른 팔은 절단해 버리고 부모도, 형제자매도 없이 혼자서 생산대의 마구간에서 살고 있었다. 현지의 사람들도 거지처럼 남루한 옷을 입은 이 불구자가 일등공신임을 감감 모르고 있었던 것이다.[10]

만약 왕수성의 『원동조선전쟁』이 인본주의시각으로 전쟁에서 희생된 보통병사들의 인간적인 아름다움을 그림과 아울러 전쟁과 평화에 대한 새로운 사고를 하고 있다면 맹위재의 장편소설 『어제날의 전쟁』은 전쟁의 잔혹상을 고발하고 냉전체제가 중국인민에게 가져다준 아픔과 고통을 고발하고 있어 더욱 주목된다.

맹위재는 중국인민해방군 제60군 180사에 입대해 제3차 국내전쟁과 "항미원조전쟁"에 참가했는데 1953년 5월 전선에서 부상을 입고 제대했다. 『어제날의 전쟁』은 맹위재가 1973년 10월부터 1974년 3월에 제1부, 1977년 4월부터 1978년 12월까지 제2부를 완성했고 2000년 10월부터 2001

---

10) 沙林,「欲血朝鮮」上·下, 『中國青年報』, 2000年 10月 18~25日.

년 3월까지 제3부를 완수했다. 말하자면 26년 만에 120만 자에 달하는 장편거작을 완성한 셈이다. 이 26년 간 맹위재는 인민출판사 사장으로부터 중앙선전부 문예국 국장, 중국문련 당조 부서기 등 직무를 전전하다가 정년을 했다. 그는 모든 과외 시간을 자기의 전쟁 체험과 견문을 형상화한 장편소설『어제날의 전쟁』을 쓰는 데 바쳤다. 아마도 맹위재는 "6.25"전쟁에 참가했던 부상병으로부터 명망 있는 문화명인이 되는 과정에 이 전쟁을 두고 오랫동안 사고해온 것 같다. 말하자면 전쟁을 인본주의의 고도에 놓고 사고했던 것이다. 단순히 전쟁의 연대를 추억하던 데로부터 전쟁과 평화의 의미를 되새겨보게 된 것이다. 전쟁이란 무엇인가? 맹위재는 이 작품의 「후기」에서 다음과 같이 쓰고 있다.

> "조선전쟁터에 나가기 전의 일이다. 어느 날 오전, 천진(天津)의 한 백화상점의 문밖에서 한 털외투를 입은 여인이 새파란 수박을 안고 있는 것을 보았다. 추운 겨울의 수박 한 덩어리, 분하(汾河)기슭에서 자란 젊은이인 나는 크게 놀랐다. 한겨울의 새파란 수박, 이게 바로 평화가 아닌가! 우리는 중국인민이 누리는 이 평화를 보위해야 한다고 말이다." 이런 작가의 인식을 보여주는 대목은 작품에도 나온다. 이 작품은 "시커먼 까마귀 무리"를 반복적으로 묘사한다. 소설의 뒷부분에 나오는 신화사의 대기자(戴記者) 는 다음과 같이 일기를 쓰고 있다. "전쟁이란 무엇인가? 까마귀 무리들을 보고 이전에는 무심하게 지났었는데 며칠 전 까마귀들이 시체를 뜯어먹는 것을 보고서야 소스라치게 깨달을 수 있었다…"11)

이는 전쟁의 참상에 대한 고발에 다름 아니다. 이처럼 이 작품은 전쟁하는 쌍방의 전략과 전술, 치열한 전쟁장면을 그리던 그 이전 시기의 관행에서 탈피해 전쟁과 평화에 대한 새로운 사고의 깊이를 보여준다. 특히 이 작품에서는 미군 포로를 다루고 있는데 미군 포로는 미국적 중국

---

11) 孟偉哉, 『昨日的战争』(上·中·下), 人民文学出版社, 2001.

인이다. 그는 포로수용소(捕虜營)에서 중국인민지원군 여전사로 있는 사촌 누이동생을 발견하고 깜짝 놀란다. "내가 어찌 사촌 누이동생과 전쟁을 할 줄 알았겠는가?!" 라는 미국적 중국인 포로의 탄식은 냉전체제에 의한 동족의 살육이라는 역사의 아이러니를 보여주고 있다. 물론 냉전구조에 대한 역사적 반성이나 전쟁과 평화에 대한 인본주의적 탐구는 작품의 기본 갈등이나 플롯을 통해서가 아니라 부차적인 갈등이나 플롯을 통해 표현하고 있음은 중국문학의 한계라고 하지 않을 수 없다.

2) 조선족문학의 경우

여기서 잠간 조선족의 대표적인 시인 김철(1932~)의 서정시 「동강난 지도 앞에서」를 읊어 보자.

> 슬프다, 상처 입은 이 땅에
> 청산은 예와 다름없건만
> 동강난 지도 앞에 찢어지는 내 가슴
> 비노니, 창천(蒼天)아
> 그 옛날 용천검을 다시 줄 순 없느냐
> 무참히 잘린 널 보느니
> 차라리 내 허리를 잘라버리렴!
> - 1996년 분계선에서[12]

조선족은 한반도에 살고 있는 한민족(또는 조선민족)과 같은 피를 나눈 동족(同族)인 만큼 "6.25"전쟁과 남북분단의 현실을 두고 중국의 다른 민족에 비해 훨씬 더 큰 아픔을 갖고 있다. 김철의 시는 조선족의 이러

---

12) 김철, 『나, 진짜 바보이고 싶다』, 민족출판사, 2000, 12쪽.

한 절통한 심경을 대변한다고 하겠다.

단편소설이지만 냉전구조에 의한 동족상잔의 비극과 남북분단의 후유증(後遺症)을 다룬 작품으로는 류연산의 「인생숲」(1989)과 「군견 메리의 사랑」(1990), 장지민의 「올케와 백치오빠」(1986), 김종운의 「고국에서 온 손님」(1985)과 리여천의 「비온 뒤의 무지개」(1993) 등을 들 수 있다.

류연산(1957-2011)은 10여 년간 조선민족의 발자취가 스며있는 두만강, 압록강, 송화강 유역을 답사하고 유명한 장편실화 『혈연의 강들』을 내놓은 의욕적이고 유능한 작가였다. 그는 자기의 작품세계를 통해 조선민족의 역사와 운명 및 진로를 끈질기게 추적하였는데 단편소설 「인생숲」에서는 "6.25"전쟁, 즉 동족상잔의 비극을 보여주었다. 작품은 삼형제 포수의 이야기를 다루고 있다. 큰형은 두만강 이북에 남아 그냥 포수로 살고 있는데 큰 동생은 소련을 거쳐 조선인민군에 들어갔고 막내 동생은 한국의 국군에 들어갔다. "6.25"전쟁이 터지자 큰 동생과 막내 동생은 서로 원수가 되어 싸우고 큰형은 전쟁의 불길이 치솟는 두만강 너머의 땅을 건너다보면서 커다란 비애에 잠긴다. 그런데 현위서기는 조선인민군을 지원하기 위해 곰이며 멧돼지를 잡으라고 재촉한다. 피를 나눈 동생들이 더욱 기세 사납게 물고 뜯으라고 사냥을 한단 말인가? 큰형은 마침내 어지러운 세상과 동족상잔의 참극을 보다 못해 자결하고 만다. 이 작품은 사냥개-검둥이의 시점으로 본 허황한 현실과 큰형의 심리적 모순을 교차시켜 서술, 묘사함으로써 우의(寓意)적인 필치로 동족상잔의 비극을 고발하고 있다.

「인생숲」13)에서는 검둥이를 관찰자시점으로 이용하고 있다면 「군견 메리의 사랑」14)에서는 군견(軍犬) 메리를 "주인공"으로 내세운다. 메리

13) 류연산, 『황야에 묻힌 사랑』, 흑룡강조선민족출판사, 1997.
14) 위의 책.

는 국경수비를 맡은 순라대에 속해 있는 군견이다. 메리는 성깔이 사나
운 군견인데 마음이 내키지 않으면 아무리 욕을 퍼붓고 매를 들이대도
말을 듣지 않는다. 하지만 메리 스스로가 마음이 내켜서 훈련을 할라치
면 그 어떤 군견도 따르지 못한다. 그래서 다른 군견들의 눈에는 "거룩
한 존재"로 큼직하게 자리를 굳혔고 암놈들도 슬그머니 추파를 보냈다.
하지만 메리는 동네처녀 무던한 줄 모른다고 하필이면 철조망 건너의
암놈과 한 눈에 정이 들어 발광을 한다. 가끔 철조망 너머에 있는 암놈
과 연모(戀慕)의 눈빛을 주고받지만 순찰병에게 매인 몸이라 용빼는 수
가 없다. 어느 날 메리는 급기야 군영을 뛰쳐나와 배밀이로 철조망 밑을
기어서 월경했고 암놈을 만나 한껏 운우지정을 나눈다. 그렇지만 메리
는 끝내 상대방 군인들에게 잡혀 "본국"으로 송환되고 만다. 이 작품은
다음과 같이 끝을 맺는다.

> 메리는 월경죄로 군견의 자격을 잃고 종자견으로 처분을 받았다.
> 지프에 앉아 내지의 군견양육소로 떠나가는 메리의 몸에서는 죽음의
> 냄새가 풀풀 풍겨나고 있었다. 뒷좌석에 돌아앉아 뒤창으로 멀어져가는
> 국경선을 하염없이 바라보는 눈에는 눈물이 고이고 그 육체는 이미 시체
> 처럼 싸늘해졌다.
> 세월의 눈비 속에 벌겋게 고삭은 철조망—인간력사의 치욕인 국경선이
> 메리의 뇌리 속에, 가슴속에 아픈 추억으로 깊이깊이 찍혀가고 있었다.
> 낙엽 지는 소리가 을씨년스럽게 달리는 지프의 차문에 자꾸게 매달렸다.15)

여기서 군견 메리는 피를 나눈 혈육의 생사조차 알길 없는 이산가족
을 상징한다고 해도 대과(大過)는 없을 것이다. 이 소설의 플롯은 단순
하면서도 의미심장하며 의인화수법을 적절하게 구사해 해학과 익살을

---

15) 류연산, 『황야에 묻힌 사랑』, 흑룡강조선민족출판사, 1997, 81쪽.

부리면서 분단현실의 비정과 부조리를 신랄하게 비판하고 있다. 하지만 소설의 마지막 두 단락은 주제를 노출시킴으로서 사족(蛇足)이 되고 말았다.

「인생숲」과 「군견 메리의 사랑」은 동족상잔과 민족분단의 현실을 고발한 작품이라고 한다면 장지민의 「올케와 백치오빠」16)는 비교적 긴 역사적 시공간을 배경으로 "6.25"전쟁과 남북분단의 비극을 고발하고 있다. 이 작품은 시누이의 시점으로 "6.25"전쟁과 남북분단으로 말미암은 큰오빠네 가정의 비극을 보여주고 있다. 결혼을 한지 두 달 밖에 되지 않았건만 남편(시누이에게는 큰 오빠)은 중국인민지원군으로 "항미원조전쟁"에 참전하고 아내(시누이에게는 올케)는 철없는 시동생—"백치오빠"와 더불어 어렵게 살아간다. 수십 년이 지난 후 "전사(戰死)"한 줄 알았던 남편이 캐나다에서 귀국하는데 상봉을 앞두고 아내는 밤중에 동산 마루에 나가 느티나무에 목을 매고 자결한다. 실은 수십 년간 이 여인은 바보 시동생과 더불어 부부 아닌 부부로 살아왔고 남편이 돌아오자 모든 비밀이 들통이 나게 되자 자결을 선택한 것이었다. 이 작품은 시누이가 올케의 사체를 두고 오열하면서 "눈물이 앞을 가렸다. 그때 나는 정녕 눈물 가린 그 눈으로 술상에 엎어지며 통곡하던 큰오빠와 그의 미국 태생 백인종 아내 그리고 처녀총각으로 다 숙성된 혼혈아 조카들을 보았다"는 것으로 끝나는데 설사 올케가 시동생과 부정한 관계를 가지지 않았고 자결하지 않았더라도 이 내외의 결합은 불가능한 것임을 암시하고 있다. 바꾸어 말하면 전쟁이 얼마나 많은 아름다운 인간들의 사랑과 가정을 앗아갔는가를 증언하고 있다.

류연산과 장지민의 경우에는 "6.25"전쟁과 남북분단의 비극을 고발하고 있다면 김종운과 리여천의 경우에는 기나긴 분단의 현실이 형제자매

16) 장지민, 「올케와 백치오빠」, 『천지』, 1986.8.

와 친구들을 갈라놓고 그들을 서로 다른 방향으로 이질화시키고 있음을
보여준다.

김종운의 「고국에서 온 손님」[17]은 일본에도 번역, 소개되었다. 임범
송은 이 작품은 "중조 두 나라 인민들의 심층심리를 감명 깊게 파고들었
다"[18]고 좀 애매하게 평가하기도 하였는데, 기실은 "6.25"전쟁과 남북분
단의 후유증을 극명하게 고발한 작품이다. 3층에 사는 장교장네 집에
그의 동생 장철이가 30년 만에 조선에서 찾아온다. 장철은 형님네 집에
서 대접을 잘 받을 뿐만 아니라 친척들과 이웃집에 가서도 융숭한 대접
을 받는다. 이웃사촌이라고 1층에 사는 하원장네는 중국요리 24가지나
차려놓고 대접한다. 그런데 며칠 후 하원장네 댁에 그의 처남이 한국에
서 찾아온다. 장교장은 하원장의 처남을 청하려고 하나 장철은 한국인
과 한 자리에 앉는 것을 내심 못마땅해 한다. 장철은 조카네 집에 피신
을 한다. 며칠 후 장교장과 그의 동생 장철은 2층에 사는 왕과장네 집에
초청된다. 그런데 뒤미처 1층에 사는 하원장과 한국에서 온 그의 처남
상호가 들어올 줄이야! 맘씨 고운 왕과장은 1층에 사는 하원장네도 함께
청했던 것이다.

"커다란 타원형 식탁을 두고 '북'과 '남'이 마주앉은 판이었다."[19]

그런데 알고 보니 장철과 남상호는 동창이었다. 장철은 광복 직후에
동북민주연군에 입대했다가 조선전쟁 때 조선인민군에 편입되었는데
정전 후에는 그냥 조선에 남았던 것이다. 한편 남상호는 광복 직후 "38"

---

17) 김종운의 「고국에서 온 손님」은 1985년 6월 8일 ≪흑룡강신문≫에 실릴 때 는
「조선에서 온 손님」이라는 제목으로 발표되었다. 『개혁개방30년 중국조선족
우수단편소설집』, 연변인민출판사, 2009년에서는 「고국에서 온 손님」으로 개
명했다.

18) 임범송, 「작가의 창작개성과 작품의 얼굴 -〈조선에서 온 손님〉에서 받은 계시」,
『심미비평의 가을 풍경』, 료녕민족출판사, 2004.

19) 류연산, 『황야에 묻힌 사랑』, 흑룡강조선민족출판사, 1997, 421쪽.

선이 생기기 전에 서울에 공부하러 갔다가 한국전쟁이 일어나는 바람에
국군에 참가했던 것이다. 둘은 전쟁마당에서 만나는데 장철은, 다리에
부상을 입고 잡힌 남상호를 살려준다. 운명의 작간이라고 할까. 30년 만
에 중국의 하르빈에서 다시 만난 것이다. 둘은 한 가슴에 사무치는 한과
상봉의 기쁨을 노래로 달래지만 더 깊은 이야기를 나눌 수가 없다. 이처
럼 이국에서의 "남"과 "북"의 우연한 만남을 통해 동족상잔과 분단의 비
극을 고발하고 민족화합의 메시지를 은근히 전하고 있다.

　리여천의 「비 온 뒤의 무지개」[20]는 연변에 살고 있는 조카의 도움으
로 남측과 북측에 서로 갈라져 살고 있는 두 형제가 연변에서 만나는 이
야기인데 두 형제가 겪어야 하는 문화적 마찰과 갈등을 통해 설사 통일
을 하더라도 인문학적 통합은 굉장히 어려운 과제임을 시사한다. 혈육
간 상봉의 기쁨은 잠간이요, 두 형제는 시시콜콜 엇서고 다툰다. 특히
우상숭배에 젖어 인간의 기본과 상식에 위배되는 행동만을 고집하는 북
측 형의 경직성과 억지는 남측 아우와 연변의 조카를 당혹하게 하고 한
국 아우의 우월감과 아집은 또 북측 형의 자존심만 건드린다. 여기에 연
변사람들의 꾀바른 이기심까지 작동해 소설은 세 측 동포들 사이의 상
호 이질감을 증폭시킨다. 하지만 이 소설은 작별을 앞두고 남과 북 두
형제의 포옹과 눈물로 끝남으로써 혈육의 정은 끊을 수 없음을 시사하
고 있다.

5. "6.25"전쟁에 대한 새로운 시각과 통합의 실마리

　"6.25"전쟁이 끝난 지 57년이 되었지만 이 전쟁의 당위성에 대한 중국

---

20) 『도라지』, 1993년 5월호.

정부 측의 견해에는 변함이 없다. 민간에는 이 전쟁의 정의성 여부, 중국의 득과 실 등에 대해 찬반양론이 엇갈리고 있지만 미국의 일방주의 논리에 의한 패권주의가 지속되는 한 이 전쟁에 대한 보다 다양한 접근, 역사적 반성은 유보될 수밖에 없다. 이러한 정치적인 상황은 문학의 자유로운 표현을 제한하는 멍에의 구실을 하고 있다.

"6.25"전쟁은 중국문학에 "항미원조문학"이라는 새로운 영역을 열게 했다. "항미원조문학"은 중국 당대문학의 중요한 성과로 인정된다. 이 전쟁 초기부터 중국정부는 전국 군민을 단결해 전쟁의 승리를 쟁취하기 위해 중국 문인들의 협력을 요구했고 중국문인들도 무조건 정치성을 우선적인 자리에 놓고 중국인민지원군과 후방의 인민들이 보여준 애국주의, 국제주의, 혁명적 영웅주의정신을 찬미하는데 주력했다. 1978년 나온 위외의『동방』은 이러한 정통적인 문학관을 대변한 작품이며 "항미원조전쟁"의 전반 과정을 예술적으로 집대성한 대작으로 평가된다.

"항미원조전쟁"에 대한 새로운 탐구는 이 문학의 초창기부터 싹텄다. 이러한 의미에서 전쟁에 의한 아름다운 것들의 소실, 즉 전쟁의 비인간성을 고발한 로령의 「저지대에서의 '전역'」은 중요한 의미를 가진다. 하지만 로령의 "온정주의(溫情主義)"는 "항미원조전쟁"의 현실과 저촉되고 군민의 의지와 사기를 떨어뜨릴 수 있었으므로 비판을 면치 못하게 된다. 이는 "항미원조문학"의 한차례 좌절이라고 하겠다.

새로운 역사시기에 와서 "6.25"전쟁에 관한 중국문학은 새로운 탐구의 조짐을 보인다. 맹위재의 장편『어제날의 전쟁』에서 보다시피 작가들은 전쟁과 평화에 대한 새로운 사고를 하며 전쟁으로 인한 인간 운명의 변화, 보통 사병의 정신적 아름다움과 그들의 실존적 고뇌를 다루고 있다. 특히 제2차 세계대전 후의 냉전체재가 여러 민족공동체에 얼마나 큰 불행을 몰고 왔는가를 고발하면서 항구적인 평화를 갈구하고 있다. 이러한 의미에서 "6.25"전쟁을 다룬 중국소설도 점차 세계의 반전평화문학과 대화를 하고 있으며 새로운 전쟁문학의 공동 분모를 찾고 있음을 확인할 수 있었다. 바꾸어 말하면 중국정부 측의 공식적인 입장과 엘리트 및 문학자들 사이 균열의 조짐이 보이고 있다고 하겠다.

중국조선족문학은 주로 장편소설의 형식이 아니라 단편소설의 형식으로 "6.25"전쟁과 남북분단의 아픔을 다루고 있는 한계를 갖고 있지만, 중국의 주류문학에 비해 훨씬 더 깊이 있는 반성과 성찰을 보여주고 있다. 일부 작품들은 "6.25"전쟁을 동서냉전체재의 대립에 의한 대리전쟁이고 그것은 동족상잔의 참극이며 이에 참여한 자신들을 두고 깊이 반성하는 모습을 보여주고 있다. 특히 오랜 분단에 의해 이질화된 남과 북, 그리고 연변의 모습을 생생하게 증언함으로써 인문학적통합의 필요성을 호소하고 있으며 반복적인 만남과 대화, 이해와 존중을 통해 혈육의 정에 바탕을 둔 통합의 실마리를 찾을 수 있음을 시사하고 있다.

제8장 장률영화에 나타난 서발턴 연구

서옥란*

1. 장률의 정체성과 서발턴

장률은 1962년 연변에서 태어났고 연변대학교 중문학과를 졸업했으며 졸업 후 학교에 남아 중문학과 교수로 지냈다. 교수로 재직시절 소설가로도 활동했으며 그 뒤 교수생활을 접고 북경에 있는 기간 우연한 기회에 영화감독으로 데뷔하였다. 영화교육을 전혀 받은 적이 없는 상태에서 만든 단편영화 〈11세〉로 베니스영화제와 칸 영화제를 비롯한 여러 영화제의 단편경쟁부문에 초청되어 수상하면서 장률감독은 전 세계 영화인들이 주목하는 아시아 감독 중 한명이 되었다. 중국조선족 출신인 장률감독은 중국국적임에도 중국영화계보다는 한국영화계와 더 깊은 관련을 맺고 있다.1) 지금까지 장률영화에 대한 모든 연구가 한국학자들

---

* 중국 연변대학교 교수.
1) 이는 그의 첫 장편영화이자 장률 자신의 자화상 같은 영화 〈당시〉부터 한국의 제작비 지원을 받은 사실과 재중동포라는 출신 때문이라고 생각된다. 〈당시〉,

에 이루어졌다는 점 또한 이를 잘 뒷받침해준다.

장률 감독은 어려서부터 자신의 정체성에 대해 꾸준히 고민하였다고 한다. 이런 원인이 그의 영화로 하여금 디아스포라와 경계, 여성 등 다양한 서발턴이 복합적으로 만나는 지점에 위치하게 하고 있다. 그의 영화에 대한 기존의 논의들이 대체로 디아스포라, 여성담론, 정체성 고찰, 영화의 공간적 위상 등 면에서 진행되고 있다는 것 또한 이 점을 잘 말해준다. 장률영화를 논함에 있어서 재중동포라는 사실로 인해 야기되는 담론들, 말하자면 그의 영화 속에서 디아스포라의 흔적들을 찾으려는 시도들은 장률을 둘러싼 많은 담론 중에서 큰 비중을 차지하고 있다. 육상효2), 김태만3), 박노종 · 고현철4), 강성률5)등이 대표적이다. 그리고 김지미6), 주진숙 · 홍소인7)등은 여성담론의 각도에서 장률의 영화에 대해 다루었다. 김관웅8), 임춘성9)등은 장률의 영화를 중국조선족 및 장률의

〈망종〉, 〈중경〉, 〈두만강〉 등은 중국에서 촬영했고, 〈이리〉는 한국에서, 〈경계〉는 몽골에서 촬영했다. 그러나 장률의 영화가 주로 만들어지고 영화에 대한 평가와 비평이 형성되는 곳은 한국이다. 두 번째 영화 〈망종〉부터 제작비는 주로 한국의 예술영화나 독립영화 지원금을 통했고 촬영 작업은 주로 중국의 시스템과 인력을 동원했지만, 편집과 녹음 등의 후반작업은 한국의 시설과 인력을 이용했다.

 2) 육상효, 「침묵과 부재: 장률 영화 속의 디아스포라」, 『한국콘텐츠학회 논문집』, 한국콘텐츠학회, 2009, 163~174쪽.

 3) 김태만, 「재중 코리안 디아스포라의 트라우마」, 『中國現代文學』第54號』, 한국중국현대문학학회, 2010, 237~266쪽.

 4) 박노종 · 고현철, 「영화 속 조선족(朝鮮族)의 디아스포라와 정체성 고찰- 장률(張律)과 그의 영화를 중심으로」, 『동북아문화연구』 제30집, 2012, 24~30쪽.

 5) 강성률, 「떠도는 인생, 지켜보는 카메라-장률 영화의 디아스포라」, 『현대영화연구』, 2011. 106쪽.

 6) 김지미, 「장률 영화에 나타난 육화된 '경계'로서의 여성주체 -〈경계〉, 〈이리〉, 〈중경〉을 중심으로」, 『여성문학연구』, 한국여성문학학회, 2009, 124~146쪽.

 7) 주진숙 · 홍소인, 「장률 감독 영화에서의 경계, 마이너리티, 그리고 여성」, 『영화연구』 제42호, 한국영화학회, 2009, 597~619쪽.

 8) 김관웅, 「장률의 영화가 중국조선족 문예에 주는 계시」, 『미드리』, 이주동포

정체성과 연결하여 사고하였다. 조명기·박정희[10)는 장률 영화가 주목
하는 공간은 그 속성이 고정되고 안정된 공간이 아니라 주로 국가 등 집
단의 구획력에 의해 생산된 경계선이라고 파악한다. 상술한 논의에서
보다시피 여러 가지 방면에서 장률영화에 대한 연구가 진행되었지만 서
발턴의 시각을 중심으로 접근한 연구는 거의 없다. 비록 김지미가 〈경
계〉의 순희와 〈이리〉의 진서를 하위주체로 구성된다고 보고 있지만 장
률의 다른 영화에 등장하는 서발턴에 대해서는 구체적으로 분석하지 않
았다. 그리고 주진숙·홍소인의 "장률영화가 피억압계급 형상가운데서
의 최종심급의 자리에 여성을 기호화함으로써 그녀들을 착취하고 있고
침묵하게 만든다."[11)는 관점은 서발턴의 시각에서 다시 한 번 검토해야
할 필요성을 느낀다.

장률의 영화에서는 이방인으로서 받는 고통과 억압, 결핍과 그로 인
한 갈망 등을 지니고 살아가는 갈등의 서발턴과 경계에서 반항하는 다
양한 서발턴들을 만날 수 있다. 서발턴(subaltern)은 substance와 alternity
를 합성한 것으로 말 그대로 한 사회의 실질이나 실체를 이루는데도 타
자화 되고 '하위'가 되어 잘 보이지 않는 사람들의 존재와 삶의 방식을
가리킨다.[12) 서발턴은 그람시에 의해 처음 사용되고 일반적으로 영국군
대의 하급 장교를 의미하며 하층민, 소외층을 일컫는데 한국에서는 하

정책연구소, 2011, 124쪽.

9) 임춘성, 「포스트사회주의 시기 중국소수민족 영화를 통해 본 소수민족 정체
성과 문화정치— 張律의 영화를 중심으로」, 『중국현대문학』 제58호, 한국중국
현대문학학회, 2011, 232쪽.

10) 조명기·박정희 「장뤼(張律)와 영화 〈두만강〉의 공간 위상」, 『중국학연구』 제
57집, 2011, 621~643쪽.

11) 김지미, 「장률 영화에 나타난 육화된 '경계'로서의 여성주체 -〈경계〉, 〈이리〉,
〈중경〉을 중심으로」, 『여성문학연구』, 한국여성문학학회, 2009, 126쪽.

12) Gayatri Spivak, 태혜숙·박미선 옮김, 『포스트식민이성 비판』, 갈무리, 2005, 117쪽.

층계급, 하위주체 등으로 번역되고 중국에서는 서민(庶民)으로 번역되어 사용된다. 스피박은 주체의 분석범주로 서발턴 개념을 이용하면서 '서발턴이 단지 엄격한 계급체계 뿐만 아니라, 종교의 가부장적담론과 가족, 식민주의 국가에서 종속되어 있음을 강조'하기 위해 본래의 의미에서 여성을 포함하는 쪽으로 의미를 확장했다. 본 논문에서 지칭하는 서발턴은 상술한 개념을 총체적으로 아우르는, 주로 경계에서 디아스포라를 경험하며 종속적 위치에 처해있는 조선족, 탈북자, 유목민, 노인, 이주노동자, 매춘부 등을 가리키며 국가적으로 배제되고 민족적, 성적으로 억압에 시달리지만 반항하는 여성들을 포함해서 사용하기로 한다.

본 논문에서는 기존 연구들에서 이루어진 논의에 근거하면서 장률 영화에서 서발턴의 갈등과 고민은 어떤 양상으로 재현되는지? 그 중에서도 국가, 민족, 성별의 중층적인 문제를 한 몸에 안고 있는 은폐된 여성 서발턴의 재현방식은 어떠한지? 이러한 서발턴들의 재현을 통해서 어떤 의미를 추구하려 했는지? 이러한 문제의식을 바탕으로 대표적 작품인 〈망종〉, 〈중경〉, 〈두만강〉, 〈경계〉 네 편의 장편영화를 중심으로 분석해 보려 한다. 이런 논의를 통해 중국조선족 감독으로서 중국과 한국의 특수한 문화적 배경 하에서 다원 문화적 공존의 가능성을 열어 보려는 작가적 노력의 의미를 밝혀내는데 어느 정도 의의가 있을 것이라 생각된다.

2. 서발턴의 갈등과 고민의 재현양상

1) 디아스포라로서의 서발턴

오늘날 지구촌 어느 곳에도 디아스포라는 존재한다. 자본과 노동의 무제한적 확장이 전제된 전 지구적 자본화 시대에 접어들면서 민족과 국가를 뛰어넘고 국적과 국경을 넘나드는 이동이 빈번해졌기 때문이다. 중국조선족은 한반도에 살다가 19세기 중반에서 1945년까지 두만강 압록강을 건너와 동북에 정착한 과경민족의 후예들로서 유태민족과 마찬가지로 디아스포라의 특성을 갖고 있다. 중국조선족은 혈통과 언어 문화적인 차원에서는 한민족과 동일성을 갖고 있지만 중국 국적의 중화민족의 일부분으로서 의연히 국민적 정체성과 민족적 정체성 사이에서 고뇌하고 갈등하고 있으며 이들의 역사와 현실을 반영한 작품에는 의연히 디아스포라적인 요소가 다분히 녹아있다.[13] 떠나온 곳으로 돌아가지 못하지만 정착한 곳에서도 안주하지 못하는 삶, 그런 디아스포라를 경험하는 갈등의 서발턴이 장률영화 속에 많이 등장한다. 장률감독은 민족과 경계를 넘나드는 탈주와 이주를 통해 디아스포라를 경험할 수밖에 없는 서발턴들의 삶을 전반적인 문제로 확장한다.

1990년대 이전까지만 해도 주로 공동체 안에서 거주하던 중국조선족은 중국의 노동력 이동과 도시화라는 물결 속에서 조선족공동체를 떠나 도시지역으로 이주하게 된다. 오늘날 조선족공동체의 재구조화는 이민으로서의 조선족 중심이 연길로 대표되는 연변지역이라는 단핵에서 중국의 여러 지역으로 다시 흩어지는 과정에서 도시와 농촌의 문제, 소수민족으로서의 정체성 유지문제, 남성과 여성의 문제 등을 야기하고 있다. 〈망종〉은 바로 상술한 문제의 공간에서 벌어지고 있는 수많은 사건의 한 가닥으로 나타나고 있다. 영화에서 최순희는 아들과 함께 자신의 고향을 떠나 북경근처의 작은 소도시에 와서 김치를 팔며 살아간다.

"엄마 우리 언제 돌아가?"
"돌아가긴, 어디로?"

---

13) 김태만, 「재중 코리안 디아스포라의 트라우마」, 『中國現代文學』 第54號, 한국중국현대문학학회, 2010, 242쪽.

"우리 옛날 집"

"옛날 집으로 돌아간 다음, 언제 다시 돌아오지?"

라는 그들의 대화에서 알 수 있듯이 순희 모자에게는 안착해야 할 고향이 없고 그저 향수를 불러일으키는 공간일 뿐이다. 아들 창호가 사고로 죽음을 당하자 순희는 한 치의 미련도 없이 이곳을 떠나 새로운 곳으로 향한다. 조선족들이 모여 사는 연변을 떠나 북경근처의 작은 산업지역으로 온 최순희는 두 번의 디아스포라를 경험한다. 한번은 그녀의 부모나 더 먼 조상들이 조선에서 중국으로 이주한 것이고, 다른 한번은 중국내에서 조선족집단 거주지를 떠난 것이다. 산업화이후 많은 사람들이 농촌에서 도시로 나와 일을 하지만 마음속에 그리는 고향으로 돌아가지 못한다. 순희의 옆방에 사는 매춘부들이 벽보에 적힌 글을 읽는 장면 "망종 때가 다가오니 동네방네 모든 이들이 곡식을 거둬들이는구나. 건강에 신경 쓰고 사전예방에 힘써라. 망종, 망종 한해 중 가장 바쁜 때이거늘 올해도 찾아왔구나. 어서 고향에 가야지."에서 보다시피 그녀들도 결코 고향으로 돌아가지 못하며 돌아갈 고향조차도 없다.

〈경계〉는 제목에서 볼 수 있듯이 경계적인 삶을 사는 디아스포라의 아픔과 갈등과 방황을 보여주고 있다. 영화에서 최순희 모자는 두만강을 건너 중국, 몽골을 거쳐 또 다른 곳으로 향하며, 대륙을 가로지르는 긴 디아스포라의 여정을 경험하는 서발턴이다. 영화의 한 대목에서 뿌리 채로 내동댕이쳐버린 이들의 디아스포라적인 운명을 잘 그려주고 있다. 아들이 엄마에게 "왜 나무를 심어요?"라고 묻자 엄마는 "초원을 보호하자는 거야." 라고 대답한다. 아들이 혼잣말을 한다. "나무도 보호를 받는데 우린 누가 보호해 주나요?"에서 알 수 있듯이 어디에서도 귀속될 수 없는 정처 없는 삶을 감지할 수 있다.

이렇듯 〈경계〉에서는 탈북자를 통해 어느 국가에도 속하지 않고, 어느 지역에도 정착하지 못하는 디아스포라로서의 서발턴의 삶을 그려낸다. 영화에서 사막과 초원, 유목민 몽골인과 농경민 창호네, 같지 않은 국적, 소통이 될 수 없는 몽골어와 조선어의 대화 등이 공존하는 그 자체가 '경계'를 넘나드는 작품이라고 할 수 있다. 국가의 공간으로부터 탈출한 모자는 필사적으로 국경을 넘지만 다른 국경, 경계를 만난다. 또한 탈북자의 문제를 다루고 있어 조선과 한국의 분단 상황과 디아스포라로서의 서발턴들이 처한 갈등적인 상황을 생각하게 하며 역사적 문제가 남겨준 고통의 일면을 보여주기도 한다.

〈중경〉의 김광철 역시 이리폭발사고에서 성불구가 되어 이리에서 중경으로 떠돌다 다시 몽골로 향하는 디아스포라적인 삶을 경험하며 어디에서도 귀속될 수 없는 서발턴이다. 쑤이 또한 타락하는 물질문명 속에서 자신의 몸도 점점 더러워져 간다는 것을 깨닫고 결국 중경을 떠나 이리라는 도시로 향하며 국경을 넘나드는 이주를 통해 디아스포라를 경험한다. 그녀는 이리에 와서 더 나은 삶을 갈망하겠지만 "과연 그럴 수 있을지?"라는 의문이 생긴다.

언어는 인간과 기타 동물을 구분하는 가장 중요한 기준으로 언어적 소통의 장애는 인간을 집단이나 계층에서 따돌림을 당하게 만드는 결정적인 구실이 될 수도 있다. 쑤이는 표준어 때문에 주변사람들에게 따가운 시선을 받는데 사실 그러한 주변의 쑤이를 향한 시선에는 표준어를 넘어서 사회의 획일적인 표준에 대한 거부반응을 담고 있다고 할 수 있다. 쑤이와 마찬가지로 사회의 밑바닥에서 전전하는 이들이 쑤이 만을 괴롭히는 것은 그녀가 국가가 지정한 표준적인 상층부에 다가갈 수 있다는 것에 대한 거부반응이기도 하다. 따라서 이 영화에서 여주인공의 언어적 표현의 방식은 중심부를 향하면서도 그 때문에 고향이나 삶의 터전에서 소외되어야 하는 디아스포라의 갈등을 역설적으로 보여준다고 할 수 있다.

〈두만강〉에서는 굶주림과 가난을 피해 목숨을 걸고 두만강을 건너 국경을 넘나드는 디아스포라를 경험하는 탈북자들을 서발턴으로 등장시킨다. 그 가운데 탈북 소년 정진도 약속을 지키기 위해 목숨을 걸고 두만강을 건너오지만 결국에는 중국경찰에 의해 잡혀가는 디아스포라의 비참한 삶이다. 정진이가 창호네 마을에서 음식을 구해 동생을 구하려고 하듯이, 창호네 마을 사람들은 한국을 삶을 유지하기 위한 공간으로 생각한다. 그리고 정진이가 창호네 집에서 음식을 구해 두만강을 다시 건너가는 장면이 여러 차례 등장하고 창호의 어머니는 한국에서 돈을 벌어 돌아오겠다고 말하며, 두부장사 용란은 한국에서 돌아온 후 두부장사를 계속하겠다고 약속하며 치매를 앓고 있는 촌장어머니와 창호 할아버지도 두만강을 건너 조선으로 회귀하고자 한다.

이렇게 장률영화속의 서발턴은 정주하지 못하고 떠돌며 불안한 디아스포라적인 삶을 살고 있으며 부단히 새로운 곳을 찾아 떠나거나 원래의 곳으로 회귀하려는 경향이 있다. 즉 장률은 한민족 앞에 놓인 현실, 단절과 분단의 상징이 되어 버린 두만강을 빌어 한국과 중국, 남과 북의 중간에 있기 때문에 숙명적으로 가교역할을 할 수밖에 없으며 변방의 이방인이 아닌 경계의 이쪽과 저쪽을 연결하는 다리가 되는 당당한 소통의 역할을 하는 경계인으로서의 연변조선족을 보여준다.

2) 경계에서 반항하는 서발턴

장률영화는 현실사회로부터 억압받고 소외된 서발턴들이 자신들이 겪는 고통에도 불구하고 경계에서 반항하는 모습을 재현함으로써 가려지고 은폐된 서발턴의 주체복원 가능성을 재조명하고 있다. 특히 여성 서발턴은 국가, 민족, 성과 같은 지배담론의 헤게모니 안에 머물 수밖에 없지만 그 안에서 지배담론의 구조에 균열을 내고 내부를 파열시킬 수 있는 근거지를, '내부에서의 외부'를 함축할 여지를 가질 수 있게 된다.14) 이러한 새로운 주체화의 가능성을 가지고 경계에서 반항하는 서발턴들의 모습이 장률영화에서 잘 재현되고 있다.

〈망종〉의 순희는 "조선 새끼라면 조선말을 알아야 한다"고 말하면서 아들 창호에게 TV를 사준다고까지 하면서 '조선말'을 가르치려는 집착을 보인다. 그리고 힘들게 살아가지만 다른 직업을 선택하지 않고 거리에서 조선족 김치를 판다. 최순희가 김치 파는 아줌마로 등장할 때, 그녀는 조선족 여성- 김치- 정체성 등의 복합적 의미 속에서 존재한다. 그러나 그녀가 마지막에 김치에 쥐약을 버무린 것은 자신의 김치를 필요로 샀던 모든 남자들에 대한 부정이자 반항이다. 특히 그녀의 독김치가 작용하는 곳은 왕경찰로 대변되는 공안기관, 즉 국가 소권력 집단이다. 그녀의 복수는 성적으로 그녀를 착취하고 이용하던 남자들로부터 국가권력 집단으로 확대됨을 알 수 있다.

〈경계〉의 순희는 자신의 몸을 보호할 줄 알며 거부의사가 명확하다. 순희는 자신을 끌어안으면서 성적으로 만족하려는 항가이를 뿌리치고는, 그의 허리춤에 있던 칼을 뽑아 위협한다. 차마 항가이를 찌르지는 못하고 양 한 마리를 찔러 죽임으로써 자신의 몸에 대한 결연한 거부의지를 드러낸다. 자신의 몸을 지키기 위해서 다른 생명을 죽여야만 하는 극단적인 선택은 아무런 반항도 하지 않고 침묵하는 〈두만강〉의 순희와 선명한 대비를 이루면서 경계에서 과감하게 반항하는 여성 서발턴의 모습을 잘 보여준다.

---

14) 가야트리 스피박, 태혜숙 역, 『다른 세상에서』, 여이연, 2008, 518~530쪽 참조.

유목민 항가이는 사막을 초원으로 변화시키려는 강한 의지를 갖고 살아가며 경계에서 나름대로 주체성을 보유한 인물이라고 할 수 있다. 비록 그러한 시도는 강한 모래바람이 몰아치면 물거품으로 돌아가지만 가능성을 가지고 희망을 버리지 않는다는 점은 〈망종〉의 순희와 닮아 있고 몽골 유목민으로서의 정체성을 고집하며 사막화된 현실에 반항하는 서발턴으로 볼 수 있다.

〈중경〉의 쑤이가 중경사투리를 거부하고 표준어를 구사하며 주변 사람들과 스스로를 구별하려는 행위는 그의 아버지조차도 이해할 수 없게 만들며 결국 부녀간의 소통불가를 초래한다. 하지만 쑤이는 표준어를 쓰는 것으로써 자신의 주체성을 주장하고 싶었을 것이고 산업화된 도시 변두리에서 벗어나 주류사회에 동화되려는 의지를 엿볼 수 있다. 그리고 매춘부를 집으로 끌어들인 아버지를 풀어준다는 명의아래 자신을 성적으로 이용한 경찰서 소장의 총을 훔치는 것으로써 부패한 권력에 맞서 과감히 복수하고 불합리한 현실에 반항하는데 이는 〈망종〉의 순희가 김치에 쥐약을 버무려 국가 권력 집단에 복수하는 것과 유사하다.

3. 은폐된 여성 서발턴의 재현방식

1) 성적억압에 시달리는 '몸'

몸은 공간의 물질성을 가장 첨예하게 드러낸다. 몸은 시간 / 역사 속에 축적된 물질적, 기호적 조건들에 반응하고 상호작용하면서 그 결과를 체현한다. 인간에게 가장 선차적인 공간은 몸이다. 또한 시간과 공간을 연결하는 것이 몸이라는 점에서 몸은 권력과 주체화양식의 핵심부를 차지한다. 대사와 같은 언어적 표현이 극도로 제한된 장률 영화에서 여성은 침묵한 채 대부분 '몸'을 통해 그 사회와 지역이 품고 있는 민족적 이질감, 차별, 역사적 상처 등을 상징적으로 표현한다.

〈망종〉에서는 조선족여성 최순희와 매춘부들의 '몸'을 통해 드러나는 불합리적인 섹슈얼리티[15]의 '말하기'를 통해 공업화와 개방에 따른 도시로의 이동을 겪으면서 순희 뿐만 아니라 수많은 여성 서발턴들의 '몸'은 상품화로 전락됨을 상징적으로 보여준다. 아들이 놀다가 이웃집 유리창을 깼을 때, 보상을 하겠다는 순희에게 김치나 갖다 달라던 이웃남자가 바란 것은 순희의 '몸'이였고, 순희가 김치장사 허가증을 발급받을 수 있도록 도와주었던 왕경찰도 매춘부로 몰려 잡혀온 순희를 자신의 성적욕망을 해소할 대상으로 삼는다. 그리고 그 도시에서 순희가 만난 유일한 조선족 남자 김씨 역시 둘 사이의 관계가 부인한테 발각되자 순희를 몸을 파는 여성으로 매도해 버린다. 단속을 피해 불안하게 장사를 하는 순희는 자신의 노동과 정체성의 집합체인 김치를 팔지만, 남성들은 그녀로부터 김치를 사면서 궁극적으로는 그녀의 '몸'을 요구한다. 장률은 이러한 성적억압에 시달리는 '몸'을 빌어 소수민족으로서의 조선족이자, 여성으로서의 문제 즉 민족과 성차의 문제를 동시에 끌어안으면서 공업화와 산업화 과정에 나타난 상품화된 섹슈얼리티를 고발하고 있다.

〈경계〉에서 순희와 항가이 사이에는 서로의 언어가 통하지 않는 만

---

15) 섹슈얼리티는 성행위에 대한 인간의 성적욕망과 성적행위, 그리고 이와 관련된 사회제도와 규범들을 뜻한다. 즉 욕망의 차원을 넘어 인간의 성 행동 뿐만 아니라 인간이 성에 대해 가지고 있는 태도, 사고, 감정, 가치관, 환상, 성의 존재의미 등 모든 것을 포함하는 것이다. 섹슈얼리티는 인간행위와 활동으로 표출되며 인간들 사이의 관계 속에서 체현되기 때문에 사회적이고 역사적인 맥락 속에서 고찰되고 논의될 때라야 비로소 구체적으로 드러나게 된다(정순진, 「여성이, 여성의 언어로 표현한 여성 섹슈얼리티」, 『인문과학논문집』 제39집, 2005, 46쪽).

큼 '몸'도 통하지 못하며 남성과 여성이 서로 나눌 수 있는 최고의 소통
이라고 할 수 있는 성적관계로 나아가지 않는다. 즉 그들은 같은 공간에
서 지내고, 같은 음식을 먹고, 같은 노동을 하더라도 '몸'의 경계는 넘어
갈 수 없음을 말해준다. 항가이가 아내와 딸을 만나러 울란바토르로 떠
난 뒤 순희는 가끔 마주치던 군인청년과 '몸'을 섞는다. 비록 처음에는
거부반응을 보였으나 결국에는 자포자기한 상태로 자신의 '몸'을 허락한
다. 순희가 항가이와의 섹스는 단호히 거부하고 군인청년과 '몸'을 섞는
행위는 선명한 대조를 이루며 '군인'이라는 권력을 상징하는 주체와 '몸'
을 나눈다는 것은 이미 순희의 '몸'이 어떤 권력구조 안에서 교환가치로
전락되었음을 알 수 있다. 또한 아무런 억압이나 장애가 없이 자유분방
하게 항가이와 성적관계를 가지는 몽골여인에 비해 순희는 민족, 국적,
언어 등의 경계와 억압을 받는 존재로 그려지며 결국 초원의 남성들뿐
만 아니라 여성들과도 동등한 권리를 획득하지 못하고 자신이 떠나온
국가와 민족적 차원에서, 그리고 다시 성적억압의 차원에서 서발턴으로
구성되고 있다. "초원도 보호를 받는데 우리도 보호를 받아야 되잖아
요?"라고 반문하는 창호의 말을 통해, 순희는 국가의 보호를 받기는커녕
자신의 '몸'도 스스로 보호하지 못하는 '사막에 심겨지는 나무'처럼 미래
가 불안한 뿌리 뽑힌 소외된 존재임을 알 수 있다.

〈중경〉에서 쑤이는 매춘부를 집으로 끌어들인 아버지 때문에 경찰서
에 불려가고, 벌금과 구류를 면제하고 순순히 풀어준 경찰소장의 호의
에 대한 사례로 어쩔 수없이 자신의 '몸'을 허락한다. 소장의 애인이 되
는 것으로 공허한 자기 삶에 위안을 얻으려고 했던 쑤이는 그가 자신 말
고도 여러 명의 애인이 있다는 것을 알게 되면서 큰 허탈감에 빠진다.
또한 그녀는 아버지에게 '몸'을 판 매춘부를 경멸했지만 그녀와 자신이
다르지 않음을 알고 절망하면서 삶에 대한 열정을 상실한다. 즉 쑤이는

부패한 권력이 난무하는 탐욕스러운 도시에서 성적욕망의 희생자인 동
시에 가해자이며, '몸'이라는 기호로써 추구해야 할 올바른 가치가 상실
된 도시공간의 혼란성을 보여주고 있다. 또한 영화에서 매춘부들은 거
리에서 남성들과 자신의 '몸'을 흥정하는 장면도 등장하는데 이는 본래
의 건강성과 아름다움을 상실하고 교환가치로 전락한 성적행위를 통해
인물들 사이의 왜곡된 권력구조를 비판하고 성적억압에 시달리는 여성
서발턴의 비참한 삶을 보여준다.

〈두만강〉의 말을 하지 못하는 조선족여성 순희는 자신의 '몸'에 가해
지는 억압에 대해 한 치의 반항도 하지 않는 소극적이고 나약한 서발턴
이다. 할아버지와 창호가 집을 비운사이 말을 하지 못하는 순희는 탈북
자에게 강간당하고 임신까지 한다. 탈북자는 도망을 갔지만 그녀는 그
런 슬픔을 말도 하지 못한 채 묵묵히 견디면서 낙태수술도 과감하게 결
정하지 못하는 나약함을 보인다. 이를 통해 변방의 작은 모퉁이에서도
여성 서발턴의 '몸'은 성적억압에 시달리고 보호를 받지 못하며, 그러한
현실에 침묵함과 동시에 가려지고 만다.

장률은 영화에서 여성의 벗은 '몸'은 많이 보여주지 않은 대신 여성에
의해 벗겨진 남성의 무기력한 '몸'을 집중적으로 보여준다.[16] 장률의 의
도는 명확해 보인다. 중층적인 모순 속에 있는 여성 서발턴의 '몸'을 그
렸지만 그들을 폭행하고 성적으로 억압하려는 남성들의 벗은, 그 누추
한 몸을 통해 반성하게 만드는 것이다. 장률이 여성의 고난을 그린다고
해서 남성을 우월한 존재로 그리는 것이 아니라는 것은 분명하다.[17] 장

---

16) 〈망종〉에서 조선족 김씨와의 섹스장면에서 남성의 '몸'은 보여주지만 순희의
    벗은 '몸'은 노출시키지 않고 〈경계〉에서도 몽골인 남성과의 섹스장면에서 순
    희의 몸은 보여주지 않고 있다. 대신〈중경〉에서 나체로 도로를 활보하는 경
    찰소장의 '몸'을 보여주고 있다.

17) 강성률, 「떠도는 인생, 지켜보는 카메라-장률 영화의 디아스포라」, 『현대영
    화연구』, 2011, 106쪽 참조.

률영화에서 여성의 '몸'은 성적억압에 시달리지만 일정한 반항의 몸짓을 보이는 반면 남성의 '몸'은 폐쇄적이고 무기력하다. 장률은 이러한 여성/ 남성에 대한 대비를 통해 그는 기존의 권력체계와 문화질서를 강하게 비판한다. 동시에 억압에 시달리는 여성 서발턴의 '몸'에 대한 재현을 통해 교환가치로 전락된 불합리한 성적행위들을 비판함으로써 그 사회의 권력구도가 어떻게 작동하고 있는지를 정확하게 짚어낸다.

2) 연대의 저변으로부터 확대된 모성

19세기 중엽 인도의 가부장적인 지배구조에 맞섰던 찬드라라는 서발턴 여성의 저항과 다른 여성들과의 연대는 여성 서발턴의 주체화의 방식과 의미에 대하여 중요한 시사점을 제공한다. 카스트의 최하층 바지스 신분인 찬드라는 어떤 남성의 아이를 임신하게 되자 불법으로 임신한 여성의 출산을 금지하고 강제 추방하는 법에 맞서 낙태를 시도하고 주변의 여성들이 찬드라의 낙태를 도왔다. 이 사건에 대하여 서발턴 연구자 구하는 이 과정에서 찬드라는 결국 사망했지만 그렇게 함으로서 그녀와 다른 여성들은 남성들의 소유물이였던 자신들의 '몸'의 진정한 주인이 바로 자기들 자신임을 선언할 수 있었다고 평가하고 있다.[18] 이 사건은 억압에 시달리던 여성 서발턴이 자신들의 '몸'을 보호하는 과정에서 연대가 확대되고 모순적인 상황에 반항하며 스스로 주체화할 수 있는 가능성을 보여준다. 여성 서발턴 사이에 이루어지는 연대는 다른 관점에서 보면 모성이 확대되는 과정이기도 하다. 어머니가 된다는 것은 이상적인 의식의 차원에서는 충족, 발전, 해방을 의미하지만 현실적

---

18) 김택현, 「서발턴의 역사와 제3세계의 역사주체로서의 서발턴」, 『역사교육』 72 집, 1999, 114~115쪽.

인 경험의 차원에서는 결핍, 생존, 억압을 의미하기도 한다. 모성은 단지 자식에 대한 사랑이라는 본능적인 차원을 넘어서 한 여성이 자신의 생명을 포기하지 않고 삶을 지속시키게 하는 근원적인 힘으로도 나타난다. 장률영화에 등장하는 여성 서발턴에게 있어서 모성은 생존과 거의 동일한 의미를 지닌다. 극단의 절망적인 상황에서도 자신의 삶을 추동하고 지속시키는 힘으로 나타나기 때문이다. 장률영화의 서사구조는 모성 중심이며, 모성 지향적인 특징을 띠고 있다. 아버지의 존재는 사고로 죽음을 당해서 없거나, 부재하는 아버지를 대신해서 다른 인물이 등장하지만 삶에 별로 도움이 안 되는 형상으로 그려진다. 그에 반해 어머니는 부재하는 아버지로 인한 고통을 감내하면서 꿋꿋하게 살아가는 존재이다.

〈망종〉에서 최순희의 남편은 살인을 저지르고 감옥에 들어갔고 〈경계〉의 최순희 남편은 두만강을 건너 도주하는 도중에 경찰의 총에 맞아서 죽었으며 〈두만강〉의 순희 아버지는 두만강이 범람했을 때 순희를 구하고는 물에 밀려 내려가 세상을 떠났다. 이 세 영화의 부재하는 아버지를 대신하는 것은 어머니이며 그들은 자신이 겪는 민족적, 성적 억압에도 불구하고 부단히 주체로 일어서기 위한 노력을 멈추지 않는다. 남편 없이 아들과 함께 떠도는 것 자체가 생사를 건 싸움이고, 가장이 없다는 이유로 다른 남성들한테 성적으로 이용당하는 불합리한 현실 속에서도 삶을 포기하지 않고 생존을 유지하게 하는 힘은 바로 모성인 것이다. 스피박은 '다른 여성에게 어머니를 주기'라는 식수의 개념에서 인간에 대한 인간의 책임이라는 규정을 읽어내고 이를 여성이 역사를 위한 주체로서 지니는 책임의식과 연결시키기도 한다.[19] 때문에 연대의 저변

---

19) 태혜숙, 「탈식민주의적 페미니스트 윤리를 위하여- 가야트리 스피박과 프랑스페미니즘」, 『영어영문학』 43권 1호, 1997, 161~163쪽.

으로부터 확대된 모성은 여성이 역사의 주체로 될 가능성으로도 해석될
수 있는 것이다. 〈망종〉의 마지막에 아들 창호가 사고로 죽음을 당하자
순희는 쥐약을 버무린 김치를 왕경찰의 결혼식에 배달해 복수를 하고는
암흑 속으로 사라진다. 그녀는 자살하거나 역사 속에서 영원히 사라지
는 것이 아니라 다른 공간에서 주체로 되기 위한 노력을 멈추지 않을 것
이다. 그러한 모성은 〈경계〉의 순희에게서도 확인할 수 있으며 두 영화
의 어머니와 아들의 이름이 같은 것을 보면 서발턴 여성간의 모성이 연
대로 확대될 수 있음을 시사한다.[20] 이러한 연대는 순희가 계속해서 김
치장사를 할 수 있도록 도와주며 부조리한 현실과 모순, 비합리적이고
혼돈스런 세상에 반항할 수 있는 긍정적인 힘을 준다. 또한 〈경계〉의 순
희는 정주지가 아닌 몽골초원에서 항가이와 함께 절실하게 나무를 심는
것은 "그녀가 한국으로 들어갈 수 있다고"[21] 믿기 때문이다. 결국 장률영
화속의 여성 서발턴 순희는 역사 속에서 사라진 것이 아니라 억압의 저
변으로부터 확대된 모성을 통해 자신을 둘러싼 중층적인 모순에 굴복하
지 않고 몽골을 거쳐 계속해서 한국으로 나아가려는 새로운 주체화의
가능성을 가진 인물로도 볼 수 있다. 〈두만강〉에서 순희 엄마는 식구가
잘 살기 위해서는 자신이 한국에서 계속 돈을 벌어야 한다며 전화통화
를 통해 순희를 위로한다. 이로부터 〈망종〉과 〈경계〉의 순희가 중국을
지나 몽골을 거쳐 한국에 가려던 '꿈'이 〈두만강〉의 순희 엄마를 통해
실현되고 있음을 암시해준다. 즉 그들에게 있어서 한국은 삶을 지속하

---

20) 두 작품에 나오는 모자의 이름이 같은 것에서 장률감독이 의도하는 일종의
　　작품간 상호텍스트성을 읽을 수 있다. 비록 두 작품의 인물은 아무런 연관성
　　이 없는 전혀 다른 인물들이지만 이산의 피해자인 여성으로서의 공통점을 갖
　　고 있다. 이에 대해 육상호(167쪽)는 "공간은 다르지만 두 녀인 모두 동아시
　　아 디아스포라의 보편성을 공유하고 있다"고 분석하고 있다.
21) 김영진, 「변방의 중심의식, 〈경계〉」, 『'작가'가 선정한 오늘의 영화』, 작가, 2008,
　　12쪽.

기 위한 경제적 조건을 제공하는 공간이자 모성의 확대를 통한 주체복
원 가능성을 실현하기 위한 공간으로도 그려진다.

모성 이데올로기란 여성의 위치는 가정이며 가정에서 여성의 임무는
가족 구성원을 돌보고 이들에게 정서적 안정을 제공하는 것이라는 사회
적 통념을 말한다. 여성의 이런 역할은 성별분업이라는 맥락 속에서 정
당화되며 결혼한 여성이라면 가사노동, 자녀의 양육과 교육의 전 과정
에 대한 책임을 떠맡아야 한다는 것이다. 모성 이데올로기는 가정 내에
서 여성의 책임이 정신적 육체적으로 힘든 일이라는 점이 은폐되며 여
성을 가족이라는 영역에 묶어두어 고립화시킨다는 점에서 문제가 된
다.22) 그러나 장률이 그리고 있는 여성 서발턴의 삶에서 발견되는 모성
은 결코 여성이라면 누구나 다 가지고 있는 본능으로서의 모성만을 가
리키는 것이 아니다. 그것은 모성 이데올로기를 넘어서고 서발턴 여성
의 삶을 지속시켜줌으로써 이후 그들이 어머니가 아닌 또 다른 주체가
될 수 있는 과정을 준비하는 것이다. 즉 연대의 저변으로부터 확대된 모
성을 통해 얻은 에너지로 스스로를 주체화 할 수 있는 가능성을 열어간
다는 점에서 주목된다.

4. 서발턴의 재현을 통한 의미의 추구

1) 주체적인 서발턴의 가능성과 해방

장률의 영화에서 서발턴은 그들을 둘러싸고 있는 국가, 민족 그리고
성별의 지배와 억압 속에 존재하면서 침묵하고 있는 것처럼 보이지만

---

22) 유진월,『영화, 섹슈얼리티로 말하다』, 푸른사상, 2011, 22쪽.

오히려 그러한 지배에 틈새를 만들고 그를 통해 주체복원의 가능성을 마련할 수 있는 존재로 나타나기도 한다.

장률영화에서 언어는 주체적인 서발턴의 가능성과 해방을 열어가는 매개체라고 볼 수 있다. 베네딕트 앤더슨은 활자언어의 출현으로 인쇄물을 통하여 연결된 동료 독자들은 세속적이며 눈에 보이지 않는 특정의 민족이라는 상상공동체의 싹을 형성하기 시작했다고 말한다.[23] 언어는 단순한 소통의 수단일 뿐만 아니라 자아와 타자를 구분하는 표징이기도 하다. 〈망종〉에서 최순희 모자는 이중언어를 사용해야 하는 상황에 놓이게 된다. 순희는 언어소통에 있어서 피동적 '듣기'가 아니라 능동적 '말하기'의 중요성을 절감하고 있다. 때문에 최순희는 낮에는 거리에서 김치를 팔고, 저녁이면 돌아와서 김치를 담그는 고단한 생활 속에서도 아들에게 '조선말'을 배우도록 요구한다. 그러나 아이가 밖에 나가 어울려 말을 섞는 친구들이나 이웃들은 모두 중국말을 한다. 조선족 거주 지역이 아닌 곳에서 순희가 일상생활에서 쓰는 언어는 중국어지만 집에 돌아와서 유일한 가족인 아들과 사용하는 언어는 '조선말'이다. 보다 시피 최순희는 아들과 '조선말'로 교류하는 것을 통해 끊임없이 정체성을 지키려고 노력하며 능동적 '말하기'를 통해 주체복원의 가능성을 열어가고 있음을 알 수 있다.

침묵 즉 언어의 부재는 언어활동이 원활하게 이루어지지 않는다는 것이다. 이와 같은 언어활동의 어려움은 다양한 사회문화적 관계를 형성하고 주체로 되기 위한 과정에서의 어려움도 의미한다. 장률 영화 속 서발턴은 비극적인 삶을 살아가며 침묵으로 세상과 소통하고 침묵의 끝에야 자신의 목소리를 낸다. 이를 통해 침묵하고 있는 서발턴의 삶에 묻혀 있는 담화의 깊이와 복잡성을 가히 짐작할 수 있으며 침묵 속에서 멸망

---

23) 베네딕트 앤더슨, 윤형숙 역, 『상상의 공동체』, 나남출판, 2002, 73쪽.

하지 않기 위해 침묵의 끝에서 절망과 맞서야 하는 모습도 보여 진다. 병은 몸으로 보여주는 항의이다.[24] 때문에 실어증, 침묵, 신경질, 짜증, 초조, 불안, 분의 표출 등도 몸으로 보여주는 항의가 될 수 있다. 〈망종〉의 순희는 자신을 배신했다고 생각되는 왕경찰의 결혼식에 쥐약을 섞은 김치를 배달해 분노의 복수를 하고, 〈경계〉의 순희는 칼로 양을 찔러 죽임으로써 항가이의 성적요구를 명확히 거부한다. 그리고 〈중경〉의 쑤이는 경찰소장의 총을 훔치는 것으로써 내심 속에 쌓였던 분노를 표출한다. 이는 그들이 그 이전에는 한 번도 자신의 감정이나 욕구를 직접적으로 표면에 드러낸 적이 없었다는 사실과 대조되면서 내면에 숨겨져 있었던 침묵의 폭발로 느껴진다. 〈두만강〉의 순희는 아버지가 세상을 뜬 충격 때문에 말을 잃어서 늘 침묵으로 소통해야만 했는데 마지막에 낙태를 하는 장면에서 언어를 회복하며 침묵을 깨버린다. 순희는 창호의 이름을 목청껏 부르면서 자살하는 동생 창호의 아픔을 자신의 목소리로 절규한다. 그러한 모습을 본 의사는 할아버지에게 순희가 어떻게 벙어리냐며 거짓말하지 말라고 한다. 침묵의 끝에서 낸 절규는 현실의 부조리에 대한 항의이며 인간의 고통과 아픔을 치유하려는 해방의 호소이다. 이처럼 장률영화의 서발턴은 때로는 비참한 현실에 대해 침묵의 끝에서 항의하는 방식으로 극복하려 노력하면서 주체복원의 가능성을 열어가고 있다는 점에서 해방의 의미에 근접한다.

마지막으로 장률영화에 등장하는 기타 서발턴들을 보자. 물질적 풍요와 도덕적 타락이 복합되는 〈중경〉에 등장하는 여러 주민들은 중경이라는 도시에서 배제되어 있고 자신의 땅과 집을 빼앗기고 다시 변두리 역으로 쫓겨날 위기에 처한다. 그러나 그들은 손을 놓고 앉아 있는 것이

---

24) Susan Bordo, 조애리 역, 「몸과 여성성의 재생산」, 『여성의 몸, 어떻게 읽을 것인가』, 한울, 2001, 128쪽.

아니라 자신의 "땅과 집을 돌려 달라"고 시위하면서 반항하려는 자세를 보이고 개인적 항거보다는 집단적으로 뭉쳐서 삶의 터전을 찾아 주체성을 확보하려는 노력을 멈추지 않는다. 쑤이가 강의시간에 흑판에 "내일은 더욱 밝을 것이다(明天会更好!)"라는 문구를 적으면서 수업을 마침으로써 연대를 통한 여성 서발턴들의 주체복원 가능성과 해방을 암시해준다. 영화 마지막에 "민중이여 해방의 깃발아래 서자"라며 울러 퍼지는 〈국제가〉는 영화에 등장하는 주민을 포함한 전 세계 서발턴들의 주체복원과 해방에 대한 간절한 외침이며 진정한 자유와 평등을 쟁취하기 위해 정의롭게 맞서서 투쟁하며 자신의 터전을 끝까지 지켜 이 땅의 주인으로 되겠다는 강한 결의가 내포되어 있다.

2) 장률의 '말 걸기'와 '말하기'

자기 스토리를 말하는 것이 정치적 행위주체를 만드는 전제이고 공공적인 공간에서의 유의미한 말하기가 정치적인 것이라면, 정치적으로 종속적인 지위에 있는 서발턴은 말할 수 없는 위치에 있는, 발화의 권리를 박탈당한 자를 말한다. 그렇다면 서발턴이 종속적인 위치에서 벗어나 정치적 주체가 되기 위해서는 자기 스토리를 자기 언어로 말할 수 있어야 한다.[25] 즉 공공적인 공간에서 유의미하게 말할 수 있는 지위와 권리를 회복함으로써 서발턴은 정치적 세계에 자기를 개입할 수 있게 된다. 이로부터 서발턴은 말할 수 있어야 한다는, 말해야 한다는 당위성이 제기된다. 기억하고 기억되기 위해서는, 고통스러운 경험을 극복하고 주체로 되기 위해서 서발턴은 말해야 한다. 그렇다면 서발턴들이 자신의

---

25) 김애령, 「다른 목소리듣기: 말하는 주체와 들리지 않는 이방성」, 『한국여성철학』 제17권, 2012, 42쪽.

조건에 대해 잘 알고 말할 수 있는가 하는 스피박의 물음이 제기되며 그 낮은 가능성을 장률영화에 나타난 서발턴의 재현양상과 재현방식을 통해 확인할 수 있다. 장률영화에 등장하는 서발턴은 대부분 문화지식이 낮고 불합리한 현실사회구조를 제대로 인식하지 못한 인물들이다. 때문에 장률은 영화라는 매체를 통하여 경계에 위치한 서발턴들의 삶에 주의를 기울여 그들과 말을 걸어주고, 말을 하려고 했음을 알 수 있다.

〈경계〉에서는 사막과 초원이 경계를 이루는 몽골지역을 배경으로 탈북자 모자와 잠시 만나 함께 지내는 몽골 유목민 남자를 중심으로 정치적으로는 탈북자 문제, 사회적으로는 개발의 진행과정에서 환경파괴 문제를 다루면서 국가와 민족 경계 내에서 서발턴들이 처한 어려운 상황을 보여주며 어떻게 타개해 나가는지를 사고하게 한다. 〈중경〉에서는 급속도로 발전하는 중국의 대도시 중경을 배경으로 성적인 욕망과 물질적인 향락이 충돌하는 공간에서 다양한 인물들을 통해 파괴되고 해체되어 가는 서발턴들의 삶을 그렸다. 이 영화는 깊은 절망이 희망의 근거라는 사실을 역설적으로 보여주는 작품이기도 하다. 인구 3000만 명의 대도시를 배경으로 한 〈중경〉이 인간들의 욕망으로 끓어 넘치는 폭발직전의 공간을 그렸고 마지막 작품 〈두만강〉을 통해 중국조선족의 정체성에 대한 이해의 폭을 넓혀가는 소통의 장을 열고 있으며 조선반도의 민족통일을 이룩하는 과정에서 연변조선족 역할의 중요성을 인식하게 한다. 총적으로 지식인 장률의 '말 걸기'와 '말하기'를 통해 변두리에서 살아가고 있는 서발턴들의 삶을 가치를 재발견하게 된다. 특히 전 지구적 자본화와 더불어 더욱 가속화 될 수밖에 없는 현재 상황을 생각해볼 때, 서발턴의 문제는 특정된 국가, 민족 집단만의 문제가 아니라 세계적인 차원에서 지속되는 보편적인 삶의 문제로 확대됨을 보여준다. 장률영화는 바로 소수자로서의 서발턴의 삶을 재현함으로써 그들을 담론의 장으로 이끌어 가기에 큰 의의와 가치를 남겨준다.

　장률은 시각적인 장의 재현을 통하여 왜곡되고 침묵과 배제를 강요당했던 서발턴의 목소리를 되살려 내려는 노력을 멈추지 않는다. 조선족, 탈북자, 여성, 유목민, 이주노동자들의 삶에 있어서의 고통과 황폐함의 이미지는 장률의 카메라를 통해 전 세계를 유랑하며 서발턴의 이미지로서 전시된다. 물론 말을 걸고 개입하는 과정에서 서발턴들이 침묵하는 모습을 통해 '말 걸기'와 '말하기'의 개입이 쉽지 않으며, 지식인과 서발턴의 연대가 단기간에 이루어질 수 있는 문제가 아님을 보여준다. 이 과정에서 지식인들이 해야 하는 역할은 서발턴들이 자신의 처지를 정확하게 깨닫고 주체복원 가능성과 해방을 위해 노력할 수 있도록 도와주는 든든한 조력자가 되여야 할 것이다. 여기서 지식인을 통한 재현은 서발턴의 목소리를 있는 그대로 복원하자는 것이 아니다. 그들의 의식에서 미결정적인 부분들, 말해지지 않는 부분들, 침묵과 간과의 지점들을 데리다의 차연처럼 읽어낼 필요가 있다고 스피박은 『서발턴은 말할 수 있는가』에서 강조했다.[26] 또한 스피박은 "서발턴이 말을 할 수 없다는 것이 결코 그들이 자신의 경험과 정치요구를 표현할 수 없다는 말이 아니며 말을 한다고 해도 서발턴의 목소리가 지배적인 담론에 의해 은폐되거나 왜곡되어 진정한 목소리를 낼 수 없기에 부득불 종속적인 지위에 처할 수밖에 없다"고 말한다. 때문에 지식인의 '말걸기'와 '말하기'의 과감한 시도를 통해 서발턴을 담론의 장으로 끌어들임으로써 서발턴 이론과 그 실천의 궁극적 목표인 서발턴들의 주체복원과 해방에 접근할 수 있다고 본다.

---

26) 태혜숙, 『한국의 탈식민지 페미니즘과 지식생산』, 문화과학사, 2004, 94쪽.

5. 서발턴의 주체복원 가능성

본 논문은 장률영화에 나타난 서발턴을 탈식민주의 페미니즘이라는
확장된 이론의 틀에서 살펴보았다. 장률영화에는 조선족, 탈북자, 여성,
로인, 매춘부, 이주노동자 등 다양한 서발턴들이 등장한다. 이는 세계화
의 물결 속에서 경계에 위치한 조선족, 탈북자, 여성 등 서발턴을 통해
지속적으로 재생산되는 서발턴의 문제를 확대시켜 보도록 요구하며 오
늘날 세계가 공유해야 할 보편적인 문제를 제기한다. 이러한 이질적인
서발턴들의 차이에 입각한 재현양상과 재현방식 및 그 의미를 파헤쳐
보는 것은 이들을 둘러싸고 있던 중층적인 모순들을 해체하고 새로운
주체화의 가능성을 가진 서발턴들의 반항의 지점을 발견하려는 시도였
다.

산업화가 국제적으로 노동력 이동을 보편화하는 양상과 마찬가지로
중국 안에서의 노동력 이동도 본격화되면서 1990년대 이전 주로 조선족
공동체 안에서 거주하던 중국조선족은 조선족 공동체를 떠나 도시지역
으로 이주하게 된다. 마찬가지로 디아스포라를 경험하는 갈등의 서발턴
문제가 장률감독의 영화에서 조선족, 탈북자, 여성 등을 재현하면서 민
족, 국가로의 귀환을 꿈꾸는 서발턴의 삶이 세계차원에서 지속되는 디
아스포라로 해석될 수 있다. 장률은 역사, 현실의 변화에 따라 디아스포
라를 경험할 수밖에 없는 갈등의 서발턴을 통해 비록 정주하지 못하고
떠돌며 불안한 삶을 살아가지만 거주지역의 사회 문화적 상황에 적응
또는 저항하려는 경계인의 모습을 보여준다. 또한 경계에서 억압받고
소외된 서발턴들이 자신이 겪는 고통에도 불구하고 주체로 일어서기 위
해 반항하는 모습을 재현함으로써 가려지고 은폐된 서발턴의 주체복원
가능성을 재조명하고 있다.

장률영화속의 은폐된 여성 서발턴은 성적억압에 시달리는 '몸'과 연대의 저변으로부터 확대된 모성을 통해 재현된다. 성적억압에 시달리는 여성 서발턴의 '몸'을 통해 그 사회와 지역이 품고 있는 민족적 이질감, 차별, 역사적 상처 등을 상징적으로 표현하며 한 사회의 권력구도가 어떻게 작동하고 있는지를 정확하게 짚어낸다. 또한 장률영화에서 여성 서발턴의 모성은 모성 이데올로기를 넘어서고 이상적인 차원에서 현실을 타개해 나가는 양상을 확인할 수 있으며 연대의 저변으로부터 확대된 모성은 서발턴의 궁극적인 목표인 자유와 해방의 주체로 나아가는데 긍정적인 힘을 심어주는 것으로 나타난다.

침묵을 강요받는 서발턴을 담론의 장으로 이끌어 진정한 주체로 되게 하려면 지식인들의 '말 걸기'와 '말하기'가 과감하게 시도되어야 한다. 그러한 의미에서 장률은 지식인으로서 영화를 통해 서발턴의 삶을 리얼하게 재현하고 그들과 소통할 수 있는 담론의 장과 다원 공존의 장을 열어가고 있음을 분명히 느낄 수 있었다.

제9장 8.15 '해방' 인식에서 보는
재일조선인의 양면가치성

피식민지의식의 연속과 변용, 그 극복을 둘러싸고

리영철*

1. 재일조선인과 '해방'

1945년 8월 15일을 일본 땅에서 맞이한 재일조선인들에게 있어서 식민지 지배로부터의 '해방'이란 과연 어떤 경험이었을까.

정영환은 재일조선인에게 있어서 '8.15해방'의 기억은 분열되어 있으며 처음부터 '해방'을 기억하는 것 자체가 곤란했다고 지적하였는바[1] 실제로 당시 일본에 잔류하고 있었던 조선인들 가운데에는 해방의 기쁨에 들끓었던 반면에 이와 상반되는 심리와 행동이 여러 면에서 동반되어 있었다는 것은 이미 알려져 있는 사실이다. 식민지주의의 폭력은 '8.15'

---

* 일본 조선대학교 교수.
1) 정영환, 「재일 조선인의 기억과 망각」, 『8.15의 기억과 동아시아적 지평』, 도서출판 선인, 2006.

를 그저 있는 그대로 환희할 '해방'으로서 인식되지 않았을 정도로 조선인들로 하여금 심각한 트라우마를 심게 한 체험이었다.

본고는 '8.15'를 조선인들에게 있어서 양면가치적인 체험으로 간주하고 조선인이 당한 트라우마로서의 피식민지의식이 어떻게 '해방' 후에도 연속, 변용되어갔던가에 대하여 생각해본다. 식민지지배의 트라우마는 '해방'후에도 계속 '미해방'상태의 연속으로서 갖가지 심리와 행동으로 나타나고 있었고 또 탈식민지주의 실천으로서의 '해방'후 재일 조선인의 운동과 생활은 어느 면에서는 식민지지배의 트라우마 체험과 그 극복의식이 동기로 되어 있었다고 볼 수가 있을 것이다.

나아가서 그러면 '그 트라우마를 어떻게 극복하려고 하였는가?'라는 문제의식에 대하여 본고에서는 김사량의 문학과 행동을 실마리로 하여 생각해보려고 한다. 해방 전후에 걸쳐 조선과 일본을 이동하였고, 조선어와 일본어의 사이에서, 식민지지식인과 민중들과의 사이에서 정신적 격투를 하였으며, 드디어 해방공간인 항일투쟁과 조국 땅에서, 그리하여 마침내 6.25전쟁에 이르기까지 김사량을 몰아갔던 것은 과연 무엇이었던가. 그 문학과 행동이 계속 제기하는 물음으로부터 피식민지의식의 극복에 대하여 생각해보고자 한다.

2. '해방' 인식의 양면가치성—식민지주의의 트라우마

코바야시 토모코(小林知子)는 "8.15란 재일조선인 중의 많은 성인들에게 있어서는 일본으로부터 조선이 해방된 날로서 감회와 함께 맞이된 날 이었으나, 당시 황국신민화 교육을 받고 자란 청소년들의 심정은 복잡하였다. 기쁨에 찬 어른들 앞에서 얼른 그와 같은 해방에 대한 실감이 나지 않았었다는 회상도 적지 않는다."[2]고 지적하고 있다. 일본의 식민

지지배는 "재일조선인의 정신에 대한 직접적인 폭행"3)으로서 그 트라우
마는 조선인의 내면에 깊이 새겨짐으로써 해방전후 조선인들의 인식과
행동, 생활과 운동 등 여러 측면에서 연속되었다. '8.15'를 '해방'으로 인
식하지 않게 했던 트라우마에 대하여 여기에서는 특히 황국신민화와 간
토대지진 당시 조선인학살에 대하여 생각해보겠다.

황국신민화로 인해 완전히 군국소년, 황국소년이 되어 '8.15'를 '해방'
이라고 도저히 간주할 수 없었던 조선인의 사례는 수없이 존재한다.4)
이와 같이 '내면된 일본', '내면화된 천황제'를 도려내려고 하는 재일조
선인의 시도가 문학의 영역에서,5) 또한 조선근대사·재일 조선인사 연
구의 입장에서부터 진행되었다. 박경식의 『天皇制國家와 在日朝鮮人』(1976
년, 증보개정판 1986년)에 대해 신창우는 이 책이 다룬 '내면화된 천황
제'란 문제에 특별히 주목하여, 박경식이 근대주의적 역사관의 틀거리에
사로잡히면서도 한편으로는 저항하지 못했던 민중의 고투에 대하여 계
속 집착하였다는 점을 중요시하고 있다.6) 신창우는 "(박경식 자신에게

---

2) 小林知子, 「未濟의 帝國解体」, 『帝國의 戰爭経驗』, 岩波書店, 2006.

3) 梶村秀樹, 『梶村秀樹著作集 第6卷 在日朝鮮人論』, 明石書店, 1993.

4) 일본의 패전을 고했던 천황 히로히토의 '玉音放送'을 듣고 눈물을 흘렸다는 李
  丞玉이나 琴秉洞의 증언, 패전을 한탄하여 조선인에게 군사훈련을 안 시킨 채
  전쟁을 시작했다고 아쉬워했던 군국소년 등. 그러나 그 내면에는 갖가지 굴
  절과 갈등이 존재하고 있었다. "물론 일본이 전쟁에 지고 아쉬웠다고, 억울해
  서 울었던 것이 아니다. 이제 전쟁터에 나가서 죽자는 나의 목적이 영원히 사
  라져버렸다. 그 슬픔으로 울었던 것이다."(朴四甲), '(전쟁에 나가)죽으면 조선
  인과 일본인이 동등해진다. 그래서 그 누구보다도 훌륭히 죽고 싶었다.'(「愛國
  者」, 『朝日新聞』, 1990.8.7./尹健次, 『思想体驗의 交錯』, 岩波書店, 2008)등의 증언
  에는 스스로 황국신민화한 것은 차별에서 벗어나기 위해서였던 것이며 그러
  한 정신상태자체가 '사실은 황민의 내면화를 진짜로는 못하고 있었다는 시사'
  로서 얼핏 보기에 자발적인 군대에로의 지원도 그 속에는 갖가지 갈등이 있
  었다고 볼 수 있다.(趙景達, 『植民地期朝鮮의 知識人과 民衆』.).

5) 吳林俊, 『記錄없는囚人─어느朝鮮人戰中派의精神史』, 三一書房, 1969; 『朝鮮人속
  의 '天皇'』, 勁草書房, 1972; 安宇植, 『天皇制과 朝鮮人』, 三一書房, 1977.

있어서) '내 속에 있는 천황제'를 이상주의적인 '민족의식'으로부터 되물어보는가, 아니면 가혹한 상황 하에서의 만만치 않았던 조선민중의 생존방식의 하나로서 평가하겠는가 라는 문제에 둘러싸여 서로 통일하지 못하는 고민의 흔적"을 짐작하고 있다.

이와 같은 식민지주의의 트라우마 그자체인 황국신민화된 조선인의 갈등, 또 박경식의 '통일하지 못하는 고민'은 '8.15해방' 후의 미해방 문제로서 오늘까지 연속되고 있는 극복과제로서 물어야 할 것이다.

민중차원에서는 '가혹한 상황 하에서 만만치 않았던 조선민중의 생존방식'으로서 소박한 소극적 저항은 여러 면에서 존재하였으며 그 생활지상주의적인 지향에서 나오는 복종과 저항 또한 해방 후에 확실히 연속되었다고 볼 수가 있다. 하지만 무엇보다도 여기에서는 저항하지 못했던 상황에서 조선인들이 취한 태도 및 폭력으로 인한 트라우마와 그 반복, 연속에 대하여 1923년 9월 '간토대학살[7]의 체험과 기억에 대하여 보겠다.

정영수의 최근 연구[8]에 따르면 간토대학살을 피하려고 취한 조선인들의 '피신'의 형태는 〈① 숨다, ② 도망치다, ③ 그 자리에서 움직이지 않는다(움직이지 못한다), ④ 일본인인 척을 한다〉라고 정리되며, 이러한 '피신'은 많은 경우 일본인 민중들과 군경들에게 '포위'되고 말았다고 한다. 간토대지진 이후 일본사회의 복류에는 폭력과 학살이 항상 대기

---

6) 愼蒼宇, 「朝鮮人의 '내면화된 天皇制' 再考 -書評 朴慶植『天皇制國家와 在日朝鮮人』」, 『前夜』, 2007.

7) 鄭榮桓, 「在日朝鮮人의 形成과 '關東大虐殺'」(趙景達 編, 『植民地朝鮮』, 東京堂出版, 2011) 및 鄭永壽에 따라서 '간토대학살'이란 용어를 사용한다.

8) 鄭永壽,「『關東大虐殺』의 트라우마적 체험과 그 행방-在日朝鮮人의 証言을 中心으로」(후에 「關東大震災時의 虐殺事件에 인한 트라우마적 體驗과 그 행방-재일조선인의 구술자료를 중심으로-」, 『Quadrante』 No.17, 東京外國語大學海外事情研究所刊, 2015.3로 발표됨) 정영수는 일반적인 '피난'이란 말이 아니라 '피신(避身)'이 더 적절하다고 하였다.

상태에 있었으므로 이후 도쿄, 오사카 대공습 때나 원자폭탄 투하 이후의 상황 등 여러 계기들에 나타난 유언비어를 접하면서 조선인들은 공포에 사로잡혔다. 이렇게 되어 간토대학살의 트라우마는 장기적으로 반복되면서 해방 후 조선인의 심리와 행동양식으로서도 연속, 되풀이되었다고 한다.

실제로 '8.15해방'은 간토대학살에 대한 공포의 기억 및 그 트라우마적 반응을 동반하였다. 일본인의 폭력을 무서워하다가 해방의 기쁨[9]이나 혹은 조선인이라는 사실 그 자체를 감춘다는 행위[① 숨다(감추다)], 조선인학살의 소문(실제로 패전직후 일본에서는 조선인살상사건이 다수 발생했다)에 대한 공포 때문에 즉시 조선에 귀환한 사람들[10]의 심리와 행동이자, 조선으로의 귀환이 바로 일본으로부터의 도망, 탈출 그 자체였다는 것을 말하여 준다 (② 도망치다). 한편 거꾸로 불안과 혼란, 위구심으로 하여 계속 일본에 머무는 경우[③ 그 자리에서 움직이지 않는다(움직이지 못한다)], '① 숨다(감추다)'와 표리가 되어 언어, 이름, 복장까지 일본인인 것처럼 꾸민대[④ 일본인인 척을 하다]. 이렇듯 '피신'의 4유형은 '해방' 직후에도 반복되었던 것이다.

이와 같은 트라우마적 반응은 또한 적극적으로나 소극적으로나 친일적 행위나 일본에 스스로 동화하려는 심리형성에도 작용했을 가능성도 있었을 것이다. 도망이나 은폐와 같은 행위는 한편으로는 소극적 저항이라고 간주할 수도 있겠지만 또 다른 한쪽으로는 조선인이라는 것을 감추고 '일본인인 척'을 하는 행위이자 조선인 민중이 할 수 없이 스스로를 일본인화 시켜나가는 태도라 볼 수도 있다. 이는 나아가서 '해방'후에

---

9) 琴秉洞編, 『關東大震災朝鮮人虐殺問題關係史料 I　朝鮮人虐殺關連兒童証言史料』, 「후기」, 綠陰書房, 1989.

10) "기쁨과 공포심과 해방된 조국의 그리운 모습을 하루빨리 보고 싶어서 높뛰는 가슴으로 下關로 향했다" 河宗煥, 『朝連一般情勢報告』, 1946.10. 밑줄은 인용자.

도 조선인이 더욱 적극적으로 일본사회로 동화되어나가려고 하는 심성
으로 연속, 변용되었다고도 말할 수 있지 않을까 싶다.

이처럼 '8.15해방' 당시 일본에 재류하던 조선인의 내면세계와 행동에
는 황국신민화로 인한 갖가지 갈등, 학살의 공포와 트라우마가 연속되
고 있었으며, 따라서 '해방'후 재일조선인의 탈식민지화 프로세스에 대
해 이해하는 데 있어서 이와 같은 트라우마를 어떻게 극복하겠는가 하
는 과제가 내포되어 있었다는 관점이 요구될 것이다. 그런데 그 탈식민
지화는 조선반도의 분단 상황과 더불어 패전 후 일본 및 미점령당국의
제 정책들로 인하여, 말하자면 또다시 '포위'되어 저해되는 역사가 전개
되었다.

3. 트라우마의 연속과 변용, 그 극복으로서 지향된 '조국'

1990년대 이후 국민국가 비판, 내셔널리즘 비판의 고조나 이른바 '다
문화공생'론의 문맥에서, 일본에서의 식민지 연구 특히 조선사 연구에
있어서 '민족' 또 '(지배에 대한 대항)폭력'을 해체하려는 경향이 심해지
고 있는 듯이 보인다.[11] 재일조선인의 '조국지향 내셔널리즘'을 상대화
하고 이를 왕왕 부정적으로 바라보는 한편으로는 재일조선인의 생활사,
사회사의 관점이 강조되었다.[12]

이와 같은 관심과 연구성과들을 그대로 인정하면서도 조경달이 지적
하듯[13] 그러한 연구동향은 재일조선인 민중 내부에서 일상적으로 관찰
되는 일본에 대한 숨겨진 적의나 저항의식, 해방 열망에 대한 관심이 덜

---

11) 愼蒼宇, 「民族'과 '暴力'에 대한 想像力의 衰退」, 『前夜』 第2号, 2005.1.
12) 外村大, 『在日朝鮮人社會의 歷史學的研究 形成·構造·変容』, 綠陰書房, 2004.
13) 趙景達, 『植民地期朝鮮의 知識人과 民衆』, 有志舍, 2008.12.

되게 되며, "기껏 민중의 심성분석은 하여도 그것이 민중의 운동에로 이어져가지 않는다." 조경달은 또한 "민중과 지식인의 생활의식이나 이상은 언제나 일치되는 것이 아니었다. 그럼에도 불구하고 재일사회의 압도적 다수가 이남 출신이면서도 재일본조선인연맹(약칭 조련)의 공산주의 지식인들의 지도를 받아들여 북에 성립한 이북정부를 지지하게 된 까닭이 어디에 있는가를 알아볼 필요"가 있다고 지적하고 있다.

가지무라 히데키가 이미 지적하였듯이 재일조선인 운동은 "조선 본국에서의 민중의 운동과 어떻게 해서든지 의미를 찾아 일체화"하려는 과제와 "일본에서의 갖가지 차별과 억압 속에서 생활해야만 했던 조건에서 기본적인 생활권을 지킨"다는 "이중의 과제를 항상 동시에 추구하는 형태로 진행되어야만"[14] 했다. 코바야시 토모코가 무엇보다도 "재일조선인과 조선반도, 그리고 일본사회 사이의 관계를 둘러싼 문제는 본래 '조국지향'이냐 '재일지향'이냐, 또는 일본으로 '동화'하느냐 라면서 이중의 어느 하나만을 선택하게 하거나 이것들을 서로 대립적으로 대하여서는 안 됨"[15]다고 지적하고 특히 6.25전쟁 시기 재일조선인의 '조국'인식을 "탈식민지를 지향하는 민족해방형 내셔널리즘"이라고 한 그의 규정[16]은 하나의 중요한 시각을 이룬다.

정영환 또한 '해방'후 재일 조선인운동은 식민지 지배로부터의 탈각(탈식민지화)이란 기제와 독립국가건설(국민화)이란 기제의 두 가지 요소가 존재했다고 하면서, 그와 더불어 조국으로의 귀환 원조, 생활안정 등의 비정치적 활동과 정치범 석방 등의 정치적 운동을 구별하는 경향

---

14) 梶村秀樹, 『解放後의 在日朝鮮人運動』, 1980.

15) 小林知子, 「在日朝鮮人의 '多樣化'의 一背景」, 『東아시아와 日本社會』, 東京大學出版會, 2002.

16) 小林知子, 「在日朝鮮人의 '歸國'과 '定住'」, 『岩波講座 東아시아近現代通史 〈7〉 아시아諸戰爭の時代 1945~1960年』, 岩波書店, 2011.

을 비판하고 탈식민지화를 위한 운동으로서 양자를 동일한 지평에서 다루어야 함을 지적했다[17].

이상의 담론은 '해방'후 재일조선인 운동에서 보이는 '이중의 과제'의 상관관계에 대하여 밝혀야 함을, 또한 운동의 차원과 민중의 생활주의적인 인식과의 차이가 어떻게 서로 연동되고 접합되어갔던가, 혹은 접합되지 못하였는가 라는 문제에 관심을 돌릴 것을 제기하고 있다.

이 담론에 입각하면서 본고에서는 '8.15'전후 앞에서 본 바와 같은 황국신민화, 폭력의 트라우마의 연속, 변용으로서, 또 더불어서 그 극복과 제로서 지향되는 '조국', 그리고 자기해방, 일본에 잔류하던 조선인들의 운동과 생활에 대하여 생각해보겠다. '8.15' 이후 조선인들의 탈식민지화 과정에서 이념화되어 지향하게 되었던 '해방인민', '민족', '새 조선'이란 이상은 그저 이른바 정치주의적인 구호였던 것이 아니라 경제적인 동기, 생활주의적인 요소들이 동시에 동반되어있었을 뿐만이 아니라 식민지시기에 당한 폭력에 대한 트라우마가 연속하여 작용되어 있었다고 볼 수가 있다.

먼저 황국신민화, '친일' 그 자체를 하나의 심각한 트라우마로 간주한다면, '내면화된 천황제'를 사상적으로 도려내는 작업에 앞서 운동의 차원에서 조련의 지도층이 주장했던 천황제의 타도와 일본의 민주화란 과제는 일본의 민주화를 단순히 목적화 하고 있었다기보다는 천황제의 존속을 군국주의 및 '실지회복(失地回復)'으로서의 조선에 대한 재침략, 재식민지화의 위험과 그 방지라는 의미에서 인식되어 있었다.[18] 이 사실 자체가 큰 범위에서 보면 그야말로 피식민지 체험의 트라우마가 운동의

---

17) 鄭榮桓, 「在日朝鮮人의 形成과 『關東大虐殺』」(趙景達編, 『植民地朝鮮』, 東京堂出版, 2011.)

18) 鄭榮桓, 위의 글.

동기 밑바탕에 깔려있었다고 말할 수 있을 것이다.

한편 예컨대 작가 고사명은 자신의 해방 직후의 심정을 자전적 소설19)에서 "나에게는 그 기쁨이 없었다. …(중략)… '해방'이라고 기뻐하는 어른들의 심정을 도저히 이해하지 못했었다. '무엇이 무엇으로부터 해방되었단 말인가!' 하며 나는 자꾸만 마음속으로 토하듯이 느끼지 아니할 수 없었다. '술만 처먹고 갑자기 기세를 마구 부리고 말이야!'라고 생각했다"고 쓰고 있다. '해방'을 맞이하자마자 나타난 성인층의 '변신'의 모습들은 조선반도에서나, 일본에서나 마찬가지였다. 일본에서도 "급조 애국자, 우국지사들이 굉장한 기세로 나타나"20) 나아가서 친일협력자, 친일파들이 오히려 민족조직의 활동가로서 나타나게 되었던 상황21)이 있었다. 그런데 조선인 민중의 해방의 기쁨과 애국적 행동은 식민지시기 일본사회로의 굴종이나 협력 뒤에서 억압되면서 잠복하였던 해방열망의 감정의 폭발22)이라고 이해할 수 있는 한편으로, 일본에 재류했던 조선인의 '8.15'에 대한 대응에서 특징적이었던 경향으로서 친일파 혐의에 대해 지나칠 정도로 경계심을 드러내고 있었다고 정영환은 지적한다.23) 일본에 재류하였다는 그 사실만 가지고서도 과거 대일협력자로 낙인찍히고 장래 조선인의 신분결정에 있어서 심대한 손상이 빚어지게 될세라 위구하였던 활동가들이 조선반도로부터 저들을 그렇게 바라보는 눈길을 과잉하게 의식했음으로 하여 탈식민지화 지향은 한층 강해졌다고 말한다.

---

19) 高史明, 『살아가는 것의 意味 靑春篇 第1部 少年의 闇』, 치쿠마文庫, 1997.
20) 吳林俊, 『끊임없는 架橋-在日朝鮮人의 눈』, 風媒社, 1973.
21) 尹健次, 『思想體驗의 交錯』, 岩波書店, 2008.7.
22) 趙景達, 『植民地期朝鮮의 知識人과 民衆』, 有志舍, 2008.12.
23) 鄭榮桓, 「在日朝鮮人의 形成과 『關東大虐殺』」(趙景達編, 『植民地朝鮮』, 東京堂出版, 2011.)

이러한 관점에서 '해방' 직후 갓 시작된 재일조선인의 민족교육에 대해서도 언급하겠다. 민족교육이 그 시작 시점에서 '조국건설'을 위한 인재를 목적으로 삼았듯이 명확한 국민화지향이 동반되어있었는데, 그것은 동시에 황국신민화 교육에서 자기회복을 하는 것과 함께 귀환을 전제로 한 생활상의 요구까지도 포함하는 탈식민지화의 행위였던 것이다. 이러한 관점이 없이 그저 '국민화' 교육이란 개념으로 부정적으로 보려고 하는 태도는 마땅하지 않을 것이다. 학교건설과 운영의 과정에서도 조련지도부나 활동가들에 의한 위로부터의 운동이었을 뿐만 아니라 비용의 마련, 학교터전의 정비, 교사건설 등을 모두 부모들이 스스로 맡아하는 등 광범한 재일조선인 민중들의 자발적인 노력과 고생, 그리고 자기해방의 기쁨에 찬 밑으로부터의 운동이 융합되어 있었던 것이었다.[24) 한편 특히 유의해야 할 문제는 민족교육을 실시했던 동기에도 앞에서 말한 바와 같은 조국에서의 시선, 귀환 후 지위상 및 생활상의 위구나 불안이 작용되어 있다고 추측할 수 있지 않겠나 하는 관점이다. '조선어를 하지 못하면 조국에 돌아가서도 살아가지 못 한다'라면서 자주 이야기되는 민족교육의 동기에는 만일 일본인화를 씻어버리지 못한다면 조국에서의 지위, 생존자체가 위태로워지겠다는 위기의식이 뒷받침하고 있었다고 말할 수가 있을 것이다.

다음으로 학살의 폭력에 의한 트라우마라는 점에서 보자. 정영수의 정리[25)에 의하면 조선인들이 집중적으로 모여 살며 조련을 주로 한 민

---

24) 李殷直, 『物語 '在日' 民族教育의 해돋이 一九四五年―○月~四八年―○月』, 高文硏, 2002; 『物語 '在日' 民族教育・苦難의 道 一九四八年―○月~五四年四月』, 高文硏, 2003. 여기에서는 결성 직후 朝連文化部에 모여든 사람들이 종이 확보에 고생하였거나 동포들의 열의에 호응하여 짧은 시간동안에 교재와 사전까지 발행했던 과정이 생생하게 그려졌을 뿐 아니라 배움의 터전에서 사람들이 기뻐하는 모습이 그려지고 있다.

25) 鄭永壽, 「關東大虐殺'의 트라우마적 체험과 그 행방 -在日朝鮮人의 証言을 中心

족단체에 자발적으로 귀속하게 된 배경에는 앞에서 언급한 것처럼 많은 유언비어나 실제 조선인살상사건이 다수 발생하였다는 배경이 있었다. 조선으로의 귀환이자 일본(인)으로부터의 도망, 탈출, '피신' 그 자체였으며 이는 운동상 논리에서나, 생명의 안전이란 생활주의적인 동기에서나 조국에 대한 강한 희구의식과 실천으로 나타났다. 일본인들에게 또 다시 습격을 당할 수 있다는 공포심은 재일조선인들이 보다 든든한 상부의 민족단체를 요구하고 스스로 그 둘레에 모여드는 계기가 되었다. 초기 조련의 보안대, 자치대와 같은 자치, 방위활동[26]은 현실적인 요구에 대한 대응이었던 것이다. 이와 같은 학살의 트라우마적 경험이 운동과 생활의 양면에서 재일조선인들의 조국관을 형성하는 요인이 되었던 것이다.

이상과 같이 '해방'후 일본에서의 조선인들의 운동과 생활에서 보게되는 민족주의, 조국지향 내셔널리즘의 과잉, 그 심성형성의 내적동기에는 식민지시기의 폭력에 인한 트라우마가 뗄 수 없는 요인으로서 작용되었다고 볼 수가 있다. '8.15'란 식민지지배에 대한 민중의 소극적 저항, 잠복하고 있었던 해방열망의 폭발 기억이었던 동시에 반복된 폭력의 트라우마나 생존, 생활상의 위기의식에 뒷받침되면서 해방 후 재일조선인의 민족의식, '조국지향'을 형성해가는 계기가 되었다고 말할 수 있다.

4. '김사량'이란 물음

여기에서 작가 김사량(본명 김시창, 1914~1951)을 취급하는 것은 좀 당혹스럽게 느껴질 수도 있을 것이다. 애당초 '재일조선인'이란 용어의

으로」, 2015.
26) 鄭榮桓, 『朝鮮獨立에로의 隘路』, 法政大學出版局, 2013.

사용 그 자체가 주의를 요구하는데 특히 김사량을 '재일조선인'이라 부른다면 아주 어색하고 부적절하다. 또 본론이 테마로 삼은 '8.15해방'을 김사량이 일본에서 맞이한 것도 아니었다.

하지만 식민지시기에 조선과 일본 사이를 자주 왕복하면서 두 가지 언어에 의한 창작과 행동, 조선인 지식인 및 민중의 피식민지 의식과 맞선 자세, 그 극복을 위한 고투, 나아가서 식민지 지배란 '포위'로부터의 탈출과 해방공간으로서의 조국으로의 귀환, 거기에다 또 새로운 '해방', 통일을 꿈꾸다가 6.25전쟁에 종군하여 최후에 이르는 그 발자취[27]를 탈식민지화의 지향과 행동의 프로세스로 삼고 본론의 문제의식에서 새삼스레 다시 생각해보려고 한다. 이는 동시에 식민지 시기 저항지식인이 열망하고 이상으로 그리던 '조국'과 민중세계의 현실인식을 서로 대립적으로 보는 것이 아니라 양자를 잇는 실마리를 찾아보려는 논자의 문제의식을 동반하고 있다.

애당초 김사량에 대한 평가 그자체가 벌써 갖가지 대립과 양면가치성을 띠고 있다고 말할 수 있는데 서로 대립되는 그 양면에 대한 충분한 파고듦은 아직 부족하지만 먼저 여기에서는 앞에서 본 조선인의 '포위'란 키워드를 가지고 접근해보겠다.

---

27) 1941년 12월 8일, 진주만공격의 이튿날 이른 아침에 사상범예방구금법에 의해 鎌倉경찰소에 구속된 김사량은 석방 후 1942년2월에 평양에 귀향하였다. 갈등을 품으면서 일본의 국책에 편승할 친일적인 문장을 썼기도 했으나 그 좌절감으로부터 창작활동을 중단하였다. 1945년 2월 "在支朝鮮出身學徒兵慰問団"의 성원으로 베이징에 파견되었으나 돌아오는 도중에 팔로군 항일지구로 탈출하고, 그곳에서 해방을 맞이하였다. 1945년 11월에 조국으로 귀국한 그는 해방 후 조선에서 문화 활동, 집필활동을 왕성히 벌였다. 조선전쟁이 터지자 종군작가로서 조선인민군을 따라 남하했고 종군실록을 썼다. 미군의 인천상륙에 대응한 후퇴시기에 질병이 악화되어 낙오했다가 그 후 소식은 오래도록 알려지지 않았는데 최근 지리산 빨치산 부대의 일원이 되어 계속 싸우다가 1951년 6월 23일에 전사하였다는 새로운 사실이 알려졌다(『조선중앙통신』, 1953.6.25.).

김사량의 이름을 널리 떨쳤던 〈빛속에(빛속으로)〉'(1939년,『文芸首都』,
芥川賞후보)에 대한 동시대의 '호의적'인 평가[28]부터가 이미 조선인에 대
한 동화정책과 피지배민족이 지는 비극성 및 그에 대한 동정이라는 종
주국인의 센티멘털리즘의 테두리 내부에 그의 작품을 가두어놓는 것
이었다고 말할 수 있다. 그러니만큼 김사량 스스로가 이 작품에 대하여
'거짓[29]'을 썼다고 자문하였다는 것, 나아가서 그 후 창작은 그러한 '포
위'로부터의 탈출로서 한층 중요한 의미를 띠게 된다고 볼 수가 있다.

일본에서는 김사량을 자주 장혁주와 더불어 '재일조선인(일본어)문학'
의 효시(嚆矢)라는 위치에 놓는 경우가 많으며, 사실 '재일 조선인 일본
어문학'의 성립근거에 이어져갈 주제를 품고 있기는 하나, 그렇다고 하
여 '재일', '일본어'문학의 범주에 가두어버리면(이것 역시 일종의 '포위'
라 하겠다) 안 될 것이다.

또 최근 더러 저항과 협력의 이항대립을 넘는다면서 김사량이 그려낸
'이상, 당위의 모습'으로서의 민족주의나 고향 조선과의 유대의식이 당
시 일본 '내지'에 사는 조선인들의 현실, 의식과는 달랐다[30]는 평가가 있
는데 이는 식민지지배의 전체구조에 대한 관심을 경시하는 경향[31]으로

28) 芥川賞選考委員의 작품평가는 "오늘의 시세에 준하여 의의가 크다."(瀧井孝作),
「國家的重大性」(久米正雄) 등 國策과 朝鮮人作家의 '國語'(日本語) 創作을 지도하
려는 일본문단의 '내선문학건설'의 입장에서 논해졌다. 한편 佐藤春夫는 "私小
說속에 민족의 비통한 운명을 집어 넣았다"면서, 候補로 된 것을 "뭔지 아주
유쾌하고 행복스러운 감과 비슷한 기분이었다."고 하였다.
29) 하지만 김사량 자신은 어머니한테 부친 편지에서 "본래부터 자기의 작품이면
서도 〈빛속에〉에는 아무리해도 꼭 맞지 않는 것이 있었습니다. 거짓이다,
아직도 자기는 거짓말을 하고 있다고 저는 이 작품을 쓰고 있을 때에조차 자
신에게 말하였습니다."라고 썼다.
30) 外村大, 「植民地期의 在日朝鮮人論」(宮嶋博史,李成市 외 編,『植民地近代의 視座
朝鮮과 日本』, 岩波書店, 2004.
31) 尹健次, 「在日朝鮮人의 文學―植民地時代과 解放後,民族을 둘러싼 葛藤」,『神奈川
大學人文學研究所報』, 2014.8.

서 나타나고 있다. 가령 그런 '현실'이 있었다고 한들 이러한 평가는 그 '현실'을 문자 그대로 현실주의적으로 고정화해서 바라보게 하는 한편, 현실의 변혁가능성이나 잠재하고 있었던 해방열망, 가끔씩 나타났다가 사라지고, 사라졌다가도 나타나는 저항의식에 대한 상상력을 처음부터 닫아버리게 될 것이다.

다른 한편으로는 조선에서는 식민지 지배에 계속 저항하였던 지식인으로서 높이 평가되어왔다는 점에서는 남북 할 것 없이 거의 공통된다. 특히 최근에 북에서 김사량의 최후 이야기가 새로운 사실로서 발견되고 김사량에게 조선민주주의인민공화국 영웅칭호가 수여된 것으로써 그 '민족해방형 내셔널리즘'(코바야시)이라고 말할 수 있는 김사량의 저항성은 확고한 평가를 얻게 된 듯하다(단 공화국에서도 오랫동안 부정적 의견이 가끔씩 나와 평가가 흔들렸음을 엿볼 수 있다)[32] 어쨌든 조선과 일본에서 김사량 평가의 방향이나 내용은 더욱 분열되어 있는 것처럼 느껴진다.

식민지 시기 김사량의 여러 작품들에 대해 그 "생활묘사의 실체는 어디까지나 조선의 하층사회의 생활실태와 하층민들과 반항자, 나아가서 식민지 통치하의 현실사회에서조차 수용되지 않고 소외되었던 하층대중의 의식구조를 적확하게 틀어잡고 이를 반영한데 있었다"[33]란 평가를 다시 읽어볼 때, 김사량은 조선인 민중의 피식민지 의식과 생활실태에 언제나 가깝게 다가붙으면서 글을 썼던 한편 '그 현실로부터 어떻게 탈각하겠는가'란 물음을 함께 동반하고 있었던 것이며 이 양면을 갈라놓고 대립적으로 보아서는 안 될 것이다.

32) 「〈전승 60돐〉 영웅의 모습으로 돌아온 아버지: 종군작가 김사량의 아들의 감격」, 『조선신보』 2013.7.30)
33) 安宇植, 『評伝 金史良』, 草風館, 1983.

작품 〈빛속에〉는 이상화된 민족성의 회복을 충분히 그릴 수 있었던 것은 결코 아니었다. 오히려 작가 자신이 '거짓'이라 하지 않을 수가 없었던 것처럼 그 이상의 약함이야말로 텍스트에 드러난 것이었다. 또 오히려 식민지지배가 덧씌우는 정신적인 폭력에 의해 규정된 '빛'아닌 '어둠'의 '현실'을 그려내었던 것이 아니었던가.

작품은 그 내용 자체에 여러 가지 양면적이며 이율배반적인 주제로 넘치고 있다. 주인공인 '南'은 작품 중에서 '미나미/남'이라고 하는 일본어와 조선어 양쪽의 호칭으로 불리면서 이름을 둘러싼 갈등과 타협, 나아가서 저항적 요소를 그리고 있으며(아마도 1939년의 창시개명 실시를 의식하면서 거의 같은 시기에 쓴 것 같다), 민족과 계급, 젠더, 거기에다 혼혈아의 고민과 민족허무주의와 정체성 사이의 분열이라는 갖가지 문제들이 서로 얽히고 있던, 일본으로 건너온 조선인들(특히 여성과 아이)의 비참한 처지와 트라우마를 내부폭력과 더불어서 그려내고 있다. 여기서 상세하게 언급하지 않으나 마찬가지로 같은 주제에 천착하면서도 김사량과는 정반대되는 방향에로 나간 장혁주에 대해서도 친일작가라고 규탄하면 그만인 것이 아니라, 김사량과 장혁주가 동시대 일본에서 서로 교차하면서 과연 어떻게 식민지지배 폭력의 트라우마를 기술하였던가에 대하여 한층 깊이 파고들어갈 필요가 있을 것이다.

새삼스레 다시 읽어보니 짐작하건데 김사량이 말했던 '거짓'이란 결코 작품의 약점 그 자체에 대한 언급에 머무르는 것이 아니라 다름 아닌 위와 같은 식민지 지배의 현실이 조선인들에게 심었던 갖가지 허위의식 그 자체를 이르는 것이 아니었을까 싶다. 그러니만큼 김사량은 그를 극복하고야 말 '거짓'으로서 저렇게나 고민하고 격투하였던 것이 아니었던가. 그리하여 김사량은 스스로 자기 '거짓'을 씻기 위해 이듬해 1940년에는 〈천마〉를 썼다. 이 작품은 친일지식인의 추악한 모습을 희화화하면서도 단순한 친일규탄이 아니라 무엇보다 김사량 자신의 '내면화된 일본'과 맞서 이를 도려내는 작업이었다고 볼 수가 있다. 같은 해 〈토성랑〉, 〈풀이 깊다〉 등의 작품은 조선본토의 하층 민중들의 현실에 다가붙었으며, 또 〈무궁일가〉에서는 〈빛속에〉보다도 더욱 파고들어 일본에서 조선인이 몰락해가는 절망적인 현실을 그리고 있으며, 민족보다도 일본에서의 성공열망이나 이기주의에 사로잡혀, 식민지적 상황에 타협하고 아첨하면서도 결국 갈피를 찾지 못하는 조선인의 현실에 육박하고 있다. 이렇듯 조선인 민중의 실태에 파고들어가 저항과 관헌의 탄압, 일본에서의 탈출, 그러나 조선에서 또다시 '포위'되어 타협하고 친일적인 글을 써야만 했던 고충, 이 프로세스를 거쳐 드디어 김사량은 식민지지배방의 '포위' 밖으로 탈출하였던 것이다. 문자 그대로 베이징에서 일본군의 봉쇄선을 돌파하여 중국의 유격근거지로 달아났던 것이었다. 그 갈등에 찬 고투의 프로세스는 나아가서 '8.15' 및 그 후의 맹렬한 '민족해방형 내셔널리즘'이라 부를 수 있는 탈식민지화로 연속해갔음에 틀림없다.

그런데 정백수가 지적하듯이[34] '8.15' 이후의 조선에서는 친일의 '은폐'와 더불어서 민족주의적으로 스스로를 '구축'해가는 논리가 작용되었다고도 말할 수 있으며 김사량 자신에게도 그러한 요소나 사실이 다분하게 있었다고 인정될지도 모른다. 또 그러한 '은폐/구축'의 논리에서

---

34) 鄭百秀, 『콜로니어리즘의 超克』, 草風館, 2007. 鄭은 "國際情勢의 變化에 의해 우연히 차례진 '8.15'를 조선민족의 반제국주의투쟁에 의해 마련된 '해방' 또는 '광복'에 전환시킨 것은 두말할 것 없이 민족공동체의 탈식민지화로의 집단적 욕망이다. 식민지 이후 한국문화의 내셔널 아이덴티티를 형성해나가는 그 시작단계에서 벌써 '은폐와 구축'의 정치역학이 기능하고 있었다는 말이다. 식민지 피지배의 기간 중에 독립과 자유를 얻기 위해 투쟁했다는 기억의 결여로부터 오히려 식민지 이후 한국문화에는 '친일협력'의 은폐와 '항일저항'의 구축 욕망이 더욱 강하게 작용되지 않았겠는가." 라고 말하고 있다.

'항일투쟁문학'이란 이데올로기가 적극적으로 구축되어갔다고 정백수는
말한다. 그리하여 김사량이 해방 전으로부터의 저항지식인의 전형으로
서 과잉평가 되었으며 그중에서 특히 주목된 것이 그의 중국탈출기행인
〈노마만리〉였다고 한다.

정백수는 상세한 텍스트 성립경위에 대한 검토로부터 이 텍스트가 몇
번에 걸쳐 발표, 간행되는 과정에 재삼 고쳐 쓰였으며 그 개작의 핵심이
자 바로 1955년판에 등장하고 초판에는 없었던 '김일성 이야기' 삽입이
라고 한다. 정백수는 작가의 사망 후에 출판된 텍스트까지 계속된 개작
및 내용의 재구성에 있어서 어느 정도까지, 또 언제쯤에 김사량 자신의
손이 가해졌는가를 밝힐 것이 과제라고 하면서, '항일투쟁'의 기억을 해
방 이후 북의 정치적 상황 속에서 사후적으로 재구축하려 했던 작가의
이데올로기적 욕망이 강하게 반영되었다고 말한다. 이와 같은 텍스트의
성립사정에 대한 실증적인 연구와 최근 조선민주주의인민공화국에서의
평가 및 전기 자료들 사이에서 더더욱 커져버릴 수 있는 간격을 메워가
는 작업이 과제로 될 것이다.

정백수의 주장 및 담론은 중요하겠지만 그렇다고 해서 '8.15' 직후의
'애국'을 허구적으로 구축된 것으로서만 대상화하려고 한다면 '해방' 전
후에 연속된 탈식민지화의 동기 및 현실의 과정을 과소평가하거나 단순
화해버릴 수도 있지 않을까 싶다.

친일세력이 온존되어 그 극복이 저해된 남과 대조적으로 북에서는 친
일파청산이 먼저 민중 차원에서, 이어서 사회정책, 대중운동으로, 새 조
선건설을 위한 과제로서 진행되었다. 그러나 실제로는 친일파에 대해
관대하게 대하지 않을 수 없는 여러 사정 속에서 1948년 조선민주주의
인민공화국 창건 시점에도 계속적으로 친일파청산 문제가 주제화되었
다.35) 즉 단순히 '은폐/구축'이라고만 단언할 수 없는 측면이 많으며 오

히려 친일협력의 문제는 언제나 사회적으로 가시화되는 과정에 직면하고 있었다고 말할 수 있다.[35]

김사량은 그러한 상황에서 '8.15' 후 조선에서 스스로의 탈식민지화 프로세스를 밟고 있었던 것이며 〈노마만리〉 텍스트 개편 과정과 김사량 자신이 실제로 그 와중에 있었던 북에서의 친일극복의 동시대적인 문맥을 겹쳐보아야 한다. 나아가서 작가 자신의 사정을 가능한 내재적으로 실증한 토대 위에서 텍스트 평가를 갱신해나갈 것이 요구된다. 단 그 경우에도 텍스트 개작을 둘러싼 정치적인 편향을 문제화한다고 한들 김사량 자신이 어떠한 이유로 그렇게 강하게 당시의 정치적 요구를 내면화하여갔던가, 그 내적 동기에 가능한 밀착해서 고찰하는 자세가 중요하리라고 본다.

일본에서도 많은 재일조선인들이 이남 출신자였음에도 불구하고 김일성 빨치산 투쟁사의 이상적인 민족정체성을 찾아서 스스로 공감하고, 사상화해갔던 배경에는 북의 이데올로기 자체가 조선민족의 이산경험을 전제로 한 점에 있었다고 보는 관점[37]이 중요할 것이다. 그러한 의미에서 김사량이 겪은 이산경험, 즉 일본(종주국)체험, 중국탈출체험, 항일체험의 내적의미에로 접근해나가야 할 것이다.

마지막으로 김사량의 탈식민지화와 적극적인 민족주의는 본론의 테

---

35) 鄭雲鉉 블로그 (「宝林齋」〈친일파는 살아 있다-86〉 북한의 친일파 청산 실태, 2013.4.15.) 참고.

36) 덧붙이면, 1946년11월부터 북쪽에서 전개된 건국사상총동원운동에서는 일제 식민지 지배에 유래하는 낡은 사상과 관습이 극복과제로 제시되었던 바(『위대한 수령 김일성동지 영도사』, 조선로동당출판사, 1985), 재일조선인 운동에 있어서도 구활동가의 활동방식이 일제시대로부터 물려받은 것이라고 문제시되고 있었다(「第四回全体大會を前に 朝連の根本の欠陷と弱点に對する批判 書記局長曹喜俊」, 1947.9). 북에서 전개된 정책으로서의 대중운동과 조련의 극복과제는 공통되어 있었다.

37) 鄭榮桓, 『朝鮮獨立에로의 隘路』, 法政大學出版局, 2013.3.

마인 식민지지배 트라우마와 그 연속, 극복이란 관점에서도 겹쳐서 의미를 찾을 수 있지 않을까 싶다. 그 작품들에 그려진 조선 민중과 지식인의 피식민지 의식이나 피억압의 경험은 그 가혹함과 내면세계까지 깊숙이 강요된 자기부정 때문에 더더욱 강한 해방열망, 자기긍정 욕망으로 전화되어 '8.15' 이후에 세차게 분출하였던 것이라고 볼 때, 그것이야말로 김사량으로 하여금 그가 쟁취한 '해방', 그리고 나아가서 쟁취하여야 했던 더 큰 '해방'으로 그렇게나 준열하게 맞서 나아가게 했던 것이 아니었을까.

5. 김사량을 통해 보는 '해방'과 극복의식

이 글에서는 재일조선인에 있어서의 '8.15해방'의 의미에 대하여 식민지 지배의 폭력과 트라우마 및 그 연속, 반복, 그러면서 극복의 계기로 틀어잡아, 특히는 그 극복의식으로부터 지향된 '조국'이란 문제의식을 나름대로 제시해보자고 애써본 셈이다. 그 한 가지 관점에서 김사량의 발자취를 다시금 더듬어보았던 것이다.

김사량이라는 아직껏 양면가치성을 띤 테마는 '조국'과 '재일', '저항'과 '친일' 등등 갖가지 대립과 갈등 그 자체로서, 또 그를 넘어서려고 한 행위로서 오늘 우리를 향해 다시금 새로이 제시되어있는 물음이라 느껴진다. 특히 오늘날 다양한 지향과 생활의식에로 분열되고 '조국'이란 물음 그자체로부터 나뉘어 있는 분단 상황을 살아야만 하며, 또 식민지주의의 계속적인 폭력을 당하고 있는 재일조선인에게 있어서 스스로의 미해방 상태를 역사적으로 직시하고, 지향하여야 할 진짜 '해방'이란 무엇인가를 끊임없이 물어보려고 하는 것, 그것은 예컨대 조경달의 다음과 같은 문제제기와 겹쳐볼 수 있을 것이다.

"…그런데 민족을 어떻게 의식하면서 일본사회에서 살아가야 하는가 하는 갈등은 '공생'론의 기만성-이화(異化)를 인정하려고 하지 않는 민족학교 배제의 논리 등에 전형적으로 나타나는—이나 글로벌리제이션의 진전에 의하여 거꾸로 한층 깊어져 간 듯이 보인다.

그리고 그러한 갈등의 근원은 해방 전후의 민족주의 형성의 특징적인 양상에서 찾을 수가 있다. 당시 재일조선인들이 존엄 있는 인간으로 살아가기 위해 선택했었던, 혹은 선택하도록 몰려갔던 민족으로서 살려는 길의 의미는 단순히 민족의 상대화 -민족주의가 상대화되어야 함은 물론이기는 하나- 라는 식어진 관점만으로서 해석되지 말아야 된다." 38)

이러한 의미에서 김사량의 문학과 생의 발자취, 그 적극적인 민족주의와 조국에로의 지향은 계속 더욱더 추구하여야 할 물음이며 과제일 것이다. 김사량이 극복하려고 한 식민지지배의 '어둠'은 연속하고 갖가지로 변용하면서 오늘의 우리를 계속 어둠속에 덮어 넣으려고 한다. '거짓'의 '빛'이 아니라 그 '어둠'을 더욱더 파고든 그 속에야 우리가 계속 물어보고 추구하려는 진짜 문제가 있다. 그렇게 해서 우리가 '어둠' 속에서 드디어 찾게 되는 것은 과연 어떤 '빛'이여야 하는가?

---

38) 趙景達, 『植民地期朝鮮의 知識人과 民衆』, 有志舍, 2008.

참고문헌

■■ I 부 역사 속 사회통합의 장치

제1장 통합서사의 개념과 통합을 위한 문화사적 장치

권근, 『양촌집』.
김부식, 『삼국사기』.
김시습, 『금오신화』.
서거정, 『동국통감』.
안정복, 『동사강목』.
일연, 『삼국유사』.

김종군, 「〈만파식적〉설화의 다시읽기 통한 통합의 의미 탐색」, 『온지논총』 27
　　집, (사)온지학회, 2011.
김종군, 「한국전쟁 체험담 구술에서 찾는 분단 트라우마 극복 방안」, 『문학치
　　료연구』 27집, 한국문학치료학회, 2013.
박영균, 「분단의 아비투스에 관한 철학적 고찰」, 『통일에 대한 인문학적 패러
　　다임』, 선인출판사, 2011.
신동흔 외, 『도시전승설화자료집성』 2,6,9, 민속원, 2009
신동흔, 「경험담의 문학적 성격에 대한 고찰-현지조사자료를 중심으로」, 『구
　　비문학연구』 4집, 한국구비문학회, 1997.
이병수, 「분단 트라우마의 유형과 치유 방향」. 『통일인문학논총』 52집, 건국
　　대학교 인문학연구원, 2011.
주디스 후먼 지음, 최현정 옮김, 『트라우마』, 플래닛, 2012.

국사편찬위원회 한국사데이터베이스 http://db.history.go.kr.

제2장 고려 건국과정에서 찾는 사회통합의 문화적 장치

김부식 저 · 박창렬 역, 『원문과 함께 읽는 삼국사기』, 한국인문고전연구소, 2012.
일연 저 · 신태영 역, 『원문과 함께 읽는 삼국유사』, 한국인문고전연구소, 2012.
『국역 고려사』, 경진사, 2006.

권오성, 「『삼국사기』「열전」의 문학적 연구」, 충남대학교 석사학위 논문, 1981.
김상현, 「신라삼보의 성립과 그 의의」, 『동국사학』, 동국대학교 사학회, 1980.
김성민, 『소통 · 치유 · 통합의 통일인문학』, 선인, 2009.
김종군, 「구술을 통해 본 분단 트라우마의 실체」, 『통일인문학논총』, 제51집,
　　건국대학교인문과학연구소, 2011.
문아름, 『〈도화녀 비형랑〉조의 서사구조와 의미 연구』, 한양대학교 대학원 석
　　사 학위논문, 2012.
박상준, 『신라 · 백제의 왕권강화와 제석신앙』, 동국대학교 사학과 석사학위 논문,
　　2007.
백미선, 「신라 하대의 삼보」, 『신라사학보』 23, 2001.
신동흔, 「한국전쟁 체험담을 통해 본 역사 속의 남성과 여성 -우리 안의 분단
　　을 넘어서기 위하여」, 국문학연구 26권, 국문학회, 2012.
정운채. 「우리 민족의 정체성과 통일서사」, 『통일인문학논총』 47집, 건국대학
　　교인문과학연구소, 2009.
조현설, 「궁예이야기의 전승양상과 의미」, 『구비문학연구』 제2집, 구비문학회,
　　1995.
채미하, 「천사옥대와 흑옥대-신라 국가제사와 관련성을 중심으로」, 『경희대학
　　교 사학』, 경희대학교 사학회, 2006.

제3장 전란 배경 고전소설에 나타난 여성의 상처와 통합을 위한 서사기법

박희병 · 정길수 편역, 『이상한 나라의 꿈』, 돌베개, 2013.
유몽인 지음, 신익철 외 옮김, 『어우야담(於于野談)』, 돌베개, 2009.

이상구 역주, 『17세기 애정전기소설』, 월인, 2003.

강명관, 『열녀의 탄생』, 돌베개, 2009.

강진옥, 「〈최척전〉에 나타난 고난과 구원의 문제」, 『이화어문논집』 제8권, 이화여자대학교 이화어문학회, 1986.

권영호, 「울진 열녀설화의 구성방식과 전승의식」, 『민족문화논총』 제56집, 영남대학교 민족문화연구소, 2014.

권혁래, 「〈최척전〉의 이본 연구」, 『조선후기 역사소설의 탐구』, 월인, 2001.

권혁래, 「〈김영철전〉의 작가와 작가의식」, 『고소설연구』 제22집, 한국고소설학회, 2006.

김경미, 「동아시아적 시각에서 다시 읽는 〈최척전〉·〈김영철전〉」, 『고전문학연구』 제43집, 한국고전문학회, 2013.

김기동, 「불교소설 '최척전' 소고」, 『불교학보』 제11권, 동국대학교 불교문화연구소, 1974.

김성경·오영숙, 『탈북의 경험과 영화표상』, 문학과학사, 2013.

김일환, 「숨긴 것과 드러낸 것 "변호"의 텍스트로 〈강도몽유록〉 다시 읽기」, 『민족문학사연구』 제51호, 민족문학사학회, 2013.

김정녀, 「병자호란의 책임 논쟁과 기억의 서사」, 『한국학연구』 제35집, 고려대학교 한국학연구소, 2010.

김정녀, 「몽유록의 공간들과 기억」, 『우리어문연구』 제41집, 우리어문학회, 2011.

김현양, 「〈최척전〉, '희망'과 '연대'의 서사 -'불교적 요소'와 '인간애'의 의미층위에 대한 주제적 해석」, 『열상고전연구』 제24집, 열상고전연구회, 2006.

민영대, 『조위한의 삶과 문학』, 국학자료원, 2000.

박일용, 「장르론적 관점에서 본 〈최척전〉의 특징과 소설사적 위상」, 『고전문학연구』 제5집, 한국고전문학회, 1990.

박호성, 『공동체론』, 효형출판사, 2009.

박희병, 「〈최척전〉 16·7세기 동아시아의 전란과 가족이산」, 김진세 편, 『한국고전소설작품론』, 집문당, 1990.

서경식, 『시대의 증언자, 쁘리모 레비를 찾아서I』, 창작과비평사, 2007.

송하준, 「새로 발견된 한문필사본 〈김영철전〉의 자료적 가치」, 『고소설연구』 제35집, 한국고소설학회, 2013.

신해진, 「〈최척전〉에서의 장육불의 기능과 의미」, 『어문논집』 제35권, 안암어문학회, 1996.

엄태식, 「〈최척전〉의 창작배경과 열녀담론」, 『한국고전여성문학연구』 제24권, 한국고전여성문학회, 2012.

윤미향, 「20년간의 수요일: 일본군 '위안부' 문제 해결을 위한 생존자들과 여성들의 연대」, 『한국여성신학』 제74호, 한국여신학자협의회, 2012.

이병수, 「분단트라우마의 유형과 치유방향」, 『통일인문학논총』 제52집, 건국대학교 인문학연구원, 2011a.

이병수, 「분단 트라우마의 성격과 윤리성 고찰」, 『시대와 철학』 제22권 제1호, 한국철학사상연구회, 2011b.

이소희, 「〈종군위안부〉와 〈제스처 인생〉 비교: 위안부 유령의 재현을 중심으로」, 『인문학연구』 제8호, 경희대학교 인문학연구소, 2004.

이소희, 「〈종군위안부〉에 나타난 여성적 말하기와 글쓰기」, 『여성과평화』 제4호, 한국여성평화연구원, 2005.

이재승, 「형이상학적 죄로서 무병(巫病)과 지속가능한 화해」, 문학카페 유랑극장 강연 원고.

이종필, 「'행복한 결말'의 출현과 17세기 소설사 전환의 일 양상」, 『고전과 해석』 제10집, 고전문학한문학연구학회, 2011.

장경남, 「17세기 열녀 담론과 소설적 대응」, 『민족문학사연구』 제46호, 민족문학사학회, 2011.

정충권, 「〈강도몽유록〉에 나타난 역사적 상처와 형상화 방식」, 『한국문학논총』 제45집, 한국문학회, 2007.

조현설, 「남성지배와 〈장화홍련전〉의 여성형상」, 『민족문학사연구』 제15호, 민족문학사학회, 1999.

조현설, 「원귀의 해원 형식과 구조의 안팎」, 『한국고전여성문학연구』 제7권, 한국고전여성문학회, 2003.

조현설, 「17세기 전기·몽유록에 나타난 타자 연대와 서로주체성의 의미」, 『국문학연구』 제19호, 국문학회, 2009.

조혜란, 「〈강도몽유록〉 연구」, 『고소설연구』 제11집, 한국고소설학회, 2001.

지연숙, 「〈최척전〉 이본의 두 계열과 善本」, 『고소설연구』 제17집, 한국고소설학회, 2004.

진재교, 「월경과 서사- 동아시아의 서사체험과 "이웃"의 기억」, 『한국한문학연구』 제46집, 한국한문학회, 2010.

최기숙, 「17세기 고소설에 나타난 여성 인물의 유랑과 축출, 그리고 귀환의 서사」, 『고전문학연구』 제38집, 한국고전문학회, 2010.

최원오, 「17세기 서사문학에 나타난 월경의 양상과 초국적 공간의 출현」, 『고전문학연구』 제36집, 한국고전문학회, 2009.

한나 아렌트 지음, 김선욱 옮김, 『예루살렘의 아이히만』, 한길사, 2006.

홍인숙, 「17세기 열녀전 연구」, 『한국고전연구』 제7집, 한국고전연구학회, 2001.

황혜진, 『애정소설과 가치교육』, 지식과교양, 2012.

〈닷새 만에 또 한 분 … 위안부 할머니 별세〉, 《중앙일보》, 2015.02.03.

〈서경식·도정일 교수 "살아남은 자의 기억투쟁, 그것만이 희망"〉, 《한겨레신문》, 2014.06.12.

▪ II부 분단 체제 속 통합서사 찾기

제4장 영화 〈의형제〉 속 억압된 욕망의 해소 방식과 통합서사 모색

영화 〈의형제〉 (장훈, 2010)

김영준·김승경, 「최근 한국 첩보영화에 대한 연구-다문화시대의 간첩 인식 변화를 중심으로」, 『다문화콘텐츠연구』 15, 중앙대학교 문화콘텐츠기술연구원, 2013.

김경욱, 「〈의형제〉의 환상, 〈경계도시 2〉의 실재, 어느 쪽이 우리를 즐겁게 하는가?」, 『영상예술연구』 17, 영상예술학회, 2010.

김충국, 「분단과 영화-봉합의 환상을 넘어 공존의 실천으로」, 『한국민족문화』 53, 부산대학교 한국민족문화연구소, 2014.

나지영, 「탈북 청소년의 적응 문제와 분단서사—탈북 청소년 A의 전교 학생회 장 당선사례를 중심으로」, 『통일인문학논총』 55, 건국대학교 인문학연구원, 2013.

이병수, 「분단 트라우마의 성격과 윤리성 고찰」, 『시대와 철학』 22권 1호, 한국철학사상연구회, 2011.

이영일, 「분단비극 40년 映像證言한 한국영화」, 『北韓』 150, 북한연구소, 1984.

이현진, 「분단의 표상, 간첩—2000년대 간첩영화의 간첩 재현 양상」, 『씨네포럼』 17, 동국대학교 영상미디어센터, 2013.

정상민, 「영화 〈의형제〉 시나리오 개발 과정을 통해 본 논쟁적 이슈 영화의 제작관행 연구」, 고려대학교 석사학위논문, 2010.

정운채, 「우리 민족의 정체성과 통일서사」, 『인문학논총』 47, 건국대학교 인문학연구원, 2009.

정운채, 「정몽주의 암살과 복권에 대한 서사적 이해」, 『통일인문학논총』 53, 건국대학교 인문학연구원, 2012.

정운채, 「〈춘향가〉에 나타난 두 권력과 그 문화론적 의미」, 『교육논총』 33, 건국대학교 교육대학원, 2000.

제5장 기억과 망각의 정치, 고통의 연대적 공감

전상국의 소설 〈아베의 가족〉, 〈남이섬〉, 〈지뢰밭〉을 통해 본 통합서사

강진호, 『탈분단 시대의 문학논리』, 새미, 2008.

게오르그 루카치, 이영욱 역, 『역사소설론』, 거름, 1987.

김 석, 「애도의 부재와 욕망의 좌절」, 『민주주의와 인권』 제12권 제1호, 2012.

김명희, 「한국전쟁이 남긴 상흔—전쟁 유가족의 가족 트라우마」, 『트라우마로 읽은 대한민국』, 역사비평사, 2014.

김성민 · 박영균, 「분단 트라우마에 관한 시론적 성찰」, 『시대와 철학』 제21권

2호, 한국철학사상연구회, 2010.

김승환, 「분단문학과 분단시대」, 김승환 · 신범순 엮음, 『분단 문학 비평』, 청하, 1987.

김정현, 『니체, 생명과 치유의 철학』, 책세상, 2010.

김종곤, 「세월호 트라우마와 죽은 자와의 연대」, 『진보평론』, 제61호, 2014, 메이데이.

김형중, 「우리가 감당할 수 있을까? -트라우마와 문학」, 『문학과 사회』 제27권 제3호, 문학과 지성사, 2014.

도미니크 라카프라, 육영수 외 역, 『치유의 역사학으로 : 라카프라의 정신분석학적 역사학』, 푸른역사, 2008.

박수현, 「1970년대 전상국 소설에 나타난 집단주의」, 『국제어문』 제61집, 국제어문학회, 2014.

알렌카 주판치치, 『정오의 그림자』, 조창호 옮김, 도서출판b, 2005.

양선미, 「전상국의 소설 창작방법 연구」, 『한국문예창작』 제11권 제1호, 한국문예창작학회, 2012.

엄현섭, 「한국전쟁의 표상과 지역문학의 재인식 : 전상국의 『동행』을 중심으로」, 『국제어문』 제60집, 국제어문학회, 2014.

우찬제, 「마음의 감기와 은빛 상상력」, 『남이섬』, 민음사, 2011.

이병수, 「휴머니즘의 측면에서 바라본 통일」, 건국대학교 통일인문학연구단 엮음, 『소통 · 치유 · 통합의 통일인문학』, 선인, 2009.

이재승, 「국가범죄와 야스퍼스의 책임론」, 카를 야스퍼스, 이재승 역, 『죄의 문제』, 앨피, 2015.

이재승, 「화해의 문법」, 『트라우마로 읽은 대한민국』, 역사비평사, 2014.

이진경, 「문학-기계와 횡단적 문학 : 기하학적 형식으로 증명된 문학-기계의 이론」, 『들뢰즈와 문학-기계』, 소명, 2002.

이진명, 〈비〉, 『우리 모두가 세월호였다.』, 실천문학사, 2014.

조동숙, 「구원으로서의 귀향과 부권 회복의 의미」, 『한국문학논총』 제21집, 한국문학회, 1997.

자크 데리다, 진태원 역, 『마르크스의 유령들』, 그린비, 2014.

장석주, 「6·25의 문학적 형상화 -전상국·유재용·이문열」, 김승환·신범순
　　엮음, 『분단 문학 비평』, 청하, 1987.

전상국, 「아버지, 그에 연관된 귀소의지의 천착」, 『열 한 권의 창작 노트』, 창,
　　1991.

전상국, 『남이섬』, 믿음사, 2011.

전상국, 『소설 창작 강의』, 문학사상사, 2010.

전상국, 『우상의 눈물』, 사피엔스, 2012.

전영의, 「역사적 트라우마 치유를 위한 문학생산론 : 조정래의 『태백산맥』을
　　중심으로」, 『한어문교육』 제27집, 한국언어문학교육학회, 2012.

정원옥, 「국가폭력에 의한 의문사 사건과 애도의 정치」, 중앙대학교 박사학위
　　청구논문, 2014.

정재림, 「전상국 소설에 나타난 추방자 형상 연구 -「아베의 가족」, 「지빠귀 둥
　　지 속의 뻐꾸기」를 중심으로」, 『한국문학이론과 비평』 55, 한국문학이
　　론과 비평학회, 2012.

지그문트 바우만, 조은평·강지은 역, 『고독을 잃어버린 시간』, 동녘, 2012.

지그문트 프로이트, 윤희기 역, 「슬픔과 우울증」, 『정신분석학의 근본 개념』,
　　열린책들, 2012.

진은영, 「기억과 망각의 아고니즘」, 『시대와 철학』 제21권 1호, 한국철학사상
　　연구회, 2010.

최 원, 「멈춰진 세월, 멈춰진 국가 : 신자유주의적 통치성과 폭력의 새로운 형상」,
　　『진보평론』, 제61호, 2014, 메이데이.

프리드리히 니체, 김태현 역, 『도덕의 계보/이 사람을 보라』, 청하, 2011.

위키백과, http://ko.wikipedia.org, 검색일 : 2015년 2월 11일.

전상국 구술, 2013년 2월 17일, 강원도 춘천시 김유정 문학관, 신동흔 녹취.

제6장 한국전쟁 체험담에 나타난 남편 잃은 여성들의 상처와 통합서사

건국대 인문학연구원 한국전쟁 체험담 자료.

김귀옥, 「한국전쟁기 한국군에 의한 성폭력의 유형과 함의」, 『구술사연구』 제3집 2호, 한국구술사학회, 2012.

김성민 외, 『코리언의 역사적 트라우마』, 선인, 2012.

김성민, 「분단의 통일, 그리고 한국의 인문학」, 『대동철학』 제53집, 대동철학회, 2010.

김성민, 박영균, 「인문학적 통일담론과 통일인문학 : 통일패러다임에 관한 시론적 모색」, 『철학연구』 제92집, 철학연구회, 2011.

김성민, 『소통 · 치유 · 통합의 통일인문학』, 선인, 2009.

김종군, 「구술생애담 담론화를 통한 구술 치유 방안 : 『고난의 행군시기 탈북자 이야기』를 중심으로」, 『문학치료연구』 제26집, 한국문학치료학회, 2013.

김종군, 「전쟁 체험 재구성 방식과 구술 치유 문제」, 『통일인문학논총』 제56집, 건국대 인문학연구원, 2013.

김종군, 「한국전쟁 체험담 구술에서 찾는 분단 트라우마 극복 방안」, 『문학치료연구』 제27집, 한국문학치료학회, 2013.

김현선, 「전쟁미망인의 빼앗긴 남편과 사랑, 결혼 이야기」, 『구술사연구』 제2집 1호, 한국구술사학회, 2011.

박경열, 「시집살이담의 갈등양상과 갈등의 수용방식을 통해 본 시집살이의 의미」, 『구비문학연구』 제32집, 한국구비문학회, 2011.

박현숙, 「여성 전쟁체험담의 역사적 트라우마 양상과 대응방식」, 『통일인문학논총』 제57집, 건국대 인문학연구원, 2014.

박혜경, 「전후 경제개발의 영웅서사를 넘어서 : 1935년 개성 출생 여성의 구술생애사 연구」, 『경제와 사회』 제100호, 비판사회학회, 2013.

신동흔, 「경험담의 문학적 성격에 대한 고찰 : 현지조사 자료를 중심으로」, 『구비문학연구』 제7집, 한국구비문학회, 1997.

신동흔, 「한국전쟁 체험담을 통해 본 역사 속의 남성과 여성 -우리 안의 분단을 넘어서기 위하여」, 『국문학연구』 제26집, 국문학회, 2012.

이임하, 『여성, 전쟁을 넘어 일어서다』, 서해문집, 2004.

이임하, 『전쟁미망인, 한국현대사의 침묵을 깨다』, 책과함께, 2010.

정운채 외, 『문학치료 서사사전』 제3권, 문학과치료, 2009,.

정운채, 「문학치료학의 서사이론」, 『문학치료연구』 제9집, 한국문학치료학회, 2008.

정운채, 「부부서사진단도구를 위한 구비설화와 부부서사의 진단 요소」, 『고전문학과 교육』 제15집, 2008.

정운채, 「우리 민족의 정체성과 통일서사」, 『통일인문학논총』 제47집, 건국대 인문학연구원, 2009, 5~28쪽.

정운채, 「정몽주의 암살과 복권에 대한 서사적 이해 : 분단서사와 통일서사의 역사적 실체 규명을 위하여」, 『통일인문학논총』 제53집, 건국대 인문학연구원, 2012.

■ **III부 코리언 디아스포라의 통합서사 탐색**

제7장 "6.25"전쟁과 남북분단에 대한 성찰과 문학적 서사
중국문학과 조선족문학을 중심으로

「不讓戰爭的代價白白付出 ─在紀念抗美援朝60周年座談會上講話」, 新華网, 2010年 10月 25日.

『도라지』, 1993년 5월호.

『隨筆』雜誌, 1999年 第6期.

『중국조선민족발자취총서 6 창업』, 민족출판사, 1994.

김 철, 『나, 진짜 바보이고 싶다』, 민족출판사, 2000.

류연산, 『황야에 묻힌 사랑』, 흑룡강조선민족출판사, 1997.

孟偉哉, 『昨日的战争』(上, 中, 下), 人民文学出版社, 2001.

沙 林, 「欲血朝鮮」上, 下, 『中國靑年報』, 2000年 10月 18~25日.

徐 孔, 「朝鮮戰爭的風雲長卷」, 『文學理論與批評』, 2003年 第1期.

申志遠, 「抗美援朝紀念征文─回眸銀幕上的支援軍英雄」《할빈일보》 (http://www.sina.com.cn 2000年11月02日19:06).

王樹增, 「我寫遠東朝鮮戰爭」, 『時代潮』, 2000年 第11期.

魏 巍, 「輝煌的紀念碑─紀念偉大的抗美援朝戰爭五十周年」(www.cnki.net 참조)

임범송,「작가의 창작개성과 작품의 얼굴 -〈조선에서 온 손님〉에서 받은 계시」,
　　　『심미비평의 가을 풍경』, 료녕민족출판사, 2004.

장지민,「올케와 백치오빠」,『천지』, 1986년 8월.

趙大浩,「楊朔의 韓國戰 參戰文學 硏究-'三千里 江山'을 中心으로」(韓國中國
　　　小說學會編 :『中國小說論叢』第15集, 2002年 2月, 參照)

제8장 장률영화에 나타난 서발턴 연구

강성률,「떠도는 인생, 지켜보는 카메라-장률 영화의 디아스포라」,『현대영
　　　화연구』, 2011.

김관웅,「장률의 영화가 중국조선족 문예에 주는 계시」,『미드리』, 이주동포정
　　　책연구소, 2011.

김소영,「다인종, 다문화 사회: 얼굴, 클로즈업, 괴물성」,『작가세계』제84집,
　　　2010.

김영진,「변방의 중심의식,〈경계〉」,『(2008 '작가'가 선정한) 오늘의 영화』,
　　　작가, 2008.

김애령,「다른 목소리 듣기: 말하는 주체와 들리지 않는 이방성」,『한국여성철
　　　학』제17권, 2012.

김지미,「장률 영화에 나타난 육화된 '경계'로서의 여성주체-〈경계〉,〈이리〉,
　　　〈중경〉을 중심으로」,『여성문학연구』, 한국여성문학학회, 2009.

김태만,「재중 코리안 디아스포라의 트라우마」,『中國現代文學』第54號, 한국
　　　중국현대문학학회, 2010.

김택현,「서발턴의 역사(Subaltern History)와 제3세계의 역사주체로서의 서발
　　　턴」,『역사교육』제72집, 1999.

박노종 · 고현철「영화 속 조선족(朝鮮族)의 디아스포라와 정체성 고찰 -장률
　　　(張律)과 그의 영화를 중심으로」,『동북아문화연구』제30집, 2012.

우혜경,「다큐멘터리〈張律, 장률〉제작연구」,『영화문화연구』12, 한국예술종
　　　합학교 영상원 영상이론과 논문집, 2010.

육상효,「침묵과 부재 : 장률 영화 속의 디아스포라」,『한국콘텐츠학회 논문집』,

한국콘텐츠학회, 2009.

임춘성, 「문화중국의 타자, 중국 소수민족의 정체성」, 『중국현대문학』 제54호, 2010.

정순진, 「여성이, 여성의 언어로 표현한 여성 섹슈얼리티」, 『인문과학논문집』 제39집, 2005.

조명기·박정희, 「장뤼(張律)와 영화 〈두만강〉의 공간 위상」, 『중국학연구』 제57집, 2011.

주진숙·홍소인, 「장률 감독 영화에서의 경계, 마이너리티, 그리고 여성」, 『영화연구』 42호, 한국영화학회, 2009.

태혜숙, 「탈식민주의적 페미니스트 윤리를 위하여 -가야트리 스피박과 프랑스 페미니즘」, 『영어영문학』 43권 1호, 1997.

가야트리 스피박, 태혜숙 역, 『다른 세상에서』, 여이연, 2008.

베네딕트 앤더슨, 윤형숙 역, 『상상의 공동체』, 나남출판, 2002.

유진월, 『영화, 섹슈얼리티로 말하다』, 푸른사상, 2011.

엘렌 식수, 박혜영 역, 『메두사의 웃음/ 출구』, 동문선, 2004.

태혜숙, 『한국의 탈식민지 페미니즘과 지식생산』, 문화과학사, 2004.

陈义华·卢云 著, 『庶民視角下的文学批评与文化研究』, 暨南大學出版社, 2012.

Gayatri Spivak, 태혜숙, 박미선 옮김, 『포스트 식민이성 비판』, 갈무리, 2005.

Stephen Morton, 이운경 역, 『스피박 넘기』, 앨피, 2005.

Susan Bordo, 조애리 역, 『여성의 몸, 어떻게 읽을 것인가』, 한울, 2001.

제9장 8.15 '해방' 인식에서 보는 재일조선인의 양면가치성
　　피식민지의식의 연속과 변용, 그 극복을 둘러싸고

「〈전승 60돌〉 영웅의 모습으로 돌아온 아버지: 종군작가 김사량의 아들의 감격」, 『조선신보』 2013.7.30.

「愛國者」, 『朝日新聞』, 1990.8.7.

愼蒼宇, 「朝鮮人의 '내면화된 天皇制' 再考-書評　朴慶植『天皇制國家と在日朝

鮮人』」,『前夜』, 2007.

高史明,『살아가는 것의 意味　青春篇　第1部　少年의 闇』, 치쿠마文庫, 1997.

琴秉洞編,　『關東大震災朝鮮人虐殺問題關係史料Ⅰ-朝鮮人虐殺關連兒童証言史料』,「후기」, 綠陰書房, 1989.

李殷直,『物語'在日'民族教育·苦難의 道　一九四八年一〇月~五四年四月』, 高文研, 2003.

李殷直,『物語'在日'民族教育의 해돋이一九四五年一〇月~四八年一〇月』, 高文研, 2002.

梶村秀樹『梶村秀樹著作集　第6卷-在日朝鮮人論』, 明石書店, 1993.

梶村秀樹,『解放後의　在日朝鮮人運動』, 1980.

小林知子,「未濟의 帝國解体」,『帝國의 戰爭経驗』, 岩波書店, 2006.

小林知子,「在日朝鮮人의 '歸國'과 '定住'」,『岩波講座　東아시아近現代通史〈7〉-아시아諸戰爭의 時代 1945~1960年』, 岩波書店, 2011.

小林知子,「在日朝鮮人의 '多樣化'의 一背景」,『東아시아와日本社會』, 東京大學出版會, 2002.

愼蒼宇,「民族'과 '暴力'에 대한 想像力의 衰退」,『前夜』第2号, 2005.1.

安宇植,『天皇制과 朝鮮人』, 三一書房, 1977.

安宇植,『評伝 金史良』, 草風館, 1983.

吳林俊,『記錄없는囚人-어느朝鮮人戰中派의精神史』, 三一書房, 1969

吳林俊,『끊임없는 架橋-在日朝鮮人의 눈』, 風媒社,1973.

吳林俊,『朝鮮人 속의 '天皇'』, 勁草書房, 1972.

外村大,『在日朝鮮人社會의 歷史學的研究 形成·構造·変容』, 綠陰書房, 2004.

外村大,「植民地期의 在日朝鮮人論」(宮嶋博史, 李成市 외 編,『植民地近代의 視座 朝鮮과 日本』, 岩波書店, 2004.

尹健次,「在日朝鮮人의 文學-植民地時代와 解放後,民族을 둘러싼 葛藤」,『神奈川大學人文學研究所報』, 2014.8.

尹健次,『思想体驗의 交錯』, 岩波書店, 2008.7.

鄭百秀,『콜로니어리즘의 超克』, 草風館, 2007.

鄭永壽,「關東大虐殺'의 트라우마적 체험과 그 행방-在日朝鮮人의 証言을 中

心으로」(「關東大震災時의 虐殺事件에 인한 트라우마적 体驗과 그 행방-재일조선인의 구술자료를 중심으로」, 『Quadrante』 No.17, 東京外國語 大學海外事情硏究所刊, 2015.3.).

정영환, 「재일 조선인의 기억과 망각」, 『8.15의 기억과 동아시아적 지평』, 선 인도서출판, 2006.

鄭榮桓, 「在日朝鮮人의 形成과 '關東大虐殺'」(趙景達 編, 『植民地朝鮮』, 東京堂 出版, 2011).

鄭榮桓, 『朝鮮獨立에로의 隘路』, 法政大學出版局, 2013.

趙景達, 『植民地期朝鮮의 知識人과 民衆』, 有志舍, 2008.

河宗煥, 『朝連一般情勢報告』, 1946.

『조선중앙통신』 1953.6.25.

찾아보기

ㅌ

ㅊ

ㅍ

저자소개

김종군 　건국대 통일인문학연구단 HK교수

김종곤 　건국대 통일인문학연구단 HK연구교수

김호웅 　중국 연변대학교 교수

서옥란 　중국 연변대학교 교수

리영철 　일본 조선대학교 교수

나지영 　건국대 통일인문학연구단 HK연구원

박재인 　건국대 통일인문학연구단 HK연구원

김지혜 　건국대 통일인문학연구단 HK연구원

한상효 　건국대 통일인문학연구단 HK연구원